Le mespris qu'on a fait d'un ouvrage aussi
~~peu~~ l'idée que ~~l'on~~ de son autheur a ~~défié~~ ~~celui~~
que ~~chacun~~ de ~~luy~~ ~~respondre~~, de peur de se ~~deshonorer~~

  ~~et faire tort~~ ~~de~~ ~~se commettant avec un tel~~
homme
~~on~~ ~~par juger~~ ~~les~~ ~~dignes~~

Ld⁴ 189 ~~Je respons despair de voir cette veste~~
~~la page, No respondres d'autre juste~~
~~mesme d'un no officiers de~~

Je ~~puis~~ ~~remarquer~~ alonger ~~en quelques~~ ~~endroits~~
~~sans~~ ~~pousser à une~~ infinité d'autres qui ne le
meritent pas nom: Mais il faudroit ~~aussi~~
~~quelquun~~ quelchuy pour se marquer ~~toutes~~
les ~~fautes~~: Et ~~le manger~~ ne ~~suffiroit~~ pas pour
cela, ~~————~~ ny ~~———~~ n'y en a
~~trois~~ ~~qui~~ donne la ~~peine~~, n'ayant que
2 ou 3 heures ~~à~~ ~~employer~~ en ~~faisant~~
une ~~si~~ ~~marchante~~ ~~prose~~

RELATION
IVRIDIQVE,

De ce qui s'eſt paſſé à Poictiers touchant la nouuelle doctrine
des Ianſeniſtes.

Imprimée par le commandement de la Reine,
& enuoyée à ſa Majeſté:

Par Mʳᵉ IEAN FILLEAV, Cheualier de l'Ordre
de Sainct Michel, Conſeiller du Roy en ſes
Conſeils, & ſon premier Aduocat au
Preſidial de Poictiers.

A POICTIERS,

Par IVLIEN THOREAV, Imprimeur ord⟨inaire⟩
du Roy, & de l'Vniuerſité:
Et IEAN FLEVRIAV, auſſi Imprime⟨ur⟩

Auec Priuilege du Roy.

A LA REINE.

MADAME,

Ie n'aurois iamais esperé ce bon-heur, que
dans les grandes & Illustres occupations de

ã 2

voftre Majefté, Elle fe fût fouuenuë des
auoit pû Seruices que i'ay tafché de rendre au Roy, &
qu'Elle eût témoigné defirer que ie donne au
public la Relation que i'ay faite des chofes qui
fe font paffées icy touchant le Ianfenifme.
Toutefois à le bien prendre, le repos de l'Eftat
dépendant de ce que les gens de bien ont fait
en cette occafion, voftre Majefté, qui par fes
foins a produit à la France le calme dont elle
jouît, femble auoir intereft de voir tout ce qui
s'eft fait en cette importante affaire. I'ajoûte
encores à cela, MADAME, que le zele
que tous les bons Seruiteurs du Roy ont fait
voir en cette occafion, n'eftant qu'vne imitation du zele & de la vigueur qu'on a admiré
dans le gouuernement de voftre Majefté, que
Dieu a choifie pour faire mourir vne tres-
dangereufe Herefie, en fa naiffance mefme, il
eft jufte qu'on luy en rende compte exactement, & qu'on luy face fidelement le rapport de ce qui eft fi particulierement à Elle. Il
eft certain, MADAME, que les grands
exemples de voftre Majefté ont donné du

courage à tous les amateurs de la justice & de la verité, & que sçachant que le Roy ne pouuoit auoir d'autres sentimens que ceux qu'Elle luy a inspirés , & que leurs efforts deuoient estre puissamment soustenus , ils ont fait des choses, qu'ils n'auroient pas entreprises autrement. Non seulement c'est ce qui leur a fait prendre ces resolutions : les pensées mesmes qu'ils en ont euës , sont venuës de là ; & ie ne doute point que s'ils en ont eu de genereuses, ce sont des effets de la protection que vostre Majesté à promise à la vertu. C'est ce qui me fait esperer, MADAME, que la Relation que ie presente à vostre Majesté , ne luy sera pas desagreable , & qu'elle considerera les choses qu'on a faites en cette Ville contre les factions des Iansenistes , comme des fruicts que ses rares Exemples ont produits dans les Prouinces , mesmes éloignées de la Cour ; où ils sont le sujet de l'admiration & des loüanges de tous les bons François , qui demandent incessamment au Ciel , qu'il recompense de toutes ses graces vne si grande & si constante *vertu.* Mais les grands *seruices que voſtre Majeſté a rendu à l'Egliſe en ces rencontres, & les admirables ſuccez par leſquels il a pleu à Dieu de témoigner ouuertement qu'il fauoriſe ſes deſſeins, font qu'outre les deſirs & les prieres, ie conçois vne ferme eſperance que la prouidence diuine fera pour Elle incomparablement plus que nous ne ſçaurions penſer. Ce ſont les ſentimens de celuy qui eſt,*

MADAME,

De voſtre Majeſté,

A PoiƐtiers ce 19.
Iuin 1654.

Le tres-humble, tres-obeiſſant & tres-
fidele ſeruiteur & ſujet,
IEAN FILLEAV,

Aduertissement.

L'Ordre que i'ay eu de donner au iour la Relation que i'ay faite de tout ce qui s'eſt paſſé en cette Ville touchant le Ianſeniſme, me peut mettre à couuert de ceux qui n'approuuent pas ce deſſein, ſans qu'il ſoit neceſſaire que i'apporte les raiſons, qui peuuent le iuſtifier d'ailleurs. Cependant ie ne refuſe pas de répondre à tout ce qui peut choquer en cela les eſprits meſmes les plus difficiles à contenter. On dira ſans doute, que ne nommant pas les perſonnes, qui ont agy pour les Ianſeniſtes, & qui ſe ſont diuerſement engagés auec eux, ie ne deuois pas donner à ce Liure le titre de *Relation juridique*. On trouuera mauuais que ie rends propre de cette Ville quantité de choſes qui ſont communes à toute la France, & meſme à toute l'Europe. On me blâmera peut-eſtre de ce que ie ne laiſſe rien à dire, & que ie m'arreſte meſme à des choſes fort petites, & peu conſiderables. Enfin on pourra me reprocher que ie rapporte de certaines choſes, que ie ne prouue pas, quoy qu'elles ſoient de tres-grande conſequence : & que l'Hiſtoire de Bourg-fontaine, qui fait le Chapitre 2. de cette Relation, pourroit paſſer pour vne horrible impoſture.

Mais pour commencer par le dernier Article, qui ſemble eſtre le plus important de tous, il eſt vray que ie n'ay point de preuues pleinement conuaincantes de ce que ie dis. Ie crois toutefois que les perſonnes deſintereſſées iugeront que i'en ay eu de ſuffiſantes, pour le rapporter en la façon que ie fais, ſans nommer les perſonnes. Vn Eccleſiaſtique de condition, & qui ayant eſté de la partie, m'a aſſeuré que la choſe s'eſtoit paſſée de la ſorte : & les Liures qui ont eſtonné & troublé la France, ayant eſté compoſés par les Autheurs qu'il me nomma, ſuiuant le deſſein qui en fut pris alors, ne me permettent pas d'en douter. Les Lettres de Ianſenius à S. Cyran qui ont enfin veu le iour, me confirment encores en cette creance; & les remarques que i'ay faites de diuerſes choſes qu'il eſcrit à ſon amy, iointctes à ce que i'en ay dit dans le Chapitre 2. rendront l'affaire fort probable à ceux qui voudront la conſiderer ſans paſſion. I'ajoûte que les Hereſies que les Ianſeniſtes ont voulu eſtablir, ſont ſi horribles, ſi indignes de Ieſus-

Chrift, & fi contraires à l'Idée mefme, qu'on doit auoir de Dieu, qu'il eft croyable qu'ils auoient d'autres deffeins, que ce qu'ils ont fait paroiftre : quoy que ces deffeins là mefme font fuffifamment compris dans les erreurs qu'ils ont fouftenuës auec tãt de fureur.

I'auouë que l'horreur que i'ay eu de leur doctrine, apres en auoir appris le fecret, m'a obligé de remarquer exactement les pas qu'ils ont faits, & que les plus petites chofes mefmes m'ont paru grandes dans vne affaire de cette confequence.

Ie ne doute point auffi que les Amateurs de la verité, & les bons feruiteurs du Roy, feront bien aifes d'obferuer en ce liure toutes les demarches du Ianfenifme, & l'ordre de la prouidence de Dieu qui a toufiours fufcité des gens de bien pour en rompre, ou pour en éuenter iufques aux moindres entreprifes. Vn Sermon quelquesfois ou vne difpute, vne conference mefme particuliere ont fait les ouuertures des fchifmes, des rebellions, & des herefies ; & en des chofes de cette importance il ne faut rien méprifer.

Pour ce qu'on dira que ie rends propre de Poictiers ce qui s'eft fait dans Paris, & dans toute la France : ie ne nie pas qu'il y a des chofes communes mefme à toute l'Europe

dont ie fais mention : mais ie ne les confidere
pas en ce qu'elles font de toute l'Europe; Ie
les regarde feulement comme ayant fait du
bruit en cette Ville, ou comme ayant feruy à
y conferuer la paix. Au refte par ce que ie
ne fçay pas, fi ailleurs on aura eu la mefme
penfée qu'on a euë icy, il eft bon que quantité de Lettres, d'Ordonnances, de Libelles
& autres petites pieces qui fe perdroient facilement eftant feparées, fe conferuent pour
l'inftruction de la pofterité, eftant toutes
reünies dans vn Liure.

Enfin ie ne nie pas que pour faire vne Relation entierement juridique, il falloit nommer toutes les perfonnes dont ie rapporte ou
la fureur ou le zele, afin qu'on eût vne parfaite connoiffance des crimes des vns, & de
la vertu des autres.

Mais comme il faut efperer que la plus-part
de ceux qui fe font laiffés tromper auant la
Bulle du Pape, ou qui fe font emportés incontinant apres, eftans enfin defabufez, ou
cette premiere fougue s'eftant euaporée, fe
remettront en leur deuoir, i'ay cru que la
Charité Chreftienne demandoit qu'on ne
les nommât pas. Et puis des maifons, &
des Ordres mefmes entiers de Religieux
eftans intereffés en la reputation de fembla-

bles perfonnes, qui font certes indignes de
leur profeffion, il a fallu pardonner aux vns,
pour ne bleffer pas les autres, & donner à de
grandes & illuftres Compagnies, ce qu'il
eût fallu refufer à quelques particuliers.

Lettre de la Reine au sieur Filleau, sur le sujet de la presente Relation.

Monsieur Filleau, Ayant appris que vous auez fait vne Relation de tout ce qui s'est passé à Poictiers, sur le sujet des nouuelles opinions de Iansenius, qui ont esté condamnées par le Pape, dont quelques particuliers ont parlé, & d'autres ont escrit, i'ay voulu vous faire la presente, pour vous témoigner que ie vous sçay gré du zele que vous auez fait paroistre en cette occasion, & que ie trouue bon que vous fassiez imprimer cette Relation auec le Bref enuoyé par sa Saincteté à l'Vniuersité de Poictiers, pour congratuler ceux de ladite Vniuersité, qui ont trauaillé à cette affaire pour la defense de l'Eglise de Dieu, que ie supplie vous auoir, Monsieur Filleau, en sa saincte garde. Escrit à Paris le 19. May 1654.

Signé,   ANNE.

Et plus bas,   SERVIENT.

Au dessus est escrit,

A Monsieur Filleau, Conseiller du Roy Monsieur mon Fils, en ses Conseils, & son Aduocat en la Seneschaussée & Siege Presidial de Poictiers.

RELA-

RELATION
IVRIDIQVE,

De ce qui s'est passé à Poictiers, touchant la nouuelle Doctrine
des Iansenistes.

Dessein de l'Autheur.

CHAPITRE. I.

E commandement que i'ay receu de dresser vne brieue Relation, de ce qui s'est passé en
cette Ville, sur le sujet de la
nouuelle doctrine, que les Iansenistes y ont cy-deuant vonlu establir, m'a
mis la plume à la main, pour entreprendre
vn Ouurage, duquel i'aurois tasché à me
dispenser, si l'obeissance que ie dois aux puis-
sances me pouuoit laisser dans l'indifference
de deliberer, plustost que d'executer les ordres qui me sont prescrits.

A

La suitte des affaires, desquelles i'entreprends le narré, m'obligera souuent de faire mention de moy-mesme, comme m'estant trouué plusieurs fois dans les employs que ma charge exigeoit, pour resister à ces nouueautez dangereuses : & cette excuse m'eust peu fournir le sujet d'vn legitime refus, si vn plus puissant motif, qui portera cét Ouurage dans le Cabinet des Souuerains, & dans la capitale du Royaume, ne m'obligeoit à la veuë des interests de la foy, de ne plus enuisager ce pretexte de bien-seance particuliere, ou de faire aucune reflexion sur moy, quand il y va de la gloire, & de l'auantage du public.

Ie ne pretends pas faire vne recherche generale du Iansenisme, ny fouiller dans les cendres du Caluinisme, pour y trouuer ces vermisseaux qui luy ont donné la naissance. Ce n'est pas non plus mon dessein, de porter mes pensées sur le bord du puis infernal, qui a jetté au dernier siecle dans cette Prouince, les exhalaisons de l'heresie des mesmes Caluinistes, pour y rencontrer ces Sauterelles de l'Apocalypse, (figure veritable des Iansenistes) qu'vne fumée restant de ce grand embrasement a produite dans nos iours, qui ne peuuent que blesser la foy languissante des efprits prefumptueux, qui affectent de fe rendre finguliers, apres auoir volontairement effacé du deffus leur front, cét illuftre caractere de l'humilité Euangelique, qui fait plier les plus fublimes entendemens fous le joug honorable des plus obfcures veritez de la foy.

Il me fuffira de remarquer, que ces Sauterelles ont paru d'abord en cette ville de Poictiers, dans le mefme équipage que le Texte facré les a defcrites, portant fur la tefte des couronnes d'or d'vne Grace triomphante & victorieufe, qui les rendoient fuperbes & altieres, voulant pluftoft commander aux efprits leur nouuelle doctrine, que s'infinuer par la force du raifonnement. Elles fe manifeftoient d'ailleurs auec des vifages d'hommes, en qualité de veritables difciples de fainct Auguftin, mais en effect toutes bouffies d'orgueil, déchiroient auec des dents de Lion les veritez Orthodoxes, auffi bien que la fainte doctrine de cét illuftre Prelat. C'eft ce que ie feray voir dans la fuitte de cette Relation, que i'ay qualifiée Iuridique, tant par ce que ie n'agis pas en homme priué, puifque le pouuoir de ma Charge me donne vne authorité Iuridique, pour m'oppofer à ces pretendus Nouateurs, qui ne peuuent heurter les verités de la foy, fans attaquer les droicts de noftre Monarque tres-

4

Chrestien, obligé à la defense des maximes fondamentales du Christianisme, comme fils aisné de l'Eglise; qu'à cause que ie me propose de rapporter les pieces probantes & authentiques, qui ont parû à la veuë du public, & les inserer auec les Actes de Iustice dans les Chapitres suiuans.

Le dessein des premiers Autheurs de cette nouuelle doctrine, découuert en cette ville de Poictiers.

CHAPITRE. II.

C'Est icy, où i'appelle la trouppe de ces nouueaux deuoyez, pour leur découurir vn mystere, que les plus releuez d'entr'eux ont ignoré iusques à present.

C'est icy, que ceux que l'on nomme Iansenistes, & qui n'ont assisté aux premieres deliberations, mais seulement ont suiui les instructions des premiers autheurs, pourront s'ils veulent se détromper, & reconnoistre ouuertement, que la doctrine qu'ils professent, n'est qu'vn leurre duquel on se sert en leur endroit, ou pluistost l'vn de ces feux volages qui parroissent sur la mer, pour conduire sous

vne vaine apparence du port, dans vn eſcueil
fatal & mortel, les voyageurs trop credules &
peu inſtruits, de la ſuitte de ces apparences
trompeuſes.

C'eſt en cét endroit, que ie mettray en
éuidence le deſſein de ceux, qui ont eſté
les autheurs de cette nouuelle doctrine, &
que ie feray voir auec eſtonnement & frayeur
aux Ianſeniſtes de ce temps que leur creance
eſt vne cabale, qui n'a rien moins de veritable
que l'apparence de ce qu'ils profeſſent, &
qu'au lieu de porter le nom de *Ianſeniſtes*, il
faut les appeller les *Deiſtes*, c'eſt à dire des perſonnes qui croyent ſimplement qu'il y a vn
Dieu, qui comme principe ſouuerain gouuerne les creatures, auſquelles il a donné l'e-
ſtre, & en diſpoſe ſuiuant ſa volonté, ſauuant
les vns & damnant les autres; le tout pour ce
qu'ainſi luy plaiſt, & que c'eſt ſon vouloir
abſolu, & qu'il a droict de le faire, apres la corruption generale de toute la maſſe du genre
humain, par le peché originel.

Pour découurir ce myſtere caché, & que
peu de ceux qui font profeſſion du Ianſeniſme
ont ſçeu iuſques à preſent, ie ſuis obligé de
declarer, qu'vn Eccleſiaſtique qui paſſoit par
cette Ville, ayant ſceu que le ſieur Filleau
Aduocat du Roy en ce Siege, auoit témoigné

publiquement en diuerses occasions beaucoup de resistance contre cette nouuelle
doctrine, prit resolution de le visiter ; &
apres quelques complimens, l'ayant mis
sur le discours des maximes que l'on aduan-
çoit si librement touchant la Grace, & le
Franc-arbitre, enfin luy dit, que cette Secte
de gens ne tendoit qu'a ruiner l'Euangile, &
a supprimer la creance que l'on auoit de la
Redemption des hommes par le moyen de la
Passion de Iesus-Christ, qui estoit parmy eux
vne histoire apocryphe, dont il pouuoit rendre vn témoignage certain, ayant assisté aux
premieres deliberations qui ont esté faites
sur ce sujet : en effect, dit-il, les autheurs
de cette doctrine, que l'on nomme a present *Iansenisme*, firent vne Assemblée, il y a
plusieurs années, dans vn lieu proche de
Paris appellé *Bourg-fontaine*, où luy, qui faisoit ce recit, audit sieur Filleau auoit assisté:
que cette Assemblée estoit composée de six
personnes, luy faisant la septiesme ; & que de
ces six personnages il n'y en auoit plus qu'vn
qui restoit viuant au monde, lesquels il de-
signa par leurs noms & qualitez, sçauoir,
(I. D. V. D. H.) (C. I.) (P. C.) (P. C.).
(A. A.) (S. V.)

Que le premier designé, apres auoir fait

entendre à l'Assemblée, qu'il estoit temps
que les Sçauans & pleinement illuminez dé-
trompassent les peuples, & les retirassent des
tenebres, dans lesquelles ils estoient comme
ensuelis; & que pour cet effet, eux qui a-
uoient les cognoissances necessaires, & les
talens proportionnez à ce grand Ouurage,
deuoient mettre la main à l'œuure, & faire
paroistre la puissance de Dieu toute autre
qu'elle n'auoit éclatté dans leurs iours. Que
pour y paruenir, puis qu'ils sçauoient qu'il
n'y auoit qu'vn Dieu pour objet de la veritable creance, & qui faisoit des creatures ce
qui luy plaisoit; qui sçauoit ceux qu'il vouloit sauuer, & damnoit les autres qui ne pouuoient s'en plaindre, ayant merité la mort
eternelle à cause de la preuarication du premier homme, se trouuant engagez dans cette
masse corrompuë, il estoit necessaire de leur
déuoiler les yeux, & de commencer leur instruction par la destruction des Mysteres,
(dont la creance est illusoire & inutile)
& particulierement de celuy de l'Incarnation, qui estoit comme la baze & le fondement de tous. Car à quoy bon, proposa-il, vn
Iesus-Christ né & mort pour les hommes,
desquels le salut dépend de la seule Grace
que Dieu leur donne, qui seule est efficace

A 4

& opere leur bonne ou mauuaise fortune pour
l'eternité. Celuy qui opina le second fut du
mesme aduis, & exaggera cette proposition
par les consequences qu'il tiroit des fonde-
mens & principes de leur doctrine. Le troisiesme que l'on auoit appellé à dessein de l'engager dans cette faction, & qui estoit grandement versé dans la lecture de sainct Augustin, ne dit autre chose, sinon, que c'estoient
des fols de faire telles propositions, & de les
vouloir authoriser dans vn Royaume qui estoit
si esloigné de telles noueuautez, & que quant
à luy, il ne vouloit s'engager dans ce party. Les trois autres témoignerent, que la
voye qu'on vouloit prendre d'abolir d'abord
l'Euangile, & de combatre la creance des
Mysteres, & entr'autres de l'Incarnation,
estoit aussi perilleuse, qu'elle seroit peu fru-
ctueuse, qu'vn arbre ne pouuoit estre jetté par
terre, sans auparauant couper les diuerses ra-
cines qui l'y attachent, & luy donnent force
& stabilité: & qu'en la conduitte du dessein
proposé, il n'estoit pas à propos de se découurir si tost, qu'il faloit vser d'autres moyens
plus specieux pour s'insinuer dans les esprits,
& tenter des voyes plus plausibles, pour
ensuitte consommer ce grand Ouurage, annoncer cette grande Verité, de laquelle tous

les peuples n'estoient pas encore capables:
que les Doctes & les indoctes s'opposeroient
aux premieres démarches, & feroient re-
puter cette Doctrine pour impie, la denon-
ceroient aux Magistrats, qui pourroient s'é-
crier, & la mettre à l'épreuue des peines &
des prisons.

Ces raisons Politiques ayant esté goustées
par ceux mesme contre lesquels elles furent
avancées, on demeura d'accord, de tenter
des voyes plus douces, par lesquelles enfin
on pût paruenir à la ruine de l'Euangile,
sans qu'on pût s'en apperceuoir : & au lieu
de toucher si-tost aux Mysteres, on delibera de sapper artificieusement la creance,
qui estoit entretenuë dans les esprits des Catholiques. On resolut d'attaquer les deux
Sacremens les plus frequentés par les adultes,
qui sont celuy de la Penitence & celuy de
l'Eucharistie. Le moyen d'y paruenir fut ouuert par l'esloignement que l'on en procure-
roit, non en témoignant aucun dessein de
faire en sorte qu'ils fussent moins frequen-
tez, mais en rendant la pratique si difici-
le, & accompagnée de circonstances si peu
compatibles auec la condition des hommes
de ce temps, qu'ils restassent comme inac-
cessibles, & que dans le non-vsage, fondé

sur ces belles apparences, ou en perdist par
apres la foy.

On y proposa aussi d'éleuer la Grace à vn
tel point, qu'elle operast tout, toute seule;
de nier celle qui est suffisante aux hommes;
de renuerser la liberté du Franc-arbitre; de
luy imposer vne necessité de plier sous la
Grace victorieuse; de publier que nostre
Seigneur Iesus-Christ n'estoit point mort
pour tous les hommes; & cela, à dessein de
preuenir les esprits, & leurs ayant persuadé
ces faussetez, de tirer des consequences par
apres qui ruineroient facilement l'Euangile,
les mysteres & les Sacremens.

Car (disoient-ils) si nous pouuons vne
fois imprimer cela dans les esprits de ceux qui
nous escouteront, ou liront les Ouurages
que nous ferons sur telles matieres, ils ne
pourront plus rester fermes dans leur premiere creance, & il nous sera facile de leur persuader, que l'Ouurage de la Redemption
des hommes est supposé, puis que le tout ne
dépend que de la Grace seule efficace, & à
laquelle on ne peut resister; & que d'ailleurs
quelque effort qu'on face pour accomplir les Commandemens de Dieu, il y en a
qui sont impossibles, & que mesme la Grace
manque pour les rendre possibles. A quoy

donc vn Redempteur, à quoy des Sacremens, à quoy tous ces conseils Euangeliques ? On sera sauué ou damné, quelque chose qu'on face, selon qu'il plaira à Dieu.

Mais d'autant (dit l'vn d'iceux) qu'il ne sera pas si facile de surprendre les esprits des Directeurs & conducteurs des consciences, comme il sera d'agir sur les esprits foibles & simples de quelques Catholiques, & que dans les Propositions qui leur en seront faites, ils auront peut-estre recours aux mesmes Directeurs, qui resoudront ces difficultez, il est necessaire de pouruoir à cet inconuenient: auquel l'vn de la compagnée se chargea d'apporter le remede necessaire, qui ne consistoit qu'à les decrediter, ou diminuer l'authorité & la creance de leur direction, qu'il feroit paroistre totalement interessée.

On preuit aussi, qu'il ne falloit point laisser le chef de l'Eglise sans l'attaquer : car, comme c'est à luy que l'on a recours dans les poincts & controuerses de la Foy, pour y prononcer en qualité de Souuerain, & fondé dans l'infallibilité qui luy est asseurée par l'entremise & assistance du sainct Esprit, il fut resolu dans cette Assemblée, que l'on trauailleroit contre l'Estat Monarchique de l'Eglise, & que pour le destruire, l'on s'efforce.

roit d'establir l'Aristocratique : afin qu'il fust
facile d'abatre en suite toute la puissance de
l'Eglise. Et quant à l'infallibilité du Pape, il
passa, que l'on escriroit contre icelle, & que
ne la pouuant descrier tout à fait, on la re-
streindroit aux seules assemblées des Conciles; afin d'estre toussiours en estat, lors que
nostre sainct Pere le Pape auroit prononcé
quelque anatheme contre leurs nouueautés,
de s'escrier, & en appeller à vn Concile, auquel toutefois ils ne croiroient pas dauantage
qu'au Pape & à l'Euangile.

　　Tous ceux de cette assemblée (à la reserue
de celuy qui n'auoit voulu découurir ses sentimens, & qui les auoit accusé de folie, sans
toutes-fois s'engager à aucune action contraire à la leur, & sans les deferer comme il
le pouuoit, afin d'étouffer ce monstre dans
son berceau) demeurerent d'accord, qu'il falloit escrire, & donner au public des Liures
par lesquels ils pussent establir ces premieres
maximes, qui n'estoient que des démarches,
pour paruenir à leur dernier dessein de Deistes, qu'ils n'osoient faire esclore si-tost. Et
d'autant que de tous les Docteurs de l'Eglise
il n'y en a aucun qui ait donné tant d'essort
à son esprit, que S. Augustin, & dont l'on
puisse mieux abuser des passages mal-expli-

qués, que mefme les Caluiniftes s'en eftoient
feruis ; il fut refolu, qu'ils fe diroient tous
Deffenfeurs de la Doctrine de S. Augustin,
que fon authorité feruiroit de voile à la nouueauté de leur doctrine, & de piege pour furprendre les foibles efprits. Et afin de ne tomber en concurrence de mefme matiere, ils
diftribuerent entre eux les points & les maximes qu'ils s'obligeoient d'eftablir par leurs ef-
crits. C'eft ce qui a donné lieu, non feulement
au liure de Ianfenius, mais aufsi aux autres qui
ont efté mis en lumiere à cette occafion, trait-
tans des poincts, dont eft faite mention cy-
deffus, que les Doctes peuuent aifement remarquer, fans que i'en face icy vn plus
particulier dénombrement. Le dernier qui
a paru à Paris, en confequence de la re-
folution de cette Affemblée, eft celuy des
deux chefs, par lequel ils pretendoient ruiner l'Eftat Monarchique de l'Eglife, & en
eftablir vn tout different, qu'ils euffent par
apres deftruit par vne autre plume, s'ils n'euffent rencontré cette mefme puiffance vigou-
reufe, qui a foudroyé cét Ouurage d'iniquité,
qui vouloit abolir la Monarchie de l'Eglife
par cette multiplicité de Chefs.

Voilà comme a efté projettée cette Cabale, (pourfuiuit cet Ecclefiaftique) & qu'en

verité cette Assemblée qui l'a formée, & à laquelle il auoit eu le malheur d'assister & de participer, mais aussi le bon-heur d'y renoncer par apres, estoit vn conuenticule contre la personne sacrée de Iesus-Christ, semblable à celuy qui auoit esté predit par le Prophete, *Conuenerunt in vnum, aduersus Dominum, & aduersus Christum eius*. Et que si depuis cette nouuelle doctrine a pris le nom de *Ianſeniſtes*, ce n'est qu'vn nom d'escorce & d'exterieur, & que la veritable dénomination qui leur appartient, est celle de *Deiſtes*; leur secrete intention & la finale, estant d'introduire la seule creance d'vn Dieu, sans Euangile, & sans Redempteur, & d'abolir la foy du Sacrement du Baptesme, qui est rendu inutil par la reprobation positiue, qu'ils establissent sur la masse corrumpuë par le peché originel; en consequence de laquelle corruption, Dieu a droict de damner ceux qu'il predestine à la mort eternelle.

Comme le sieur Filleau a eu l'honneur d'estre cognu de defunct Monsieur le Baron de Renty, de saincte memoire, qui l'a souuent honoré de ses Lettres, & mesme par icelles luy a enuoyé diuers ordres de la Reyne, pour des actions de pieté, que sa Majesté a charitablement fait exercer en cette Prouince; ie

ne dois passer sous silence, ce qu'il a apris
dudit sieur de Renty, touchant les derniers
sentimens de defunct Monseigneur Octaue
de Bellegarde Archeuesque de Sens, desquels il auoit esté depositaire, & chargé de
les porter à Monseigneur le Nonce, pour en
informer sa Saincteté, touchant le sieur Abbé
de sainct Cyran, & sa doctrine : d'autant que
par là, on pourra iuger auec plus de lumiere
& de certitude du dessein de cette Assemblée
de Bourg-fontaine.

Or entre autres choses, ledit Seigneur
Archeuesque declara qu'il estoit obligé de
croire ce party suspect à l'Eglise, pour auoir
veu que son commencement a esté dans l'illu-
sion, dont l'vn des effets a esté vne fausse
deuotion : & qu'il auoit sçeu par personnes
dignes de foy, que le sieur de sainct Cyran
parloit du Concile de Trente, comme d'vne
Assemblée politique, & qui n'estoit point vn
veritable Concile : que ledit sieur de S. Cyran tendoit à oster la frequente Communion
mesme à ses meilleurs amys, sous pretexte
d'vne Communion spirituelle, qu'il faisoit
passer pour plus sainte que la Sacramentale.

Qu'il ne faisoit aucune memoire de la Hierarchie Ecclesiastique, ny du Pape, ny des

Euefques, dans fon Catechifme leçon 6. lors
qu'il a definy l'Eglife.

Que ledit fieur de S. Cyran communiquoit
en particulier & à l'oreille fa mauuaife doctrine, à ceux qu'il efperoit attirer à fon party,
auec deffenfes d'en parler, autrement qu'il
leur bailleroit vn dementy : & que lors qu'il
traittoit publiquement, il difoit le contraire
de ce qu'il auoit infinué & declaré en particulier.

Qu'enfin S. Cyran & fes Difciples amu-
foient d'apparence, pour s'eftablir: pour apres
reprendre ce qu'ils tenoient fort caché, & ne
communiquoient mefmes qu'à peu de leurs
frères.

N'eft-il pas clair & éuident, par le témoignage de ce grand Prelat, que leurs creance eft
tout autre que celle qu'ils font paroiftre, &
que ce qu'ils tiennent caché, eft le deffein
d'eftablir la feule creance d'vn Dieu, mais
fans Iefus-Chrift, fans fes Sacremens & fans
fon Euangile ? Partant ceux qui ont embraffé
cette pernicieufe doctrine des Ianfeniftes,
pourront par cette declaration connoiftre le
precipice dans lequel ils ont efté conduits,
quoy que ce danger foit inconnu à la plus
part de ceux de cette Secte, qui n'enuifagent
que le corps de cette doctrine, & ne fçauent
pas

pas le premier dessein de ceux qui luy ont autres-fois donné la naissance, & depuis, le
progrez.

Moyens par lesquels les Iansenistes com-
mancerent en Poictou la publica-
tion de leur doctrine.

CHAPITRE. III.

LA reformation, ou le pretexte de la reformation a toûjours seruy aux Heretiques de voye pour s'establir. Les Caluinistes
commâcerent au dernier siecle par vne reformation pretendue, qui leur a donné le nom de
Pretendus Reformez. Les Iansenistes les ont
imité en cette Prouince: car lors que l'Eglise
estoit en paix, l'amertume de leur doctrine
commença a estre goustée par quelques esprits simples & faciles à croire trop de leger,
facta est in pace amaritudo Ecclesiæ amarissima.
Ceux qui furent enuoyez en cette Prouince,
pour en faire la publication, n'aduancerent
pas d'abord la question de la Grace : mais en
execution des resolutions prises par les grands
Directeurs de cette nouuelle doctrine, & selon l'esprit du Liure qui auoit parû peu auparauant, ils trauaillerent à disposer les esprits,

B

à ne point frequenter les Sacremẽts de
Penitence & de l'Euchariſtie. On vit ces
noụueaux Miſſionnaires ne parler que de la
Penitence publique, des preparations requi-
ſes pour receuoir le tres-ſainĉt Sacrement, &
de l'abus qui regnoit parmy les Catholiques,
auſquels on donnoit ſi facilement l'abſolu-
tion, ſans auoir fait auparauant cette Penitence neceſſaire, qu'ils portoient à vn ſi haut
degré, qu'elle faiſoit fremir ces pauures ignorans qui s'y croyoient obligés. Et ce fut lors
qu'on commença à s'écrier contre l'attrition,
& traitter de la neceſſité de la contrition auec
le Sacrement, à produire de grands ſcrupules
dans les Ames, & à blaſmer la frequente
Communion, ſuiuant les maximes & les paſſages du Liure qui auoit eſté mis en lumiere
quelque temps auparauant, & que ces grands
Zelateurs de la Reforme auoient touſiours en
main, & que l'vn d'eux appella ſon Euangile,
en preſence du ſieur Filleau.

On vit au meſme temps parêtre en cette
Prouince vn Docteur de Paris, qui porta
cette mauuaiſe doctrine à la Campagne, &
non content de l'enſeigner aux Payſans, &
de la preſcher publiquement, creut la mieux
inſinuer dans les eſprits par la lecture du Liure
qui introduiſoit la penitence publique, &

attaquoit la frequente Communion. De ſorte
que ce Liure fut mis entre les mains d'vn Curé
de ce Dioceſe, qui en faiſoit lecture au peuple de ſa Parroiſſe, comme ſi ç'euſt eſté
l'Euangile qui leur deuoit eſtre annoncé.
On n'entendoit plus que des diſcours pour
former des diſpoſitions impoſſibles pour la
digne reception du tres-ſainct Sacrement;
qui eſtoient telles que les plus grands Saincts
de la terre à peine y ont pû atteindre. Ainſi
cette ſimulée humilité ſurprit peu à peu les
eſprits des plus ſimples, & l'on fit paſſer pour
plus deuots ceux qui s'abſtenoient plus longuement de ce mets ſacré.

   On ne s'arreſta pas à la Campagne, mais
on porta & auec plus de difficulté cette doctrine de la penitence, & de la preparation
ſi extraordinaire pour la ſaincte Communion,
iuſques dans la ville de Poictiers. Elle n'y
parut pas ſi toſt, qu'elle fut hautement con-
tredite par ceux qui ſuiuoient la veritable
pratique de l'Egliſe, & qui ſçauoient ce que
le ſacré Concile de Trente auoit definy ſur
ce ſujet.

   Les Predicateurs s'eſcrierent auſſi-toſt, &
firent voir au public les inconueniens de cette
nouuelle pratique. Les paſſages des Peres
ne furent pas obmis, non plus que leur veri-

table explication, defquels par vne verfion
non fidele, l'on vouloit furprendre les moins
intelligens. On vit en cette Ville vn Religieux Predicateur, durant fes Sermons de
l'Aduent & du Carefme époufer le party de
ces nouueaux Reformateurs, & faire les Dimanches des Catechifmes pour infinuer dans
les efprits cette doctrine nouuelle; mais auec
tant de chaleur contre ceux qui prefchoient
le contraire, que plufieurs des Auditeurs
entendans, plus-toft des fatyres que des Sermons, qui doiuent eftre toufiours accompagnés de charité, ne s'y rendirent plus affi-
dus, & commencerent à defcouurir que c'e-
ftoit vne doctrine de Cabale. Quelques particuliers s'y laifferent furprendre, & l'on ouit
toft apres dire en la Ville, qu'il y auoit des
femmes mariées, qui fe plaignoient de la nouuelle forme de vie de leurs maris, qui ne fe
tenoient plus que dans des greniers pour faire
penitence, abandonnans le trafic de leurs
boutiques, & foin de leurs familles, auffi
bien que la loüable couftume, qu'ils auoient
auparauant de frequenter fouuent les Sacremens de l'Eglife. Ce poifon fut porté jufques
dans vne Maifon de Filles Religieufes de
Poictiers, à la faueur d'vn Docteur Preftre
feculier leur Directeur, qui enuoyé de Paris

en cette Ville par ceux qui trauailloient à tel
establissement, eut ce pouuoir sur leurs
esprits, que de les porter à des pratiques toutes contraires à l'esprit de leur fondateur, &
aux entretiens qu'il leur a laissé. Voire mesme l'on vit dans l'Eglise de cette Maison
Religieuse vn autre Prestre seculier, qui dans
ses Predications affectoit d'employer son ta-
lent pour la deffense & establissement de cette nouuelle pratique.

Cette Cabale pleine d'industrie (comme
les enfans de tenebres sont souuent plus
clair-voyans dans la conduitte politique, que
les enfans de lumiere) ayant eu aduis, qu'il
y auoit vne Maison de Religieuses Benedi-
ctines dans vne petite ville peu éloignée de
Poictiers, qui n'estoit que dans les commencemens de son establissement, assez
foible pour ce qui est du temporel, deputa
vers elles deux Prestres du party pour
leur proposer comme ils firent, de leur rendre toutes les assistances spirituelles & tem-
porelles gratuitement & charitablement,
mesme de fonder leur Monastere, pourueu
qu'elles voulussent se mettre dans leur direction, & suiure leur conduitte. Mais ces bonnes Filles ayans recognu, tant par les mouuemens interieurs que le sainct Esprit leur sug-

gera, que par la suite de leurs entretiens, &
de la declaration qu'ils firent, de s'estre mis
en chemin pour aller trouuer vne personne
de qualité releuée, qui estoit assez cognuë de
toute la France, pour estre l'vn des grands
Deffenseurs de cette nouuelle doctrine, &
& qui l'a pratiquée iusques à la mort, refuse-
rent genereusement ces offres, quoy que
charmans, qui ne tendoient qu'à la destruction & ruine entiere de leur salut.

Les autheurs de ces artifices enuisagerent
tous ceux, qu'ils creurét leur pouuoir estre vtiles. Et comme la doctrine bonne ou mauuaise, ne peut estre si facilement répanduë dans
les esprits, que par l'ordre & establissement
des seminaires, il fut entr'eux resolu, d'attirer le plus qu'on pourroit de jeunes enfans,
pour leur imprimer, à la faueur de la tendresse
de cet aage, leurs erreurs & fausses maximes.
De sorte qu'en execution de ce malheureux
conseil, on fit solliciter vn Officier de cette
Ville par vn de ses alliés faisant profession de
cette mauuaise doctrine, de consentir qu'on
le dechargeast de deux de ses enfans, pour
les faire esleuer & instruire gratuitement, au
lieu où ils eussent fait apparemment naufrage
dans le port, si la pieté du Pere n'eust genereusement resisté à ces charmes, capables d'é-

branler tout autre d'vne vertu moins solide.

Diuerses plaintes furent faites à defunct Monseigneur l'Euesque de Poictiers de ces nouueaux Dogmatistes. Et comme il estoit ennemy de toutes nouueautés, sur tout au fait de la Religion; dés lors que le liure de la frequente Communion du sieur Arnaud eut paru, il dit fort judicieusement, que ce Liure n'estoit bon que pour fauoriser les libertins, qui s'esloigneroient de la saincte Communion, sous pretexte de n'estre pas dignes de la receuoir; qu'il n'appartient qu'au Confesseur dans l'hypothese de juger si vne personne est en estat de communier souuent; que c'estoit vne chose blasmable dans la these de condamner la frequente Communion, qui n'auoit pas esté improuuée par les plus grands Docteurs de l'Eglise; de sorte que ledit Seigneur Euesque par des ordres secrets arresta le cours de ce desordre public. Mais son decez arriué, l'on vit paroître derechef vn Predicateur Religieux, qui dans vne des Eglises de cette Ville, où il y a assemblée de deuotion le troisiesme Dimanche de chaque mois, prescha si ouuertement qu'il ne falloit pas communier souuent, qu'vn des Conseillers du Siege Presidial, & vn des gens du Roy, qui s'y trouuerent presens,

B 4

furent fur le point d'en faire des plaintes
publiques; dont ils furent détournés en faueur de fon Ordre.

La doctrine de Ianfenius prefchée publi-quement dans Poictiers.

CHAPITRE IIII.

LEs Deiftes, & cette forte de gens qui
portent auiourd'huy le nom de Ianfeniftes, auoient defia fait quelque progrés
dans cette ville; puis qu'ils auoient perfuadé
l'efloignement des Sacremens à quelques
perfonnes Religieufes, comme auffi à quelques Laïques de l'vn & l'autre fexe. Il eftoit
queftion de paffer outre, & de mettre en eui-
dence les autres maximes fondamentales de
leurs opinions. Il falloit publier cette Grace
victorieufe & triomphante. Il falloit deftruire
la liberté du Franc-arbitre, le faifant foufmis
abfolument à la Grace, fans pouuoir luy refifter. Il falloit donner de mauuais fentimens
de noftre Seigneur Iefus-Chrift, & le décrier
parmy les Catholiques, le faifant paroître
mourant pour quelques-vns feulement, &
non generalement pour tous les hommes. Il

falloit, pour ruiner l'Euangile, & deſtruire le
Myſtere de l'Incarnation du Fils de Dieu,
faire retentir dans les Chaires par les Predicateurs, & dans les Eſcoles par les Docteurs,
cette doctrine nouuellement fabriquée, ou
pluſtoſt tirée des vieilles erreurs de Luther,
Caluin & autres Hereſiarques de l'autre ſiecle : mais cela ne ſe pouuoit faire qu'auec ad-
dreſſe, & dorant ce poiſon, qui à moins que
cela euſt eſté à contre-cœur aux plus ſimples
Catholiques. C'eſtoit vne marchandiſe de
mauuais debit, & partant l'on ne pouuoit
l'expoſer que dans vne vente publique, & par
les mains de marchans qui fuſſent dans la reputation, de ne ſe point charger de mauuaiſes drogues. En vn mot on ne pouuoit faire
receuoir cette doctrine, que la meſlant auec
d'autres, & la faiſant entendre au peuple dans
la chaire de verité.

C'eſt l'induſtrie de laquelle les Ianſeniſtes
ſe ſeruirent pour inſinuer leur doctrine. Et
pour cet effect, comme ils ont grande corref-
pondance en diuers lieux, ils moyennerent
l'enuoy de quelques Predicateurs en cette
Ville, qui dans leurs Sermons debitoient toujours quelqu'vne de ces maximes, & aduan-
çoient de temps en temps les propoſitions
de la Grace, du Franc-arbitre, qu'ils faiſoient

tomber sur le sujet de la Predestination , &
autres matieres qui y estoient connexes,
Les Predicateurs seculiers, quoy que Dispen-
sateurs de la Parole de Dieu , n'acquierent
pas souuent vn pouuoir si absolu sur les esprits
de leurs Auditeurs, comme les Predicateurs
Religieux: d'autant que les Reguliers portent
vn habit qui presche auec eux , & cette marque d'austerité exterieure persuade aduanta-
geusement les Propositions qu'ils ont auparauant expliquées. C'est pourquoy l'on ne
vit point de Predicateurs seculiers s'engager
dans la deffence de cette doctrine. Mais il
s'en trouua de diuers Ordres Religieux , qui
estallerent en Chaire, & la publierent si hautement, que des personnes de diuerses conditions , & des deux sexes en furent incontinent infectées : & ce qui estoit le plus dangereux , c'est que dans les tribunaux de la Con-
fession , & dans les directions & entretiens
particuliers , ils cultiuoient secretement le
fruict de leurs Predications.

Ie veux taire les noms & les Ordres Religieux de ceux qui ont esté en cette Ville les
premiers disseminateurs de ces nouueautés ;
d'autant que ie suis obligé de croire pieuse-
ment qu'ils n'auront pas persisté , & que la
decision du sainct Siege Apostolique aura

ſeruy de barriere à leur impetuoſité, & qu'à
moins de participer à cette funeſte reſolution des premiers autheurs de cette Cabale,
ils auront plié ſous le joug de la Bulle de
noſtre ſainct Pere le Pape, & auront captiué
leurs entendemens ſous cette Conſtitution
deciſiue des poincts en matiere de foy.

On a encore les jdees preſentes de ces
Predicateurs, & pluſieurs, quoy qu'abſens,
ne ſe trouuent que trop preſens dans la memoire de ceux qui les ont eſcoutés. Celuy
qui inſtruiſoit de jeunes Religieux, & auoit
leur Direction Reguliere durant les années
importantes de leur eſpreuue, & de leur No-
uitiat, a fait vne ſi haute profeſſion du Ianſeniſme dans Poictiers, que toute la Ville le
recognoiſſoit pour tel, & que meſme il a eſté
ſi hardy dans vne Predication, qu'il fit au
Chapitre Prouincial de ſon Ordre, tenu dans
l'vne des Villes de cette Prouince, il y a peu
d'années, de debiter en Chaire à la veuë de ſes
Superieurs, & des plus celebres de ſa Religion, la pure doctrine des Ianſeniſtes, comme s'il euſt cru la deuoir ou pouuoir perſuader à ceux qui auoient droict de luy commander. Et quoy que l'on ſçache, que la
plus grande & ſaine partie de cet Ordre a toûjours eu en horreur ces deteſtables opinions,

qui ne sont bonnes qu'à produire dans les
cœurs de ceux qui s'en trouuent persuadés,
ou le libertinage, ou le desespoir, toutefois
on a esté dans vn grand estonnement, lors
qu'on a apris, que ce Predicateur, qui
auoit conuerty la Chaire Euangelique en
vne chaire de pestilence, auoit esté nommé
pour Superieur d'vn Conuent du mesme
Ordre, au lieu de subir vne retraitte de penitence, dans laquelle il auoit deu estre confiné.
Dieu a permis que l'on aye découuert, que
quelqu'vn qui auoit passé dans les premieres
Charges de l'Ordre, auoit trauaillé pour le
faire nommer Prieur d'vn Conuent, d'autant
que comme luy il estoit aussi infecté de la mesme doctrine. Cela mesme à bien assez paru en
ce que depuis, sans rendre à la Bulle de nostre
sainct Pere le Pape l'obeïssance, dont il ne
se pouuoit departir, il a fait l'office d'vn mauuais Ange; & au lieu d'vne medecine diuine,
dont son nom le deuoit aduertir, a fait seruir vn mets empoisonné, ayant obligé par
l'authorité que la charge cy-deuant exercée
luy auoit acquise, de faire soustenir des Theses
le 24. Nouemb. de l'année 1653. dans le Con
uent de la principale Ville du Royaume, par
l'vn des Religieux du mesme Ordre, des Theses (dis-je) qui ne côtiennent pas seulement la

pure doctrine de Ianfenius, condamnée par fa
Sainéteté, mais qui adjoûtent quelque chofe
de pire & de plus dangereux. Car dans
la derniere defdites Thefes, (aufquelles il a
induit vn Religieux de Prefider, qui auoit
affez tefmoigné dans la ville de Poiétiers auparauant, combien il eftoit efloigné du Ianfenifme) il eftablit la reprobation pofitiue des
damnés dans la volonté de Dieu antecedem-
ment à la preuifion des pechez, mefmes du
peché originel, qui eft vn nouueau blafpheme
qui ne peut fortir que de l'enfer, ou la Thefe
conceuë en ces mots a efté forgée : *Et fi vo-*
luntas, quâ Deus ab æterno damnationis pænam
reprobis intendit peccati finalis præuifioni fubnixa
fit, vt fides innuit, actus tamen ille quo eofdem
excludere voluit à gloria vt à beneficio indebito
pofitiuus eft, antecedens peccatorum etiam origi-
nalis præuifionem : vnde, referente Auguftino,
multi falui non fiunt, non quia ipfi nolunt, fed
quia Deus nonvult. N'eft-ce pas la véritable
maxime des Deiftes, pire que celle de Caluin, qui au liure 3. de fes Inftitutions c. 23.
impute cette reprobation pofitiue à la maffe
corrompuë, en confequence du peché originel. Cette maxime confifte à croire vn Dieu,
qui fauue qu'il luy plaift, & damne qui il luy
plaift, par vne reprobatiõ pofitiue, même fans

preuifion du peché originel, & que ceux qui
font damnés, le font, non pour ne vouloir pas
de leur part eftre fauuez, mais à caufe que
Dieu ne le veut pas. Ainfi à quoy bon l'Euangile, à quoy bon l'incarnation du Fils de
Dieu, fa mort & paffion, *Euacuata eft crux*
Chrifti. Cette temerité, & cette audace d'a-
uoir propofé telles Thefes, dépuis la publication folennellement faite de la Bulle de
noftre fainct Pere le Pape, dans la ville &
fauxbourgs de Paris, comme elle eft indigne
d'vn Religieux, eft auffi digne d'vn chafti-
ment exemplaire. Et fi cette Relation eft
portée aux pieds de fa faincteté, i'efpere
qu'elle entrera en cognoiffance de caufe de
cette contrauention faite à l'authorité de fa
Conftitution, & qu'elle ne laiffera ce crime
impuny.

I'aurois teu cette action fraudeleufe, fi les
mefmes Thefes n'auoient point efté diftri-
buées publiquement dans cette ville de Poictiers, où elles ont efté enuoyées par celuy
qui les a fouftenues, qui a defiré en faire part
à fa patrie & à fes parens, terniffant par cette
action (que l'on m'a affeuré toutefois, n'a-
uoir efté que l'effet d'vne obeiffance aueu-
gle) la candeur du nom qu'il porte.

La liberté de prefcher le Ianfenifme, eftoit

telle en cete Ville, qu'vn Religieux d'vn Ordre fort auftere, du Fondateur duquel la France garde les os, ayant efté inuité de prefcher dans vne Eglife Collegiale de cette Ville, au iour d'vne des feftes de fa Patrone, au lieu de faire fon panegyrique, & de publier les actions illuftres de cette Saincte, qui auoit paru aux yeux de toute la France fi admirable, en trois diuers eftats, de Captiue, de Reine, & de Religieufe, il fe jetta d'abord fur la matiere de la Grace efficace, & traitta cette doctrine auec fi peu de fatisfaction de fon auditoire, que les plus doctes dirent hautement, qu'il auoit rabaiffé les merites des actions exemplaires de cette faincte Reine, donnant tout à la Grace, & ne laiffant rien à celle qui auoit fi dignement cooperé. De forte que le Superieur ayant efté aduerty, du peu de fatisfaction que l'on auoit reçeu de fon Religieux, voire mefme que l'on eftoit fcandalifé de fa Predication, dans laqelle il auoit ouuertement contreuenu au decret du Chapitre Prouincial de leur Ordre de l'an 1650. touchant la doctrine de Ianfenius, le fit auffi-toft eclipfer, n'ayant depuis paru à la veuë de ceux qui eftoient reftez fi mal fatisfaits de fon premier entretien fpirituel.

Les Iansenistes taschent d'establir leur do-
ctrine à Poictiers, par la publication des
Theses par eux proposées.

CHAPITRE V.

L'Vniuersité de Poictiers ayant tousiours
suiuy la saine doctrine, & reprouué les
erreurs, mesme les Escoles publiques de
Theologie estant remplies de Professeurs
qui prenoient à tasche de combatre les opinions de Iansenius, faisoit perdre l'esperance
aux partisans de cette Secte d'auancer parmy
les Doctes leurs fausses maximes. Dans cette
veuë ils rechercherent vn Religieux, qui en-
seignoit priuément la Theologie dans vn
Conuent, pour l'instruction des jeunes Pro-
fez estudians : & ayans appris qu'il simboli-
soit auec eux, ils le porterent à distribuer
des Theses sur le sujet de la Predestination,
dans lesquelles les Propositions de Iansenius
estoient finement & delicatement employées.
Vn Religieux du mesme Ordre fut proposé
pour les soustenir. Et afin de donner quelque
esclat à leur doctrine, & faire triompher leur
Grace victorieuse, l'on inuita quantité de
personnes de qualité, entre lesquels se trouua

ua defunct Monfieur d'Argenfon Confeiller
d'Eftat, & pour lors Intendant de la Iuftice
en Poictou, qui aimoit ces Religieux, & par
inclination, & par droict de voifinage. Les
Thefes furent attaquées & difputées en fa
prefence: Le fieur Filleau mefme, comme
Docteur de l'Vniuerfité, forma quelques arguments contre vne des Thefes, que l'Auditoire eftimoit pour lors n'auoir efté propofées, que pour donner plus de iour à la verité,
& feruir de matiere de difpute en l'Efcole,
où les chofes les plus contraires font difputées, pluftoft que pour tenir lieu de refolu-
tion. C'eft ce qui fit que la difpute n'aduança pas beaucoup cette nouuelle doctrine, &
ne luy donna pas les aduantages que l'on
efperoit en retirer.

Mais dépuis vne nouuelle Efcole de Theologie ayant efté eftablie dans vn des Con-
uents des Mendians, on voulut faire paffer
les erreurs de Ianfenius pour les maximes de
S. Auguftin, & de S. Thomas: & pour mieux
y reüffir, on appella vn Profeffeur des Con-
fins du Royaume pour eftablir cette nouuelle
doctrine. Ce Docteur apres auoir regenté
quelque année, propofa des Thefes qui
portoient pour titre : *Conclufiones Theologicæ
ad mentem fancti Thomæ Doctoris Angelici.* Elles

C

furent fouftenuës au mois d'Aouft de l'an
1649. auec cet artifice que fous le voile de la
Predetermination Phyfique, on couuroit les
erreurs de la nouuelle doctrine, touchant la
Grace & le Franc arbitre. Et d'autant que
tout le corps de l'Vniuerfité y auoit efté inuité, les Docteurs attaquerent fortement la
fauffeté de ces Propofitions, & reduifirent
le *Magifter Prefes* à ne pouuoir fatisfaire, &
le laifferent dans vne telle confufion, qu'on
fe vit dénier des paffages de l'Euangile, defquels il ne pouuoit fe demefler. Sur tout cela
parut en l'Argument qui fut propofé par
vn des Docteurs, tiré du Chapitre vnzié-
me de S. Matthieu, où le Sauueur du monde
parle en ces termes : *Væ tibi Corozain, væ tibi
Bethfaida, quia fi in Tyro & Sidone facta effent
virtutes quæ facta funt in vobis, olim in cilicio &
cinere pænitentiam egiffent.* Car, pour foudre
la confequence qu'on en tiroit, qui deftrui-
foit la Thefe impugnée, il refpondit que dans
le paffage le mot *olim* n'y eftoit point, mais
celuy de *forte*; laquelle refponfe fut mefme
fuggerée par vn Moine Bachelier en Theologie, frere de celuy qui auoit imprimé les
Thefes, lequel faifoit oftentation publique
du Ianfenifme. En quoy le peu d'apparence
cette de refponce parut aux yeux de toute

l'Assemblée, par la seule lecture du Texte de l'Euangile, (la question n'estant plus que de fait) qui contient le mot *olim*, quand il est parlé de *Corozain & Bethsaida*, & le mot *forte* n'ayant esté employé dans le mesme Chapitre de S. Mathieu, que lors qu'il est parlé de Sodome, en ces termes: *quia si in Sodomis facta fuissent virtutes quæ facta sunt in te, forte mansissent vsque in hunc diem.*

Ce Regent n'ayant pas bien reüssi en sa dispute, il fut renuoyé par les Religieux qui l'auoient appellé, pour remplir la chaire de leur Escole d'vn autre estranger, qui se decla-roit plus ouuertement Ianseniste. Il fit des leçons de Theologie l'espace de deux ans, & de tous ses Escoliers il n'en trouua qu'vn qui voulût soustenir la doctrine qu'il auoit en-seignée. Il fit vne Tentatiue, où il commen-ça à découurir ses opinions erronées, contre lesquelles vn des Docteurs de l'Vniuersité ayant formé quelques arguments, il le pour-suiuit iusques à ce point, qu'ayant representé les deux objects differents qui se rencontrent dans la Passion du Fils de Dieu, l'vn en la personne de S. Pierre reniant son Maistre, & se repentant de son peché, l'autre en celle de Iudas vendant le sang innocent, & finissant sa vie par le desespoir: & en suitte ayant

formé la demande, pourquoy S. Pierre s'e-
stoit recognu, & Iudas auoit perseueré en
son crime : Ce Religieux, duquel on com-
batoit les Theses, rendit cette response, Que
Iudas n'auoit point eu de Graces pour se ga-
rentir de vendre le Fils de Dieu, & l'ayant
vendu, pour s'en repentir, & qu'il ne pouuoit faire autrement, sans toutefois auoir iuste
sujet de se plaindre de Dieu : d'autant que se
trouuant dans la masse corrompuë du peché
originel, il meritoit la damnation, & Dieu
n'estoit point obligé de l'en retirer. Cette response fut trouuée si injurieuse à Dieu, & si
aduentageuse à Iudas pour accuser Dieu, que
la Compagnie en resta scandalisée & cria
Anatheme.

Ce Religieux passa de la Tentatiue à vne
Dispute celebre & generale, à laquelle il
inuita tout le corps de l'Vniuersité, & proposa des Theses intitulées, *Concordia sancti
Thomæ cum sancto Augustino, quoad gratiam natura integra, & lapsa, efficaciam gratia, &c.* Ce
fut au mois de May de l'an 1651. que l'on as-
signa le iour de la dispute. Le Recteur & tous
les Docteurs s'y trouuerent, comme aussi plusieurs Religieux, vn desquels tres-celebre
Predicateur, & d'vn Ordre tres-docte, atta-
qua l'vne des Theses, & pretendit monstrer

qu'elle estoit Heretique, puis qu'elle estoit
Caluinistique, & de celles que Caluin re-
cognoist luy estre particulieres, & differentes
de la creance de l'Eglise Romaine, Le soustes-
nant ayant nié que ce fut l'opinion de Caluin, l'attaquant cotta le passage d'vn des
liures de l'Institutions dudit Caluin, & en
fit lecture publique. Ce Docteur qui presi-
doit se voyant confondu, & ne sachant que
respondre pour garantir sa These, respondit
qu'il n'estoit pas obligé de recognoistre les
œuures de Caluin en François, & que l'on
deuoit faire lecture du texte Latin. On re-
pliqua que la version estoit fidele, & que c'e-
stoit vn eschapatoire: ce qui obligea vn des
Docteurs de se leuer, & d'aller iusques en sa
maison pour querir ledit liure de Caluin, lequel ayant esté apporté dans l'Assemblée, la
citation se trouua veritable, & la Version
Françoise conforme au Texte Latin. Ce fut
alors que l'on commença à recognoistre que
le Iansenisme estoit la creme du Caluinisme,
& que ce docte Predicateur auoit eu raison
dans les Escoles de saincte Oportune, où il
argumenta contre quelques Theses concer-
nans cette nouuelle doctrine, de dire que telles Theses estoient *Iansenio-Caluinistica.*

*Les Predicateurs ont fait voir dans Poi-
ctiers que la doctrine des Iansenistes
estoit celle de Caluin.*

CHAPITRE VI.

CEs Theses ainsi proposées & disputées,
& confrontées auec les erreurs de Caluin, obligerent beaucoup de Predicateurs
zelés pour la defense de la veritable doctrine,
de combatre ces Propositions comme Heretiques, & de faire voir aux peuples l'intelligence qui estoit entre Caluin & Iansenius, &
que toutes les cinq Propositions estoient
tirées des Heresiarques de l'autre siecle. On
fit voir au peuple de Poictiers en diuerses
Eglises, & par diuerses Predications, que la
Proposition soustenuë par les Iansenistes,
touchant les Commandemens de Dieu, &
l'impuissance de les obseruer, estoit la veritable Heresie & opinion de Caluin, rapportée
& expliquée par Beze au liure de la Predestination, où il impute cette impuissance de
faire ce que Dieu nous commande à la corruption de la nature : Que celle touchant la
mort de Iesus Christ, que les Iansenistes nient

auoir efté pour tout le monde, croyant que
Dieu n'a pas eu la volonté de fauuer tous les
hommes, eftoit vne des erreurs, ou pluftoft
vn des blafphemes de Caluin fur le Chap. 17.
de S. Iean, & qu'il auoit puifé de Bucer en fes
Commentaires auffi fur S. Iean, & que tous
les Heretiques l'auoient ainfi vnaniment en-
feigné ; comme Beze dans le Colloque de
Mombeliard, & dans les Apologies qu'il a faites pour ce Colloque. Et de cette Propofition
fouftenuë par les Ianfeniftes, les Caluiniftes
en ont fait vn Article de Foy dans le Synode
de Dordrecht chap. 2. art. 6. dans celuy d'A-
lets tenu l'an 1610. & dans celuy de Charen-
ton tenu l'an 1623. Et il eft tout public que
Beze prefcha vn iour cette Propofition, que
Iefus-Chrift n'eftoit pas mort pour tous les
hommes, en prefence du Prince Frideric, qui
trouua cette opinion fi impie, qu'il ne la put
fouffrir, & impofa filence à ce nouueau Predicateur.

Quant à la Propofition concernant le libre
arbitre, lequel les Ianfeniftes fouftiennent
n'eftre point bleffé par la neceffité, mais par
la contrainte feulement, & qu'il fait volontairement tout ce qu'il fait neceffairement,
pourueu que ce foit fans contrainte; les Predicateurs firent voir qu'elle eftoit tirée du

mefme Arfenac des Heretiques , & que Caluin l'auoit enfeignée au liure fecond de fon
Inftitution chap. 3. en ces termes : *Quand*
ie dis que nous pechons necessairement, ceux qui ne
sçauent pas distinguer la necessité d'auec la con-
traincte, ne le peuuent souffrir, &c. Puis donc
que la necessité n'ofte point à Dieu le libre arbitre, pourquoy pecherons nous moins librement,
par ce que nous le faisons auec necessité ? Cet
Herefiarche repete encores cela mefme au
liure fecond du libre Arbitre. Luther en die
de mefme au liure de l'Arbitre efclaue ; &
apres eux Dumoulin en fon Bouclier de la
Foy chap. 9. en parle en ces termes : *La ne-*
cessité ne repugne point à la liberté, mais la con-
traincte. Ainsi Dieu necessairement bon, est
souuerainement libre. Et on fait voir, que
les Ianfeniftes ne peuuent defaduoüer, que
cette opinion ne foit de Caluin ; puis que Ianfenius mefme au liure de la Grace de Iefus-
Chrift chap. 21. eft demeuré d'accord par
diuerfes fois, que Caluin tenoit aufli, que la
feule contraincte ruine le libre arbitre. Les
mefmes Predicateurs firent voir felon fainct
Thomas 1. part. qu. 29. art. 10. que le fondement des Ianfeniftes & des Caluiniftes eft
faux, & que Dieu n'a point de liberté, qu'au
regard des chofes qu'il aime fans necessité.

Quant à cette Grace efficace triomphante
& victorieuse, à laquelle les Jansenistes soustiennent que la volonté ne peut resister, dans
l'estat de la nature corrompue ; les Predicateurs de cette Ville firent voir clairement,
que telle Proposition estoit tirée des Heretiques Caluinistes ; & que Caluin au liu. 2. de
son Institution chap. 3. num. 10. 11. & suiuans l'auoit aussi soustenue : & au liu. 5. du
libre arbitre, où il se preuaut en deux endroits
d'vn passage de S. Augustin au liu. de la Correction & de la Grace, qui a esté tres-mal par
luy entendu. Le mesme Caluin sur le Concile de Trente sess. 6. attaque les Peres du
Concile de Trente, qui ont definy, que
l'homme peut ne pas consentir, s'il veut, aux
mouuemens du sainct Esprit. Les Peres de ce
Concile se trompent, dit Caluin en cet endroit, *en ce qu'ils ne remarquent pas la diffe-*
rence qu'il y a entre la grace de la regenera-
tion, qui fortifie nostre foiblesse, & celle qui
fut donnée à Adam. Les Caluinistes ont re-
nouuellé cette opinion dans les actes de leur
Synode tenu à Dordrecht, en ces termes :
Nous asseurons que Dieu meut nos volontés par
la Grace, non point comme croyent les Papistes,
de telle sorte qu'il soit en nostre liberté de la suiure,
ou de la rejetter.

Les Ianseniftes introduifans cette Grace
feule efficace, ont par mefme moyen rejetté
la Grace fuffifante : & les Predicateurs ont ju-
ftifié que c'eft l'opinion de Caluin, & que les
Caluiniftes en ont fait vn Article de foy, au
Synode de Dordrecht, où ils ont declaré,
que la difference de la Grace fuffifante & effi-
cace ne deuoit point eftre receuë, par ce que
le Sainct Efprit donne à tous ceux qu'il attire,
non feulement le pouuoir, mais auffi l'effet. Et
dautant que les Ianseniftes, pour donner
quelque authorité à leurs erreurs, & pour furprendre les plus fimples, fe publient les Difciples de S. Auguftin, & les Defenfeurs de fa
veritable doctrine, (felon qu'il auoit efté ar-
refté entre les Autheurs de la Cabale, en
l'Affemblée de Bourg-fontaine) les Predicateurs firent auffi paroiftre publiquement en
cette Ville, que les Herefiarques en auoient
vfé de la forte pour s'eftablir, & qu'ils auoient
voulu fe couurir, comme les Ianseniftes, de
l'authorité de S. Auguftin. C'eft ainfi que
Melancton dans fa Déclamation fur S. Auguftin, loüe fon Maiftre Luther, & publie
hautement qu'il a fait comme renaiftre S. Auguftin dans les derniers fiecles, qu'il a refta-
bly & merueilleufement éclarcy fa doctrine,
qui depuis fi long-temps eftoit obfcurcie.

C'est par l'authorité de S. Augustin que Caluin a entrepris de combatre le Concile de Trente, & qu'il a aduancé que les Autheurs de ce Concile ne sçauoient pas la doctrine de ce grand Sainct. Qui ne sçait que Melancton dans l'Apologie de Luther, accuse Messieurs de Sorbonne de condamner S. Augustin en la personne de Luther? il a mesme esté si temeraire d'aduancer, qu'il paroissoit par là que dans toute la Sorbonne il n'y auoit personne qui eust leu S. Augustin.

Le mesme Caluin, au liure du libre arbitre, & en celuy de la predestination proteste, qu'il n'a rien dit de la Grace & du Libre-arbitre, que S. Augustin n'ayt dit en mesmes termes, & qu'il n'y a pas vne syllabe de different entre son opinion & celle de ce grand Sainct. Et c'est ainsi que les Predicateurs ont insisté, que les Iansenistes simbolisoient auec les Caluinistes.

Partant ceux là n'ont-ils pas eu raison qui ont tiré les Anagrammes du nom de *Cornelius Iansenius*? La premiere adjoustant seulement vn *a*, porte, *Eris Ioannes Caluinus.* l'autre, sans rien adjouster, *Caluinus in ore senis* : l'autre aussi sans rien changer, *Caluini sensus in ore* : l'autre aussi sans aucune addition, *Eris in ore Caluinus.*

La Confederation & vnion des Ianfeniftes
auec les Caluiniftes découerte
dans Poictiers.

CHAPITRE. VII.

CE n'eſt pas ſeulement par la Declaration qui fut faite en chaire par les Predicateurs, qu'on eut vne parfaite cognoiſſance
de l'vnion, qui eſtoit entre les Ianfeniſtes &
les Caluiniſtes, n'y ayant qu'vne démarche
à faire des vns aux autres, comme a publié
cet Apoſtat Ianfeniſte & Caluiniſte *La Badie*,
pour qui les Ianfeniſtes ont fait de ſi fauora-
bles Apologies, & qui, apres auoir fait profeſſion du Caluiniſme à Montauban, a fait
imprimer au meſme lieu des Liures, par leſquels il juſtifie, que la doctrine des Ianfeniſtes touchant la Grace, le Libre-arbitre, & la
Predeſtination, eſt la meſme que celle des
Caluiniſtes, & que luy meſme, ſous le nom
de Ianfeniſte auoit ſemé depuis dix ans cette
meſme doctrine dans la France. Mais on a
eſté confirmé dans cette verité par d'autres
teſmoignages tres-euidens. Au meſme temps
que le Ianfeniſme fut porté dans Poictiers,

on vit des femmes & des filles, qui dans les
Compagnies répandoient le venin qu'elles
auoient receu de quelques mauuais Directeurs, & se mocquoient des Indulgences &
Suffrages de l'Eglise, faisant les capables &
les esprits forts, accusoient de simplicité ceux
qui viuoient dans cette saincte creance. Vn
iour de feste solennelle, on auoit attaché à la
porte d'vne des Eglises de cette Ville vn tableau, où ces mots estoient escrits, *Indulgen-*
ce pleniere : pour aduertir les personnes deuo-
tes du Thresor Ecclesiastique ouuert ce iour
là en ce lieu, suiuant la concession qui en
auoit esté faite par sa Saincteté : on remarqua
que quelques Dames & Damoiselles ayant
porté les yeux sur ce tableau, & en ayant leu
l'inscription, jetterent quelques soufrits, &
s'entreregardant dirent, *Voilà pour attraper les*
foibles esprits ; faisant connoistre par là quel
estoit leur sentiment, touchant les Indulgences. Et quoy qu'elles ne fussent pas Caluinistes, mais frequentassent les Eglises, sans
frequenter toutefois, comme elles faisoient
quelques années auparauant, la saincte Communion, elles auoient neantmoins vne mesme
creance que ces pauures deuoyés, sur le fait
des Indulgences.

Vn Religieux d'vn Ordre tres docte &

tres-celebre, Miſſionnaire dans la Guyenne,
où il a laiſſé des marques illuſtres de ſa pieté
& de ſa haute doctrine, fit le recit au ſieur
Filleau Aduocat du Roy, lors qu'il le viſita
en cette Ville, d'vne choſe tres-remarquable,
qui luy eſtoit arriuée en ſa Miſſion. Ayant
demeuré quelques iours, dit-il, dans la
maiſon d'vn Seigneur de haute condition,
comme chez vn bon Catholique, & qui en
faiſoit la profeſſion, il fut eſtonné que ce
Seigneur luy propoſa les principales maximes des Ianſeniſtes, y eſperant receuoir
de nouuelles inſtructions par la bouche de
ce Miſſionnaire, dans l'opinion que ce bon
Seigneur auoit, que telle eſtoit la creance
generale des veritables Catholiques. A quoy
ce Religieux ayant teſmoigné grande auer-
ſion, & en peu de mots fait connoiſtre l'erreur de cette doctrine, ce Seigneur luy re-
pliqua, qu'vn de ſes parents Eccleſiaſtique,
dont il ne pouuoit douter de la probité, non
plus que de la capacité, luy auoit enſeigné
ces choſes, & qu'il s'en eſtoit rapporté à
ſa ſuffiſance, ainſi que cet Eccleſiaſtique eût
fait en ſon endroit, s'il eût eſté queſtion de
quelques poincts, ou de la guerre, ou de la
chaſſe, chacun eſtant croyable dans ſa profeſſion. Ce Religieux s'apperçeut, que l'au-

thôrité du parent de ce Seigneur, & la deffe-
rence qu'il rendoit à la doctrine, eſtoient des
obſtacles au deſſein de ſa conuerſion : De
ſorte qu'il ſe contenta de luy cotter quelques
conſequences qui pouuoient eſtre tirées de
telle creance; & particulierement, qu'il n'y
auoit point de Purgatoire; qu'il ne falloit
point faire de prieres pour les Morts, ny
gagner des Indulgences : & obligea ce Seigneur d'eſcrire à celuy qui l'auoit trompé
pour auoir de luy quelque reſolution ſur ces
poincts, qui compoſent la creance des Caluiniſtes. Ce Seigneur executa ce qu'il auoit promis, & reçeut cette réponſe de ſon parēt Ianſeniſte, que la doctrine des Caluiniſtes touchant le Purgatoire, la priere pour les Morts, &
les Indulgences, eſtoit veritable; & qu'il falloit auoir les meſmes ſentimens. Cela heurta
ſi fort ce Seigneur, qui voyoit par là l'vnion
du Ianſeniſme auec le Caluiniſme, & que
pour eſtre Ianſeniſte, il falloit eſtre Caluiniſte; qu'incontinent apres la réponſe reçeuë, il
monta à cheual, & fit vingt lieuës de chemin
dans la Guyenne, pour trouuer le Pere Miſſionnaire, auquel il fit mille actions de graces de l'auoir détrompé, & en ſuitte deteſta
vne doctrine ſi pernicieuſe, & qui eſtoit ſi
eſtroittement attachée à celle de Caluin.

Cette vnion des Ianſeniſtes auec les Caluiniſtes a paru clairement & à la veuë d'vne petite ville d'Anjou, en laquelle des Preſtres Profeſſeurs propoſerent des Theſes compoſées des opinions de Ianſenius, contre leſquelles, ceux qui formerent des arguments pour les combattre, s'attacherent à monſtrer que c'eſtoit l'opinion des Caluiniſtes : & comme les textes pour le iuſtifier ayant eſté allegués, l'affaire fut renduë toute claire & euidente, vn Officier de la R. P. R. qui eſtoit preſent à la diſpute, ſe leua, & aſſeura que les Theſes que l'on combattoit, contenoient l'opinion des Caluiniſtes, & que le Conſiſtoire de leur Religion deputeroit vers ces Meſſieurs, pour les remercier, de ce qu'ils auoient ſouſtenu la meſme doctrine dont ils faiſoient profeſſion.

Ie ne doute point, que s'il ſe fut trouué des Officiers de la R. P. R. dans la ville capitale de l'Anjou, ils euſſent fait paroiſtre pareils remercimens aux Preſtres Profeſſeurs qui propoſerent des Theſes le 17. Iuillet de l'an 1652. qui portoient le titre, *Theſes ſelecta ex Philoſophia Chriſtiana & prophana*, leſquelles on fit voir ſi euidemment ſimboliſer auec le Caluiniſme, que ceux qui les ſouſtenioent, pour faire perdre l'opinion que tous les

les Auditeurs auoient conçeu, qu'ils auoient
fouftenu des Herefies, publierent vne petite
Apologie, intitulée : *Thefes morales ab ipfo
Auguftino vindicatæ.* Et fur la fin de cette
Apologie, quand ils parlent de la Bulle du
Pape Vrbain VIII. donnée en confequence
de celle de Pie V. Ils témoignent affez
quelle eft l'eftime qu'ils en font, par ces paroles, *Scitis quid Illuftriffimus Archiepifcopus
Mechlinenfis & Illuftriffimus Epifcopus Ganda-
uenfis refponderint.*

J'adioufte que ceux qui tiennent le party
des Ianfeniftes, ont diftribué en cette Ville vn
liure intitulé, *Villicationis fuæ de medio anima-
rum ftatu ratio, Epifcopo Chalcedonenfi reddita,
à Thoma Anglo ex Albys Eaftfaxonum, Parifiis
anno Domini 1653.* Ils luy donnent cours, &
s'intereffent à ce qu'il paroiffe à la veuë des
plus doctes. Ce qui fait voir quelle eft leur
creance touchant le Purgatoire, la priere
pour les Morts, & les Indulgences.

J'aurois découuert les Herefies de ce Liure
diftribué par les Ianfeniftes, fi ie n'eftois affeuré de bonne part qu'on eft fur le point
de publier vn ouurage en cette Ville, qui
les fait voir clairement, ce qui pourra tres-
bien feruir d'Antidote au poifon que les Ianfeniftes ont diftribué par le ftile d'vn Efcri-

D

uain déguisé, & qui a emprunté le nom d'vn
Eſtranger.

Enfin pour vne preuue recente de l'intelligence, & de la confederation qui eſt entre
les Ianſeniſtes & les Caluiniſtes, & dont nous
auons eſté aſſeurés par vne perſonne tres-
docte, & bien cognuë dans la France & dans
l'Italie, je me contenteray de tranſcrire icy
la Lettre, que ce perſonnage digne de foy, &
qui rapporte ce qu'il a pleinement aueré dans
ſon voyage, a eſcrit au ſieur Filleau, dattée
de Paris le 4. Decembre 1653. en ces termes:

Monſieur,

I'ay reçeu les voſtres par N. qui m'ont
donné grande ſatisfaction, pour recognoiſtre
touſiours de plus en plus voſtre zele pour la
cauſe de Dieu. Ie vous prie touſiours de continuer. Vous auez vn beau champ contre les
Ianſeniſtes, deſquels i'eſpere que les ſuppoſi-
tions, menſonges & calomnies paroiſtront
auec le temps. Leur confederation auec les
Caluiniſtes eſt aſſez manifeſte par les lon-
gues conferences qu'ils ont euës reuenant
de Rome auec les Miniſtres de Schafouze, Zurich, Baſle, Geneue ; les feſtins où ils ont
traitté les Miniſtres, & ont eſté traittés, & par
la ſuite des Predications deſdits Miniſtres,

dépuis leur départ, & Synode tenu à Zurich.
Ie ne vous en escriray pas dauantage, puis
que vous commencez à les cognoistre par les
pieces qu'ils jouent à Poictiers, & N. vous
en poura instruire, comme ayant veu à Rome & par deça leurs procedures. Il vous en
peut entretenir tout au long, & vous asseurer
de mon tres-humble seruice, comme de celuy
qui est, & sera toute sa vie

Monsieur   Vostre tres-humble & tres-
                    obeïssant Seruiteur N.

De Paris ce 4. Decemb. 1653.

Celuy des Iansenistes qui a dépuis peu
de iours pris pour sujet de sa boufonnerie,
l'Almanach intitulé *La Desroute des Ianse-*
nistes, qui a traitté vne matiere digne de
respect & d'vn stile serieux, burlesquement,
ridiculement & d'vne façon fort extraordinaire, pour ceux qui ne parlent, & ne doiuent parler que par les mouuemens du sainct
Esprit, qui a par ce moyen profané des poincts
de foy, par vne raillerie bien esloignée de la
pieté de S. Charles Borromée, qui ne lisoit
iamais la saincte Escriture, qu'estant proster-
né à genoux, qui a tellement voulu rendre
par ses Vers Burlesques la matiere de la Gra-

D 2

ce, du Libre-arbitre & de la mort d'vn Dieu-
homme, le ſujet de riſée & de facetie, qu'il
ne reſtoit plus que d'en faire le recit dans
l'Hoſtel de Bourgogne; celuy-là, di-je, a voulu faire part de ſon ouurage ſacrilege au ſieur
Filleau, & luy a enuoyé par la Poſte vn pacquet, dans lequel eſtoient deux de ſes liurets,
ſans les auoir accompagnés d'aucune Lettre,
qui peût faire cognoiſtre ſon nom.

Or par ces Vers Burleſques il paroiſt que
les Ianſeniſtes n'ignoroient pas le bruit, qui
couroit de cette confederation auec les Caluiniſtes, & pour éluder cette verité, il a voulu
la tourner en raillerie, lors qu'en la page
penultieſme il a eſcrit ces deux vers:

Dépuis peu ſix ont faiſt feſtin
Auec le Miniſtre Aubertin.

Il auoit deu adjouſter deux autres Vers,
qui fiſſent mention des feſtins publics, faits
reciproquement par les Deffenſeurs de la
doctrine de S. Auguſtin, auec les autres Miniſtres de Schafouſe, Zurich, Baſle & Geneue. Mais comme il n'y a rien qui offenſe ſi
fort qu'vn reproche veritable, il a obmis à
deſſein cette plainte que l'on faiſt contre les
Ianſeniſtes, d'auoir eſté regalés par leſdits
Miniſtres, ce qui n'a peu ſe faire ſans vne ſecrette intelligence. De ſorte que lors qu'ils

diront leur Breuiaire, qu'ils ne prononcent
point, s'ils ne veulent dementir la verité, le
verfet du Prophete Royal Pfal. 24. *Innocentes
& recti adhæferunt mihi, quia fuftinui te.* Au
contraire celuy qui fera efloigné de leurs erreurs, & qui ne voudra point participer à leurs
funeftes confederations, chantera confidem-
ment, & auec efperance de recompenfe eternelle, *Non fedi cum concilio vanitatis, & cum
iniqua gerentibus non introibo, odiui Ecclefiam
malignantium, & cum impÿs non fedebo.* Pf. 25.

Le peu de refpect que les Ianfenistes ont rendu au tres-fainct Sacrement à Poictiers.

CHAPITRE VIII.

MEffire Henry-Louis Chafteigner de
de la Rochepozay cy-deuant Euefque
de cette ville, voulant faire rendre quelque
refpect exterieur au Tres-fainct Sacrement
de l'Autel, & fa pieté ne pouuant fouffrir
qu'il fut porté aux malades auec fi peu de reuerence, comme l'on auoit fait iufques alors,
fit publier vne Ordonnance, par laquelle il
exhorta tous fes Diocefains à l'accompagner
par les ruës, leur eflargiffant pour chaque

D 3

fois vne Indulgence de 40. iours. Ce fut ainſi
qu'il reueilla la deuotion des Habitans de la
Ville enuers cet auguſte Myſtere, & deſlors
on commança à voir des Proceſſions entieres
par les ruës, où cet adorable Seigneur eſtoit
porté par les Preſtres iuſques dans les maiſons des malades. Les perſonnes de toutes
conditions, ſexe & aage embraſſerent cette
deuotion : mais on n'y a veu aucun de ceux
qui font profeſſion du Ianſeniſme, ou qui ſont
ſoubçonnés d'eſtre enueloppés en cette erreur; iuſques là meſme, qu'vn d'eux, proche
voiſin d'vne Egliſe parroiſſiale, n'eſt iamais
ſorty de ſa boutique, pour accompagner ſon
Maiſtre, qu'il voyoit deuant ſa maiſon.

Ce n'eſt pas ſeulement en cela qu'on a iu-
ſtifié le peu de reſpect qu'ils portoient au tres-
ſainct Sacrement de l'Autel, mais auſſi en
ce que ceux de cette ſecte, quoy qu'ils aſſiſtent
à la ſaincte Meſſe, & qu'à l'exterieur on ne les
puiſſe reprendre d'immodeſtie (comme ils
ſont curieux, à l'exemple des Scribes & Pha-
riſiens, de compoſer leur contenance exterieure) on ne les a point veu s'approcher de
la ſaincte Table, & participer, comme les autres Catholiques, à la ſaincte Euchariſtie.
Peut-eſtre ſont ils inſtruits de ſuiure la nouuelle doctrine contre la frequente Commu-

nion; peut-eftre l'imagination de leur penitence non accomplie, ou la fauffe humilité à
s'eftimer indignes de s'approcher de ce redoutable, mais tres-amoureux Sacrement, les en
efloigne; comme fi Dieu demandoit de nous
vne preparation & vne dignité qui réponde
auec égalité à la grandeur de ce haut Myftere.
Ils veulent imiter fans doute ceux dont l'Autheur du liure de la frequente Communion
parle en fa preface. Il dit hautement en cet
endroit, qu'à 25. lieües de Paris il y a des
perfonnes qui fouffrent non feulement qu'on
leur retranche la Communion du Fils de
Dieu, mais qui veulent eux-mefmes en eftre
feparés, où ils fuiuent les erreurs du defunct
Abbé de fainct Cyran, preferant la Communion fpirituelle à la Sacramentale, la publiant
pour plus faincte & remplie de plus de graces.

Et ce qui furpaffe la creance ordinaire, &
qui a caufé vn grand fcandale en cette Ville,
c'eft la deffenfe qu'vn des premiers Emif-
faires du Ianfenifme a voulu faire, d'ofter le
chapeau, lors qu'on nomme le Tres faint Sacrement de l'Autel. Ce qui parut le 25.
Aouft de l'an 1647. lors-que cét homme Ecclefiaftique feculier faifoit le Catechifme
dans l'Eglife d'vne Communauté de Filles
Religieufes, pour l'inftruction de quelques

petits enfans du voisinage, qu'il y auoit af-
semblés. Car ayant par diuerses fois nommé
le sainct Sacrement de l'Autel, vn Officier
du Siege Presidial, qui se trouua present, osta
le chapeau aussi-tost, aussi-bien que tous les
assistans, suiuant la loüable coustume obseruée en cette ville de Poictiers, de rendre ce
culte exterieur au tres-sainct Sacrement, comme il est rendu au nom de Iesus. Ce qui de-
pleut à ce Catechiste, & luy fit dire d'vn ac-
cent assez rude, qu'il ne falloit pas se découurir à la prononciation du S. Sacrement, &
que l'Eglise n'approuuoit cet acte de culte
exterieur, qu'à la prononciation du nom de
Iesus. Ce qui causa vn si grand scandale dans
les Auditeurs, & depuis dans toute la Ville,
que la chose estant venuë à la cognoissance
de defunct Monseigneur l'Euesque de Poictiers, & que ledit Seigneur eut appris le danger euident où cet Ecclesiastique pouuoit
jetter cette Communauté Religieuse par sa
mauuaise doctrine, & qu'il auoit mesme composé des oraisons particulieres, qu'il disoit à
haute voix dans l'Eglise de ces Filles és iours
de l'exposition du Tres sainct Sacrement, laissant l'oraison ordinaire, dont l'Eglise vniuer-
selle se sert en telle action, enfin il luy osta la
direction de cette maison, & l'obligea de se

retirer hors de ſon Dioceſe.

On conſulte le Sindic de la faculté de Theo-
logie de Paris, ſur le ſujet des nouuel-
les opinions de Ianſenius, le-
quel fait reſponſe.

CHAPITRE. IX.

CEtte diuiſion d'eſprits, qui paroiſſoit
dans Poictiers, pouuoit cauſer quelques partialités dangereuſes & prejudicia-
bles à l'Egliſe, & au ſeruice du Roy. Car il
n'y a rien qui anime dauantage les cœurs que
l'intereſt de la Religion : il rend les Peres ennemis des enfans : il diuiſe les familles : il
porte le diuorce entre ceux que le lien naturel ou ciuil auoit rendu plus eſtroittement
vnis. C'eſt ce zele de Religion qui a fait voir
au dernier ſiecle *caſtra ex vna parte contraria,*
& parentum liberorumque Sacramenta diuerſa.

Pour empeſcher que cette contention d'o-
pinions & de ſentimens ſi differens, n'alte-
raſt enfin le repos public, & donnaſt quelque
atteinte à l'vnion qui eſtoit auparauant entre
les concitoyens, le ſieur Filleau, qui auoit
veu naiſtre depuis quelques années cette

contention d'esprits dans les disputes, estima
estre obligé d'en rechercher le remede en
qualité d'Aduocat du Roy, qui l'attache à
procurer le calme dans les interests publics,
Et comme la Sorbonne de Paris est l'Oracle
des verités Catholiques, il estima ne pouuoir
mieux reüssir dans son dessein, que s'addressant à cette celebre Compagnie, dans laquelle, comme dans vn Ocean de doctrine, il pui-
seroit les decisions importantes de cette matiere contentieuse; Il escriuit donc à Monsieur Hallier, qui estoit pour lors Sindicq
de la faculté de Theologie de Paris, & le pria
instamment, de luy declarer quelle estoit la
creance generale, touchant les Propositions
que les Iansenistes auoient mises en auant,
lesquelles ils attribuoient à S. Augustin, comme à leur source primordiale. Sur quoy Monsieur Hallier fit responce audit sieur Filleau,
en la forme qui s'ensuit,

Monsieur,
Ie loüe extremement vostre zele contre
les nouueautés des doctrines qui courrent à
present. Et ie vous asseure que les deux tiers
& dauantage de la faculté de Theologie de
Paris sont bien de mesme aduis que vous, &
deplorent la diuision & partialités, que cau-

sent telles doctrines nouuelles, & ne sont pas
sans crainte, qu'elles ne degenerent en vne
Heresie manifeste, & Schisme tres-dange-
reux. Nous receûmes en nostre faculté auec
respect la Bulle d'Vrbain VIII. contre le
liure de Iansenius. Nous auons autre-fois
condamné quantité de chefs contenus en ce
Liure, dans les censures contre Luther, Melancton, Caluin & Michel Bajus. La faculté
en receuant la Bulle d'Vrbain, deffendit aussi
qu'on ne soustint dans l'Eschole de Theologie aucunes des Propositions notées par la
Bulle. Et neantmoins, la nouueauté porta
quelques Bacheliers à vouloir defendre ces
opinions. Cela fit du bruit, & obligea le Sindic, qui estoit pour lors, d'en demander la
condemnation. La censure fut formée par
ceux qui auoient esté commis à la dresser. Le
rapport en fut fait : la deliberation publique
fut empeschée par mille artifices, & la condemnation, par voye de fait : surprises faites
en la Cour de Parlement : monopoles, crie-
ries, qui ayant abbatu le courage de plusieurs,
on se contenta de declarer, que telles opinions n'auoient besoin de condemnation,
ayant desia esté condamnées par le Concile
de Trente, la Bulle du Pape, & les censures
de la faculté de Theologie. On a tasché de

viure en paix dépuis ce temps là, & on n'a
pû. Les diuifions d'Eftat ont fait aprehender
quantité d'inconueniens, fi on preffoit ces
Nouateurs en Religion. Soit que cette Procedure foit raifonnable ou non, elle a empef-
ché que nous ne vous puiffions enuoyer
d'icy vne Cenfure publique de ces opinions,
qui dépuis peu ayant efté abhorrées par des
Docteurs, Bacheliers, & autres Preftres d'Hybernie, qui drefferent & fignerent vn efcrit,
par lequel ils proteftoient de ne deffendre
jamais telles opinions; Monfieur le Recteur
du corps de la faculté des Arts, auec trois
Doyens, ou fubftitués par les Doyens des facultés fuperieures, & quatre Procureurs des
Nations de ladite faculté des Arts, firent vn
Decret, obligeans fur quelques grieues peines lefdits Hibernois, de reuoquer leur Declaration. Noftre faculté prit leur fait &
caufe, improuua le Decret de Monfieur le
Recteur, interuint pour eux en Caufe à la
Cour. Les affaires font à prefent en cet
eftat. Si, par voftre authorité, vous pouuiez
ménager, que l'Vniuerfité de Poictiers con-
demnaft cette doctrine, voftre exemple pourroit animer les autres facultés, & mefme la
noftre, Ie laiffe cela à voftre prudence, Vous
auez l'exemple de Noffeigneurs les Euef-

ques, qui, au nombre de plus de quatre-vingt,
ont escrit à nostre sainct Pere le Pape, pour
le prier de condamner cette nouueauté. Ie
desirerois fort que les Vniuersités en fissent
de mesme. Et comme les grandes machines
sont plus difficiles à émouuoir que les autres,
ie ne doute point, que nostre Faculté, plus
nombreuse sans comparaison que les autres,
ne s'émeust à faire quelque chose digne d'elle.
Ie recommande cette affaire à vos bonnes
prieres, & à celles des gens de bien : & vous
puis asseurer, qu'autant que ie desire la paix
de l'Eglise, ie tâcheray selon mon petit pouuoir à contribuer à l'aduancement de ce bon
œuure. Ie suis,

Monsieur,   Vostre tres-humble & tres-obeïssant
     seruiteur   HALLIER,
     Sindic de la faculté de Theologie de Paris.

De Paris ce 23. Iuin 1651.

Au dessus de cette Lettre escrit :

A Monsieur Monsieur Filleau, Aduocat du
Roy, & Docteur Regent és Droicts, à
Poictiers.

Les plus sensés de la Ville de Poictiers
jugerent, qu'il estoit à propos, de ne pas ce-
ler ce témoignage authentique d'vn person-

fonnage de cette qualité, lequel comme perfonne publique, n'auoit pas efcrit fur le fujet
d'vne caufe publique à vn Officier du Roy,
dont les fonctions de fa Charge le rendent
tout public, que pour publier ce qui luy eftoit
efcrit. C'eft pourquoy, pour détromper ceux
qui fe laiffoient piper en cette Prouince, à
ces nouueaux Diffeminateurs du Ianfenifme,
qui eftoient fi hardis, que d'aduancer dans
les Affemblées, que la doctrine qu'ils pro-
feffoient eftoit celle de la Sorbonne, on fit
diftribuer par la ville de Poictiers quelques
exemplaires de cette Lettre. Mais elle n'eut
pas pluftoft paru, que les Ianfeniftes commencerent à l'arguer de faux, & de fuppofition, fouftenans qu'elle n'auoit qu'vn nom
emprumté, fans eftre iamais partie de la
main de Monfieur Hallier Sindic. On fit voir
aux plus curieux d'entre eux l'original de la
Lettre; & cela joint aux nouuelles qu'ils re-
ceurent de leurs Sectaires qui eftoient à Paris, fit qu'ils n'eurent plus lieu d'en douter.
Alors ils changerent de batterie, & commencerent à déclamer contre ledit fieur Hallier, le qualifians Deferteur du vray party,
Sectaire des Peres Iefuites, ennemy intereffé
de la verité. Et comme l'efprit d'orgueil conduit les Heretiques, ils eurent recours à la

vanité d'vn efcrit imprimé, contenant vne
pure jactance, de fournir bien-toft la réponfe, auec vn acte de la Sorbonne, qui demen-
tiroit ce qui eftoit rapporté dans la Lettre dudit fieur Hallier. Mais tout cela eft demeuré
fans effet, foit que leur ouurage ait fait naufrage dans le Port, ou que la Grace efficace leur
ayt manqué en cette rencontre, ou qu'ils
n'ayent peu eftre predeterminés à cette
action.

Les Gens du Roy arreftent à Poictiers les
entreprifes des Ianfeniftes, par le moyen
d'vne Ordonnance renduë fur
leurs remonftrances.

CHAPITRE. X.

LA Lettre du fieur Hallier cy-deffus
transcritte, faifoit mention de la Bulle
du Pape Vrbain VIII. enuoyée à la Sorbonne, auec les Lettres du Roy defunct : ce qui
donna ouuerture aux Gens du Roy du Prefidial de cette Ville, de fe feruir de cette Bulle,
mefme pour arrefter le cours des entreprifes
des Ianfeniftes, qui publioient des opinions,
que le fainct Siege auoit defia condamnées.

Ayant rencontré vn exemplaire autentique
de cette censure, qui est encores à present au
Greffe de ce Siege, ils firent leur remonstrance à celuy, qui en l'absence du sieur
Lieutenant general & particulier tenoit pour
lors le Siege, & exerçoit la Iustice ordinaire.
Sur laquelle remonstrance, qui fut faite par
le sieur Filleau Aduocat du Roy, les sieurs
Procureurs du Roy pour lors absens, interuint l'Ordonnance, qui s'ensuit.

DE PAR LE ROY.

Sur ce qui Nous a esté remonstre par le
Procureur du Roy, comparant par Maistre
Iean Filleau Aduocat dudit Seigneur : que
dans cette Ville, & autres de nostre Ressort,
quelques personnes soustiennent, tant publiquement, qu'en plusieurs assemblées particulieres, les opinions de Iansenius, touchant la Grace & le Libre-arbitre, inserées
dans ses œuures, portant ce titre, *Cornely
Iansenij Episcopi Iprensis Augustinus*, imprimées à Paris l'an 1641. & auparauant à
Louuain l'an 1640. defendent lesdites opinions, proposent des Theses conformes à
icelles, escriuent & font imprimer des Liures, pour defendre & maintenir telles opinions, voire mesme dogmatisent & instrui-
sent

ſent diuerſes perſonnes dans la doctrine dudit
Ianſenius. Ce qui cauſe des partialités &
diuiſions entre les ſujets du Roy, engendre
des ſcandales publics, & met de la diſſenſion
dans les eſprits, auec trouble du repos public,
Ce qui ne doit eſtre toleré, puis que par la
Bulle de noſtre S. Pere le Pape Vrbain VIII.
en datte du mois de Mars de l'an 1642. & de
ſon Pontificat le 19. confirmatiue des autres
Bulles des Papes Pie V. Gregoire XIII. &
Paul V. prohibitiues de diſputer de telles matieres, contenuës ſous le nom general *de
Auxilÿs*, il eſt expreſſement defendu de traitter, parler, eſcrire & diſputer deſdites opinions, ny meſme de lire le liure de Ianſenius,
contenant leſdites opinions, que les Papes
ſes Predeceſſeurs auoient auparauant condamnées; le tout ſous les peines d'excommu-
nication & autres portées par ladite Bulle,
requerant luy eſtre ſur ce pourueu: pour empeſcher le deſordre public que telles nouuelles opinions ont deſia cauſé, & ſont ſur le
point de cauſer à l'aduenir, s'il n'y eſt reme-
dié. A ces cauſes, faiſant droict ſur le requi-
ſitoire du Procureur du Roy, NOVS, conformement à la Bulle de noſtre ſainct Pere le
Pape Vrbain VIII. qui Nous a eſté repre-
ſentée, Auons fait inhibition & deffenſes

E

à toutes perſonnes de quelque eſtat & condition qu'elles ſoient, tans Eccleſiaſtiques Reguliers que Seculiers de noſtre Reſſort, de
propoſer & ſouſtenir tant en public qu'en particulier les opinions de la Grace, & du Libre-
arbitre, contenuës dans ledit liure & œuure
de Ianſenius, ſouſtenir aucunes Theſes, où
leſdites opinions de Ianſenius ſoient employées, eſcrire ou faire imprimer & debiter
aucun Liure au dedans de noſtre Reſſort, en
faueur deſdites opinions, ou icelles enſeigner
& dogmatiſer, à peine de mil liures d'amende, & d'eſtre leſdites Theſes & Liures laceres
& confiſqués, & de peine corporelle contre
les Imprimeurs qui auront contreuenu à nô-
ſtre preſente Ordonnance; de laquelle amende les Superieurs des perſonnes Regulieres
demeureront reſponſables. Permis & permettons au Procureur du Roy, de faire informer des contrauentions, ſi aucunes ſont faites à noſtre preſente Ordonnance, laquelle,
afin que perſonne n'en ignore, ſera leüe &
publiée à ſon de trompe, par les Cantons &
Carrefours de cette Ville, imprimée & affichée aux lieux ordinaires, & ſignifiée à tous
ceux que le Procureur du Roy verra eſtre neceſſaire, executée nonobſtant oppoſitions ou
appellations quelconques, & ſans prejudice

d'icelles. Mandons aux Huissiers ou Sergens
sur ce requis, de faire tous exploits en consequence & execution d'icelle, dont ils seront
requis par ledit Procureur du Roy. Donné
& fait par Nous Iean Dupont Conseiller du
Roy, Lieutenant particulier & Assesseur criminel en la Seneschaussée & Siege Presidial
de Poictou à Poictiers, l'vnsiesme iour d'Aoust
mil six cens cinquante - vn.

Signé DVPONT, Et I. FILLEAV,
Messieurs les Procureurs du Roy absens.
Et au bas de l'Ordonnance est la Publica-
cation qui en a esté faite.

*L'an 1651. le 14. Aoust, Ie Huissier soussigné
certifie auoir leu & publié en la Salle du Palais
& Cantons de cette ville de Poictiers, l'Ordon-
nance cy-dessus, ayant auec moy Pierre Pareau
Huche & Trompette de cette Ville. Signé Morin
Huissier, P. Pareau Huche & Trompette.*

Cette Ordonnance ainsi publiée, fut suiuie d'vne obeissance, ou volontaire ou for-
cée; car depuis on ne fut plus si hardy que
de prescher ou enseigner publiquement les
Propositions de Iansenius, comme on faisoit
auparauant: attendu mesme que la dite Ordonnance fut signifiée à la Requeste des
Gens du Roy à tous les Superieurs des Mai-

E 2

ſons Religieuſes, auec proteſtation, en cas
de conniuence de leur part, de les rendre reſponſables de l'amende y portée. On vit en
ſuitte l'Eſcole eſtablie dépuis peu d'années
dans vne des Maiſons des Mendians deſerte,
& ſans profeſſeur. Car celuy qui auoit leué
l'eſtendart du Ianſeniſme & propoſoit des
Theſes, telles qu'on les a cy-deſſus ſpecifiées,
ſe retira de la Ville, & prit party auec vn
Seigneur Eccleſiaſtique de la Prouince : chez
lequel toutefois il n'a pu faire vn ſi long ſejour
qu'il auoit eſperé, ſoit que ce Seigneur ait
recognu que l'entretien d'vn homme infecté
de cette mauuaiſe doctrine, ne luy pouuoit
eſtre que deſaduentageux, ſoit qu'il n'ap-
prouuaſt pas vne opinion nouuelle, & qui paroiſſoit ſuſpecte d'Hereſie.

Leurs Majeſtés eſtant en cette Ville, ſont
informées de ce qui s'eſt paſſé contre
les Ianſeniſtes.

CHAPITRE XI.

DEux mois apres la publication de cette
Ordonnance, les affaires de l'Eſtat ap-
pellerent leurs Majeſtés en cette Ville, où

elles paſſerent vne partie de l'hyuer. Ce ſejour
donna le temps & l'occaſion au ſieur Filleau
Aduocat du Roy, de conferer auec quelques-
vns de Noſſeigneurs les Eueſques, & autres
perſonnes de qualité releuée dans la Cour,
des affaires du temps, touchant les entrepriſes des Ianſeniſtes, & l'ordre que l'on y auoit
apporté : meſmes il fit cognoiſtre le grand
intereſt que leurs Majeſtés auoient de ne pas
ſouffrir le progrés d'vne nouuelle doctrine
en cette Prouince, où les debris des Egliſes, &
les funeſtes ruines des lieux ſaincts, eſtoient
des teſmoins, qui publioient aſſez qu'il falloit
arreſter ces nouueautés dans leur naiſſance,
ſans en attendre le progrez, qui ne pouuoit
eſtre que contraire à la paix de l'Egliſe, & au
repos de l'Eſtat.

La reſolution de ces conferences aboutit
à ce poinct, qu'il eſtoit à propos que le ſieur
Filleau fit entendre à la Reyne la conſequence de cette affaire, & le remede qu'il y auoit
apporté ; attendu que ſa Majeſté auoit fait
paroître tant de zele, pour s'oppoſer à cette Hereſie naiſſante, qu'elle n'auoit refuſé
aucune occaſion, où ſon authorité y auoit
eſté jugée neceſſaire. Mais l'importance de
ce que l'on deuoit traitter aupres de ſa Majeſté, ne permettoit pas que ce fût en public,

E 3

De forte qu'on moyenna audit fieur Filleau
le temps & la commodité, pour entretenir
la Reyne, lors qu'elle feroit feule dans fon
Cabinet. Et cela ayant efté propofé à fa
Majefté, elle témoigna l'aggréer, & donna
iour. Délors ledit fieur Filleau ayant efté
introduit dans le Cabinet de la Reyne, où elle
eftoit feulement accompagnée d'vne Dame,
il prit occafion d'abord de remercier fa Majefté de l'honneur qu'elle luy auoit fait cy-
deuant par le choix de fa perfonne, foit pour
faire infcrire les noms de leurs Majeftés dans
le Regiftre de la Congregation du Tombeau
de la grande Reyne de France fainéte Radegonde, Patrone de Poiétiers ; foit auffi pour
prefenter, comme il auoit fait la figure des
cœurs de leurs Majeftés à la mefme Sainéte.
Et prit de là occafion, en confequence du
zele qu'auoit eu fainéte Radegonde, lors
qu'elle portoit la couronne en tefte, d'aduancer la gloire de la Religion, par la deftruétion
des Infideles qui la combattoient de fon
temps, de faire entendre à fa Majefté le peril
éuident où l'Eglife fe trouueroit, & pareillement l'Eftat, qui florit à mefure que fa puiffance eft employée pour les interefts du Ciel, fi
on permettoit que la doétrine nouuelle des
Ianfeniftes s'eftablift dans la France. Que

toute l'Europe fçauoit combien fa Majefté y
auoit témoigné de repugnance , & qu'on
pouuoit dire qu'elle auoit brifé la tefte de ce
ferpent : qu'en qualité d'Officier du Roy, il
auoit eftimé eftre obligé de fuiure fon exemple, & d'employer ce petit Rayon d'authorité
Royale , que fa Charge auoit fait reflechir
fur fa perfonne, pour preuenir les defordres
que cette Secte cauferoit vn iour dans cette
Prouince, qui auoit eu le malheur autre-fois
d'eftre le Theatre de la fureur des Caluiniftes.
Que pour y paruenir, il auoit fait fa remonftrance aux Officiers du Siege Prefidial, &
obtenu d'eux vne Ordonnance, de laquelle il
prefentoit à fa Majefté vn exemplaire , la
fuppliant tres-humblement de vouloir appuyer de fon authorité & puiffance Royale,
les foibles entreprifes du moindre de fes Officiers. Et apres auoir fommairement deduit,
ce qui eftoit contenu dans cette Ordonnance , il reçeut cette fauorable refponfe de la
bouche de fa Majefté, qu'elle aggreoit fa
Procedure, & qu'il eftoit vray qu'elle auoit
detefté cette pernicieufe doctrine , & l'auoit
euë en horreur; qu'il eût à continuer fes foins,
& que dans les occafions , où fon authorité
feroit neceffaire, qu'elle luy promettoit toute affiftance ; repetant deux fois , qu'il luy fe-

roit grand plaifir de continuer, & que fa Majefté donneroit ordre, à ce que durant fon
fejour dans Poictiers, il eût facile accez aupres d'Elle. Ce que fa bonté Royale fit executer, & aggrea, qu'à diuerfes fois ledit fieur
Filleau eut l'honneur de luy parler : & mefme
dans fa derniere audience, il obtint de fa
Majefté vn commandement au grand Pre-
uoft de l'Hoftel, pour empefcher les jure-
mens à la fuitte de la Cour.

Quelques iours apres que led. fieur Filleau eut
fait entendre à la Reyne l'importance de cette
affaire, il fut vifité par le Confeffeur du Roy,
qui l'affeura, que fa Majefté eftoit tres-fatis-
faite de fa proceddure, & l'affeuroit de fa
part, que fi l'on contreuenoit à l'Ordonnance
qu'il auoit fait publier contre les Ianfeniftes,
il luy feroit chofe tres-agreable, d'en faire les
pourfuites neceffaires, & où l'authorité de fa
Charge ne feroit affez grande, que celle des
Puiffances fuperieures ne luy manqueroit pas.

Le fieur Filleau ne jugea pas à propos, de
tenir dans le fecret que cette protection luy
eftoit promife pour vne chofe fi jufte. Il le
fit fçauoir à ceux qui auoient commerce auec
quelques Ianfeniftes, afin que dans la crainte
d'eftre pourfuiuis, ils defiftaffent d'eftaller
cette fauffe doctrine. Ce qui reüffit fi aduan-

tageusement, que les Ianseniftes surpris d'vne
nouuelle frayeur à la veuë de la Puissance
Royale, n'oserent plus paroître si ouuertement Deffenseurs de ces nouuelles opinions;
& plusieurs d'entre eux en diuerses compagnies nierent estre de ce sentiment, témoignant ainsi la fausseté de leur doctrine,
bien éloignée de la veritable qu'on publie
par tout, & dont on est prest de seeller la
creance par l'effusion de son sang.

On est demeuré en cét estat dépuis le depart
de leurs Majestés. Et durant les troubles derniers Dieu a fait visiblement paroître vne protection speciale pour leurs Majestés, faisant
combattre les saisons & les Elements, aussi-
bien que les hommes à l'aduantage du Roy,
que le Ciel a donné miraculeusement à la
France, & qu'il a suscité, par des desseins
d'vne prouidence eternelle, pour destruire
dans le Midy de son aage tous les ennemis de
l'Eglise, comme il a fait dans l'Orient de ses
iours, tous ceux qui ont esté si temeraires,
que de broüiller le repos de son Estat.

Ce n'est pas que les Ianseniftes ayent dis-
continué l'execution de leurs desseins, ou
qu'ils ayent renoncé à leurs erreurs. Mais
dans l'apprehension d'vne poursuitte judi-
ciaire, ils se sont tenus couuerts, & ysé d'vne

plus grande retenuë qu'auparauant.

La Bulle de noſtre ſainct Pere le Pape In-
nocent X. eſt enuoyée à Poictiers, au
Chapitre de l'Egliſe Cathedrale, le Siege
Epiſcopal vacant, qui la fait publier par
les Curés.

CHAPITRE. XII.

IL faut qu'il y ayt des Hereſies, dit l'Apoſtre des Gentils, & cela eſt neceſſaire &
vtile à l'Egliſe, pour découurir ceux qui
ſuiuent les Verités Euangeliques. Mais il
n'eſt pas raiſonnable que les Hereſies mar-
chent toûjours de pair auec la ſaine doctrine.
Il faut enfin que la paille ſoit ſeparée du bon
grain, & que l'Eſpouſe legitime demeure
Maiſtreſſe dans la maiſon, la Seruante en
ayant eſté chaſſée.

C'eſt pourquoy Noſſeigneurs les Prelats
de France ayans eſcrit à noſtre ſainct Pere
le Pape Innocent X. & ſupplié ſa Sainceté,
de vouloir examiner les cinq Propoſitions
tirées des œuures de Ianſenius, telles que
les Ianſeniſtes les auoient propoſées en ce
Royaume, il donna diuerſes audiences aux

Ianfeniftes, efcouta toutes leurs raifons, auec vne patience toute extraordinaire, y employant des cinq & fix heures à chaque affemblée ; & enfin apres auoir fait faire des prieres generales à Rome, affifté du Sainct Efprit, qu'il auoit fi fouuent inuoqué, prononça dans la Chaire de S. Pierre, & en qualité de Souuerain Pontife, & de légitime Vicaire de Iefus-Chrift, l'Oracle Apoftolique, par lequel il condemna les cinq Propofitions des Ianfeniftes.

La Bulle du 31. May 1653. fut enuoyée au Roy auec vn Bref de fa Sainčteté, en confequence duquel fa Majefté a fait la Declaration cy-apres inferée en fuitte de ladite Bulle, que le Chapitre de l'Eglife Cathedrale de Poičtiers, le Siege Epifcopal vacant, enuoya aux Curés de cette Ville, auec le mandement en la forme qui fuit:

Sanctiſſimi in Chrifto Patris ac D. N. P. Innocentij diuina prouidentia Papæ X. Conftitutio. Qua declarantur & definiuntur quinque Propofitiones in materia Fidei.

INNOCENTIVS
EPISCOPVS
SERVVS SERVORVM DEI,

Vniuersis Christi fidelibus salutem, &
Apostolicam Benedictionem.

CVm occasione impressionis libri, cui titulus, *Augustinus Cornelij Iansenij Episcopi Iprensis*, inter alias eius opiniones orta fuerit præsertim in Gallijs, controuersia super quinque ex illis ; complures Galliarum Episcopi apud nos institerunt, vt easdem Propositiones nobis oblatas expenderemus, ac de vnaquaque earum certam & perspicuam ferremus sententiam.

Tenor verò præfatarum Propositionum est
prout sequitur.

PRima : Aliqua Dei præcepta hominibus iustis volentibus, & conantibus secundùm præsentes, quas habent vires, sunt impossibilia ; deest quoque illis gratia, quâ possibilia fiant.

Secunda : Interiori gratiæ in statu naturæ lapsæ nunquam resistitur.

Tertia : Ad merendum, & demerendum

in ſtatu naturæ lapſæ non requiritur in homine libertas à neceſſitate, ſed ſufficit libertas à coactione.

Quarta: Semipelagiani admittebant præuenientis gratiæ interioris neceſſitatem ad ſingulos actus, etiam ad initium fidei, & in hoc erant Hæretici, quod vellent eam gratiam talem eſſe, cui poſſet humana voluntas reſiſtere, vel obtemperare.

Quinta: Semipelagianum eſt dicere, Chriſtum pro omnibus omnino hominibus mortuum eſſe, aut ſanguinem fudiſſe.

NOs, quibus inter multiplices curas, quæ animum noſtrum aſſiduè pulſant, illa in primis cordi eſt, vt Eccleſia Dei nobis ex Alto commiſſa, purgatis prauarum opinionum erroribus, tutò militare, & tanquam nauis in tranquillo mari, ſedatis omnium tempeſtatum fluctibus ac procellis, ſecurè nauigare, & ad optatum ſalutis portum peruenire poſſit.

Pro rei grauitate, coram aliquibus S. R. E. Cardinalibus ad id ſpecialiter ſæpius congregatis, ac pluribus in ſacra Theologia Magiſtris, eaſdem quinque Propoſitiones, vt ſuprà nobis oblatas, fecimus ſingillatim diligenter examinari, eorumque ſuffragia, tum voce, tum ſcripto relata, maturè conſiderauimus, eoſdemque Magiſtros, varijs coram nobis actis Congregationibus, prolixè super eiſdem, ac super earum qualibet differentes audiuimus.

Cùm autem ab initio huiuſcemodi diſcuſſionis ad diuinum implorandum auxilium multorum Chriſti fidelium preces, tum priuatim, tum publicè indixiſſemus, poſtmodum iteratis eiſdem feruentiùs, ac per nos ſollicitè implorata Sancti Spiritus aſſiſtentia, tandem diuino numine fauente, ad infraſcriptam deuenimus Declarationem, & Deſinitionem.

Primam prædictarum Propoſitionum: Aliqua Dei præcepta hominibus iuſtis volentibus, & conantibus, ſecundùm præſentes, quas habent vires, ſunt impoſſibilia: deeſt quoque illis gratia, quâ poſſibilia fiant: temerariam, impiam, blaſphemam, anathemate damnatam & hæreticam declaramus, & vti talem damnamus.

Secundam: Interiori gratiæ in ſtatu naturæ lapſæ nunquam reſiſtitur, hæreticam declaramus, & vti talem damnamus.

Tertiam: Ad merendum & demerendum in ſtatu naturæ lapſæ non requiritur in homine libertas à neceſſitate, ſed ſufficit libertas à coactione: hæreticam declaramus, & vti talem damnamus.

Quartam : Semipelagiani admittebant
præuenientis gratiæ interioris neceſſitatem
ad ſingulos actus, etiam ad initium Fidei, &
in hoc erant Hæretici, quod vellent eam gratiam talem eſſe, cui poſſet humana voluntas
reſiſtere, vel obtemperare : falſam & hæreticam declaramus, & vti talem damnamus.

Quintam : Semipelagianum eſt dicere,
Chriſtum pro omnibus omnino hominibus
mortuum eſſe, aut ſanguinem fudiſſe : falſam,
temerariam, ſcandaloſam ; & intellectam eo
ſenſu, vt Chriſtus pro ſalute dumtaxat Præ-
deſtinatorum mortuus ſit ; impiam, blaſphemam, contumelioſam, diuinæ pietati derogantem, & hæreticam declaramus, & vti talem damnamus.

Mandamus igitur omnibus Chriſti fidelibus vtriuſque ſexus, ne de dictis Propoſitionibus ſentire, docere, prædicare aliter præ-
ſumant, quàm in hac præſenti noſtra Decla-
ratione & Definitione continetur, ſub cen-
ſuris, & pœnis contra Hæreticos, & eorum
fautores in iure expreſſis.

Præcipimus pariter omnibus Patriarchis,
Archiepiſcopis, Epiſcopis, alijſque locorum
Ordinarijs, nec-non hæreticæ prauitatis In-
quiſitoribus, vt contradictores & rebelles
quoſcumque per cenſuras, & pœnas prædi-

ctas, cæteráque iuris & facti remedia oppor-
tuna, inuocato etiam ad hoc (si opus fuerit)
auxilio brachij sæcularis, omnino coërceant
& compescant.

Non intendentes tamen per hanc Declarationem, & Definitionem, super prædictis
quinque Propositionibus factam, approbare
vllatenus alias opiniones, quæ continentur
in prædicto libro Cornelij Iansenij. Datum
Romæ apud S. Mariam Majorem, anno Incarnationis Dominicæ 1 6 5 3. pridiè Kal.
Iunij, Pontificatus nostri anno nono.

HI. DATARIVS. G. GVALTERIVS. P. CIAMPINVS.

Anno à Natiuitate D. N. IESV-CHRISTI mil-
lesimo sexcentesimo quinquagesimo tertio, indictione sexta,
Pontificatus sanctißimi in Christo Patris, & D. N. D.
INNOCENTII diuina prouidentia Papæ X. anno
nono, die verò nona mensis Iuny, supradicta Constitutio
affixa & publicata fuit in Ecclesia Lateranen. ac Basilicæ
Principis Apostolorum de Vrbe, nec-non Cancellariæ
Apostolicæ Valuis, ac in acie Campi Floræ, per me Hiero-
nymum Macellam, sanctißimi D. N. Papæ Cursorem.

Pro D. Mag. Cursorum P. PAVLVS DESIDERIVS Cursor.

Concordat cum suo Originali. Datum Parisiys
die 8ª Iuly 1653.
NICOLAVS Archiepiscopus Athenarum
Nuntius Apostolicus.

Hinc ORLANDVS pro Secretario.

Inno-

INnocentius X. fummus Pontifex, Propofitiones quinque condemnauit; Illu-
ftriffimi Galliæ Prælati cenfura notarunt.
Eafdem Decanus, Canonici & Capitulum
Ecclefiæ Pictauienfis, in Concionibus &
Scholis proponi inhibent. Ne quis igitur
contra nitatur, fub interminatione à corpore
Chrifti iliminationis, & ab officijs diuinis, &
concionibus habendis interdicto. Ne quis
præterea opprobria intentet: Ne quis diftin-
guat aut interpretetur: Ne quis etiam vocabula proferat, per quæ charitas omnis auelli-
tur. Sic ftatutum in Capitulo die Augufti
vigefimâ quintâ.

Sic fignatum,

THOREAV Decanus Eccl. Pictau.

De mandato Capituli FROMAGET Scriba.

MICHELLET Secretarius.

Et d'autant que noftre fainct Pere le Pape
ayant efcrit au Roy, fa Majefté a fait vne Declaration pour l'execution de cette Bulle, i'ay
eftimé à propos d'inferer ces pieces icy.

F

Chariſſimo in Chriſto Filio noſtro Lv-
DOVICO, Francorum Regi
Chriſtianiſſimo,

INNOCENTIVS PP. X.

*CHARISSIME in Chriſto Fili
noſter, Salutem & Apoſtolicam benedictionem. Conſtitutionem, qua poſt lon-
gam accurati examinis indaginem, & Spi-
ritus-ſancti lumen publicè, ac priuatim ſæpius imploratum, quid ſentiendum ſit de
quibuſdam Propoſitionibus, declarauimus,
& definiuimus, Majeſtati tuæ cum his literis mittimus. Ex ea ſententiam Catholicæ
fidei in graui hoc negotio à nobis audies: nec
dubitamus quin eadem futura ſit cùm po-
pulis Chriſtianis ſalutaris, tum ſummopere
grata pietati tuæ: cùm præſertim & ipſe
per Oratorem tuum pro ſanctæ huius Sedis
ſuper his deciſione apud nos inſtiteris. Majeſtati tuæ benedictionem Apoſtolicam a-
mantiſſimè impartimur. Datum Romæ
apud ſanctam Mariam Majorem, ſub an-*

nulo Pifcatoris, die 31. May, 1653. Pon-
tificatus noftri anno nono.

F. FLORENTIN.

Declaration du Roy, enuoyée aux Arche-
uefques & Euefques de France, pour
l'execution de la Bulle du Pape
du 31. May dernier.

LOVIS par la grace de Dieu Roy de
France & de Nauarre, A nos amez &
feaux Conseillers les Archeuefques & Euefques de nos Royaumes, Pays & Terres de
noftre obeïffance, SALVT. Noftre S. Pere
le Pape ayant par fa Bulle, de laquelle copie
eft cy-attachée fous le contre-feel de noftre
Chancellerie, decidé cinq Propofitions di-
uerfement enfeignées, & apres auoir inuoqué
le S. Efprit, & pris les avis de plufieurs Cardinaux, Prelats, & autres grands & fçauans
perfonnages, decerné ce qui en doit eftre
crû : à quoy il s'eftoit d'autant plus volontiers
difpofé, qu'il auoit fouuentes fois efté requis
de noftre part de le faire, afin de preuenir les
diuers maux qui en pouuoient naiftre, fi le
remede euft efté plus long temps differé : Et
le fieur Bagny Archeuefque d'Athenes, Non-

ce de sa Saincteté pres de nostre personne,
nous ayant requis de sa part en nous presen-
tant son Bref en datte du trente-vniéme May,
de faire publier ladite Bulle, & icelle executer
dans l'estendue des Estats que la diuine bonté
nous a soûmis. Nous, qui à l'imitation
des Roys nos predecesseurs, nous glorifions
bien dauantage du titre de Roy Tres-Chre-
stien & fils aisné de nostre Mere Saincte Eglise, que de ceux qui sont communs aux autres
Princes & Monarques ; ayant veu qu'en
ladite Bulle il n'y a rien de contraire aux li-
bertez de l'Eglise Gallicane & droicts de nostre Royaume, & desirans en ce rencontre
donner vne marque asseurée de nostre pieté
enuers Dieu, & nostre reconnoissance de
tant de graces desquelles nous luy sommes
redeuables, & de nostre deuotion enuers
N. S. P. le Pape. Nous vous exhortons,
& neantmoins vous enjoignons, que le contenu en ladite Bulle vous ayez à faire publier
& executer en toute l'estenduë des Arche-
ueschez & Eueschez de nostre Royaume,
Pays & Terres de nostre obeïssance. Mandons en outre à tous nos Officiers & sujets
qu'il appartiendra, & qui seront par vous ou
vos Promoteurs requis, de tenir la main à
l'execution des presentes, de vous ayder &

affifter, fans attendre autre commandement
de noftre part, que celuy contenu en cefdi-
tes prefentes. Car tel eft noftre plaifir. Donné à Paris le quatriefme iour de Iuillet, l'an
de grace mil fix cens cinquante-trois, & de
noftre regne l'onfiefme. Signé, LOVIS.
Et plus bas, Par le Roy, DE LOMENIE.

La Rebellion des Ianfeniftes contre la Bulle
de noftre fainct Pere le Pape éclatte
en cette ville de Poicfiers.

CHAPITRE XIII.

ON efperoit que la Bulle de fa Sainčteté
feroit ceffer les tempeftes excitées par
le vent impetueux du Ianfenifme. On croyoit
auec raifon qu'elle deuoit eftre le brifant &
l'éceüil de cette malheureufe & infortunée
doctrine, & que ceux qui auoient fi dange-
reufement vogué dans vn vaiffeau, battu de
foudres & d'anathemes penferoient à fe retirer dans vn port affeuré, pour n'eftre plus
le joüet de la mer & des orages.

L'effet a efté tout contraire à ce qu'on
auoit efperé, & comme s'il euft efté queftion
d'vne defaite d'armée, qu'on euft voulu de

F 3

nouueau rallier, cherchant de nouuelles forces pour la remettre fur pied ; on veit cette
Secte fuperbe des Ianfeniftes reprendre courage dans Poictiers, & auec autant d'infolen-
ce que de temerité, refifter à la fupreme authorité du Chef de l'Eglife, dont ils commen-
cent à difputer le pouuoir, & reuoquer en
doute l'infallibilité.

On a fçeu, qu'vn Religieux, dont ie veux
taire le nom, pour ne le pas rendre odieux &
infame à la pofterité, terniffant la candeur
de fa robe, eut la hardieffe, ou pluftoft l'in-
folence de proferer en quelques lieux particuliers ces paroles: *Malo errare cum Auguftino,*
quàm benè fentire cum Papa. Il dit cela mefme
en termes François à vne femme deuote, qui
en fut fi fcandalifée, qu'elle fe retira incontin-
nant de fa direction. Vn autre fut fi aueuglé
de fa paffion, qu'il aduança ces paroles, *qu'il*
falloit eftre plus grand Theologien que Ianfenius,
pour condamner la doctrine de Ianfenius: voulant
inferer de là, que fi le Pape n'eftoit pas fi profond en doctrine que cet Euefque d'Ipre, il
ne pouuoit en eftre le Iuge.

Les plus raffinés Ianfeniftes ne s'arrefte-
rent pas à ces inuectiues, qu'ils preuoyoient
ne pouuoit feruir qu'à preparer des feux, contre ceux qui traittent outrageufement les

puiffances, qu'ils doiuent honorer, & en effet
les gens du Roy de Poiϭtiers n'euffent point
manqué à leur deuoir, ny laiffé ce crime dans
l'impunité, fi ceux qui en pouuoient dépofer
n'euffent point efté fi lafches que de trahir
leur propre confcience, fe laiffant furprendre
aux refpeϭts humains qui eftoufferent les legitimes fentimens, qu'ils eftoient obligés d'a-
uoir pour le Pere commun des Fideles.

Ils s'aduiferent d'vn ftratageme affez grof-
fier, qu'on qualifia le Factum d'vn procez perdu. Car ils firent imprimer, & courir dans
toutes les compagnies des feüilles volantes,
qui portoient ce titre, *Diftinϭion abbregée des
cinq Propofitions qui regardent la matiere de la
grace, où l'on voit clairement en trois Colomnes
les diuers fens, que ces Propofitions peuuent receuoir, & les fentimens*

*Des Caluiniftes, & des Lutheriens,
Des Pelagiens, & des Moliniftes,
De fainϭ Auguftin, & de fes Difciples.*

Leur intention eftoit de perfuader, ou aux
ignorans, ou aux fçauans qui n'auoient jamais leu les œuures de Ianfenius, que la condemnation portée par la Bulle de noftre fainϭ
Pere le Pape, contre les cinq Propofitions,
ne touchoit pas le fens, dans lequel les preten-

dus Disciples de sainct Augustin les auoient
soustenuës.

Comme cette pretenduë distinction abregée des cinq Propositions en trois colomnes, eust paru en cette Ville, on luy opposa
la copie de la Lettre escritte à sa Saincteté par Nosseigneurs les Euesques de France, qui justifioit que ces illustres Prelats s'e-
stoient plaints du trouble, que causoient dans
le Royaume les cinq Propositions tirées du
liure de Iansenius. De sorte, que nostre sainct
Pere le Pape ayant declaré par sa Bulle qu'à
l'occasion de l'impression du liure de Iansenius, il y auoit eu de grandes contestations en
France, touchant les opinions de Iansenius,
qui auoient esté proposées à sa Saincteté par
nosdits Seigneurs les Euesques, afin qu'il les
examinast, & en portast vn jugement definitif, il estoit plus qu'éuident, que le S. Siege
auoit condamné lesdites cinq Propositions,
au sens que Iansenius les auoit soustenuës, &
que les Iansenistes les auoient publiées. Et
afin que ie n'obmette rien de la preuue du
fait, i'ay voulu icy transcrire la Lettre des
Euesques de France.

Beatissime Pater,
   Majores causas ad sedem Apostolicam re-

ferre folemnis Ecclefiæ mos eft, quem fides
Petri numquam deficiens perpetuò retineri
pro iure fuo poftulat. Æquiffimæ huic Legi
obfequentes, de grauiffimo circa Religionem
negotio, Sanctitati veftræ fcribendum effe
cenfuimus. Decennium eft, ex quo vehe-
mentiffimis turbis Gallia, magno noftro mœ-
rore, commouetur, ob librum pofthumum,
& doctrinam reuerendi Cornelij Ianfenij
Iprenfis Epifcopi. Tales quidem motus fe-
dari oportebat, tum Concilij Tridentini authoritate, tum Bullæ illius, quâ Vrbanus VIII.
felicis memoriæ, aduerfus Ianfenij dogmata
pronuntiauit, & Decreta Pij V. ac Grego-
rij XIII. in Bajum edita confirmauit: atque
hujus quidem Bullæ veritatem ac robur nouo
diplomate vindicafti. Sed quia nulli figilla-
tim Propofitioni certâ cenfuræ notâ inufta
fuit, locus etiamnum aliquis quorumdam
cauillis & effugio relictus eft. Intercluden-
dum autem penitus fperamus, fi, vt precamur, Sanctitas tua, quid hac in re fentiendum
fit clarè, diftinctèque definiat. Obteftamur
ergò, vt has præfertim Propofitiones, de quibus difceptatio periculofior ac contentio ar-
dentior eft, Sanctitas tua expendat, ac per-
fpicuam & certam de vnaquáque fententiam
ferat.

I. Aliqua Dei præcepta hominibus iustis volentibus & conantibus, secundùm præsentes quas habent vires, sunt impossibilia : deest quoque ijs gratia, quâ possibilia fiant.

II. Interiori gratiæ in statu naturæ lapsæ numquam resistitur.

III. Ad merendum & demerendum in statu naturæ lapsæ, non requiritur in homine libertas à necessitate, sed sufficit libertas à coactione.

IV. Semipelagiani admittebant præuenientis gratiæ inferioris necessitatem ad singulos actus, etiam ad initium Fidei : & in hoc erant Hæretici, quod vellent eam gratiam talem esse, cui posset humana voluntas resistere, vel obtemperare.

V. Semipelagianum est dicere, Christum pro omnibus omninò hominibus mortuum esse, aut sanguinem fudisse.

Experta est nuper Beatitudo tua, quantum Apostolicæ sedis, in gemini Ecclesiæ capitis errore profligando valuerit authoritas : continuò sedata est tempestas, atque ad Christi vocem & imperium venti & mare obedierunt. Quamobrem flagitamus, beatissime Pater, vt clarâ, firmaque, de Propositionum istarum sensu prolatâ sententiâ, cui etiam Reuerendus ipse Iansenius, morti proximus opus suum

subiecit, caliginem omnem discutias, animos
fluctuantes componas, dissidia prohibeas, Ecclesiæ tranquillitatem, splendoremque resti-
tuas. Dùm hæc spes mentibus nostris afful-
get, Sanctitati tuæ multos & prosperos annos, sæculóque beatissimam æternitatem Rex
sæculorum immortalis adijciat, optamus ac
vouemus.

Il n'est pas difficile aux personnes intelligentes de recognoistre, que le cayer des trois
sens n'a esté fait, que pour tromper le peuple;
qu'il choque directement l'authorité du S.
Siege; & qu'il embroüille seulement les Propositions condamnées. Mais par ce qu'on y
a fait en cette Ville vne Réponse, qui merite
d'estre conseruée à la posterité, i'ay jugé à
propos de l'inserer en cet endroit.

Response à la distinction abbregée des cinq
Propositions de Iansenius, condamnées
par le Pape Innocent X.

CHAPITRE XIV.

C'Estoit le sentiment de toute la France
qu'il ne falloit point faire de réponse à
la distinction abbregée; ou parce qu'il ne

sembloit pas, qu'elle d'eust faire impression
sur les esprits des Fideles ; ou parce que ceux
qui l'ont faicte (disent-ils) auant la Censure
des cinq Propositions, ayant protesté qu'il at-
tendoient le jugement du S. Siege , & qu'ils
y acquiesceroient, On esperoit qu'apres vne
decision si claire & si authentique, ils tien-
droient la parole qu'ils auoient donnée. Mais
l'obstination où ils sont, nous fait voir que
nos esperances estoient vaines, & nous fait
prendre d'autres resolutions, que celles que
nous auons euës iusqu'à maintenant. Ils tirent auantage du silence des Catholiques , &
se figurant que leurs artifices ne sont pas dé-
couuerts, ils pensent pouuoir couurir leurs
heresies de ie ne sçay qu'elle apparence, & le
mépris qu'ils font du S. Siege, de la feinte
obeissance qu'ils luy rendent. La chose est allée iusques là , que mesme trois ou quatre
Euesques ont esté surpris, & que publiant la
constitution Apostolique, ils ont tâché d'en
rompre le coup , & d'en empécher les fruicts,
se seruant de cette distinction , & authorisant
les bruits que les Iansenistes ont fait courir.
Ne seroit ce donc pas trahir la cause de Dieu,
& abandonner les interests de l'Eglise , que
de se taire plus long-temps ? Il seroit bien à
desirer que les personnes qui ont eu part en

cette affaire & qui en sçauent toutes les particularités, entreprinsent la refutation de ce
Libelle; & ie ne doute point qu'ils ne le faf-
sent: Mais par ce que le mal presse, ie m'estime obligé de faire voir en peu de mots l'effronterie, l'imposture & la foiblesse de ceux
qui l'ont donné au public.

Auroit-on iamais creu que des hommes,
qui ne se cachent point, & dont on sçait les
noms, eussent osé souftenir à la veuë de toute
la terre, que les cinq Propositions condamnées ne sont pas de Iansenius, & qu'on ne
sçauroit les trouuer dans vn liure, qui a causé
tant de bruit pour cela mesme, & qui est entre
les mains de tous les Curieux, & de tous les
Sçauans? est-il possible que pour tromper le
peuple, & pour abuser de la simplicité des
femmes, ils auancent vne chose, dont ceux
qui sçauent lire, découuriront incontinant
la fausseté? Les croira-on en des choses
éloignées & dont on ne peut auoir facilement des preuues dans les lieux où nous sommes, s'ils ont la hardiesse de dire des choses
que l'on peut conuaincre de faux sur le
champ? Le liure de Iansenius tout gros
qu'il est, est plein de ces cinq Propositions;
on les y rencontre par tout; & le reste semble
n'en estre que l'ornement & l'establissement.

Et certes, il paroift bien que le Pape en a
fait ce Iugement, puis qu'outre que cette
Diftinction ayant (dit on) efté prefentée à fa
Saincteté deuant la condemnation des cinq
Propofitions, on n'y a point eu d'égard, ce
Libelle eft ouuertement démenti par la Conftitution Apoftolique. Au lieu que ces Docteurs difent que ces Propofitions ont efté
prefques toutes fabriquées à plaifir par les ennemis de Ianfenius, & que la premiere a efté
malicieufement tirée hors de fa place ; le
Pape affeure qu'elles font de cét autheur ;
& les condamne comme telles. De plus, ils
fouftiennent que ces Propofitions ne font
foudroyées, qu'au fens qu'elles ont parmy les
Caluiniftes; & qu'elles font orthodoxes comme les Ianfeniftes les entendent : & le Pape
dit clairement qu'elles font heretiques au fens
qu'elles ont dans le liure de Ianfenius. Car
lors que fur la fin de la Bulle il declare que
n'ayant touché que cinq Propofitions, il ne
pretend pas approuuer les autres opinions de
cét Autheur, il eft éuident que ces mots, *les
autres opinions de cét Autheur*, font relatifs à ce
qui a efté cenfuré : & confequemment que
les Propofitions cenfurées ne font pas feulement des Propofitions du liure de Ianfenius,
mais encore les opinions de Ianfenius. On

pourroit trouuer. de la difference entre les
Propofitions, & les opinions de ce Liure ; &
il fe pourroit faire abfolument que celles là
fuffent heretiques, celles-cy eftans veritables :
Mais puis que le Pape condamne les opinions
de Ianfenius, il prend ces cinq Propofitions
au mefme fens que Ianfenius leur donne.

Et puis, a-t'on iamais ouy dire deuant la
cenfure, que ces cinq Propofitions n'eftoient
pas de Ianfenius ? les Ianfeniftes les fouftenoient auec ardeur, & fe glorifioient du nom
de cét homme. Quel a efté le fujet des bruits
qui ont troublé l'Eglife, que ces Propofi-
tions-là mefme au fens que ces nouueaux Reformateurs les ont defendues ? ne leur a-t'on
pas fait voir que leur Maiftre auoit puifé cette
doctrine dans les liures des Heretiques ? &
n'ont-ils pas ofé dire que les Heretiques ne
l'eftoient pas en cela ? ce feroit à la verité vne
belle chofe que tous les Euefques de France
euffent preffé le Pape de porter Iugement de
la nouuelle doctrine, qui diuifoit les efprits
des Fideles ; & que le Pape eût fait faire tant
de prieres, & tenu tant de conferences, pour
condamner des Propofitions, au fens auquel
elles n'eftoient pas en difpute ; & qu'il pre-
tendift pacifier l'Eglife, ne prononçant que
contre ceux qui s'eftoient defia feparés de

l'Eglise. On ne peut ignorer quel a esté le
sentiment de sa Saincteté là dessus : & outre
que les paroles de la Bulle rendent témoignage de son intention, vn Docteur assez considerable ayant esté jetté dans la prison la plus
rigoureuse de Rome pour s'estre seruy de cette
belle Distinction, & pour auoir voulu inter-
preter la Constitution Apostolique en faueur
des Iansenistes, est vne suffisante preuue de
l'vsage qu'il faut faire de cette etxrauagante
subtilité, & du chastiment que meritent ceux
qui la font valoir.

En effect, ils accusent le Pape d'vne extreme imprudence, ou d'vne horrible malice ;
comme si abusant du nom, & de l'authorité
que le S. Esprit luy a donnée, il fauorisoit le
mensonge, & tâchoit de precipiter l'Eglise
dans l'erreur. Car si ce qu'ils disent, estoit
veritable, que le Pape ayant approuué leur
doctrine, & sçachant que les cinq Propositions ne sont pas de Iansenius, qu'elles ne
sont Heretiques qu'au sens qu'on leur peut
donner malicieusement, au contraire, de ce
qu'elles signifient, estant prises comme elles
le doiuent estre ; qu'elles sont orthodoxes,
comme les Iansenistes les entendent ; & que
les propositions contraires sont clairement
Heretiques, il n'a pas laissé de les condamner
comme

comme de Iansenius, apres tant de disputes,
apres ce grand bruit, apres la sollicitation des
Euesques de France, ne fauoriseroit il pas les
Semipelagiens ? n'exposeroit il pas des personnes innocentes, & orthodoxes aux censures des Euesques, & des Vniuersitez ; & mesme à la rigueur des Loix, dans les Estats des
Princes, qui recognoissent l'authorité du S.
Siege ? Ils diront que le Pape a declaré dépuis qu'il ne pretendoit pas condamner ces
Propositions au sens des Iansenistes : Mais
outre que ce bruit est faux, quand il seroit
veritable, il ne pourroit garantir sa Saincteté
d'vne extreme injustice, ne pouuant auoir
assez de force pour s'opposer à vne Bulle si
authentique, & ne pouuant estre creu que de
ceux qui peuuent croire toutes choses. En
effet tous les Euesques de France, à la reserue
de trois ou quatre seulement, ont receu la
censure des cinq Propositions, au sens que
les Iansenistes les enseignent : les Vniuersitez
ne l'ont pas entenduë autrement ; & le Roy
appuye de son authorité la condamnation de
ceux, qui par des nouueautez insupportables
jetteront enfin, s'ils peuuent, dans le trouble
ce florissant Estat, dont nous voyons, que le
repos est le fruict de tant de soins, de tant de
sang, & de tant de prieres.

G

Ils difent que le Pape n'a pas entendu condamner la doctrine de S. Auguftin, & qu'ils
n'en ont point d'autre que celle de ce grand
Docteur. Les Caluiniftes ne difoient-ils pas
celà mefme; & cependant fe pûrent-ils defendre des Anathemes du Concile de Trente? Il n'eft pas queftion maintenant fi ces Propofitions font de S. Auguftin, ou fi elles n'en
font pas; mais apres la decifion du fainct
Siege, elles doiuent paffer pour Heretiques,
en quelque lieu qu'elles fe trouuent. Et quand
le plus grand Docteur de l'Eglife les auroit
fouftenuës deuant cette cenfure, fon authorité ne les en garantiroit pas. Il y a peu de
Docteurs, dont il ny ayt eu des opinions condamnées par les Papes, & par les Conciles
des fiecles qui les ont fuiuis: & S. Auguftin
mefme n'a pas efté exempt de femblables
atteintes. C'eftoit le fentiment de cét excellent homme, que la Communion du corps
du Fils de Dieu eftoit neceffaire aux enfans,
pour obtenir le falut, & que mefme ils ne
pouuoient auoir la vie en eux fans cela, comme on peut voir au liure 1. des merites, & de
la remiffion des pechés chap. 20. dans le liure
de la predeftination des Saincts chap. 13. &
dans le liure 2. de l'œuure imparfaict contre
Iulien chap. 29. Et le Concile de Trente en

la ſeſſion 21. chap. 4. canon 4. condamne d'hereſie cette doctrine, quoy qu'elle appartienne à la Grace, & ſoit ſouſtenuë par ſainct Auguſtin contre les Pelagiens. *Si quelqu'vn dit que la Communion de l'Euchariſtie eſt neceſſaire aux petits enfans deuant qu'ils paruiennent à l'aage de diſcretion, qu'il ſoit anatheme,* ce ſont les paroles meſme du Concile. Au reſte, cet admirable Docteur eſt bien éloigné des ſentimens des Ianſeniſtes; & quoy que quelquesfois il dit des choſes qui ſemblent les fauoriſer, il en dit ailleurs de toutes contraires: & il faut l'expliquer par luy meſme, conformement à la doctrine de l'Egliſe. C'eſt mal traicter S. Auguſtin que de vouloir l'oppoſer aux deciſions du S. Siege Apoſtolique, dont l'authorité eſt infaillible: & il merite qu'on adouciſſe ſes Propoſitions; s'il en a auancé quelques-vnes, qui combattent en apparence les ſentimens de l'Egliſe Romaine.

Les Autheurs de ce Libelle ſe couurent auſſi des fameuſes Congregations *De Auxilijs,* & penſent en tirer de grands aduantages. Mais outre qu'il n'y fut rien decidé, & que ſeulement on jugea à propos de moderer la chaleur des deux partis, il ne s'y paſſa rien du tout au prejudice de la veritable doctrine. Ceux qui voudront en apprendre l'hiſtoire,

G 2

pourront là lire auec plaisir dans le liure de
l'Excellent Pere Dom Pierre de S. Ioseph
Fueillant. Il est vray que Clement VIII.
sembloit auoir de l'inclination pour l'opinion
contraire à celle des Iesuites: mais le Cardinal du Perron luy representa que c'estoit le
sentiment des Heretiques de France; Et le
Cardinal Bellarmin luy dit hardiment, que
le S. Esprit ne permettroit iamais que parlant à toute l'Eglise, il authorisast cette doctrine. En effect la mort du Pape suruenant,
on en demeura là. Au reste on fait tort à tout
vn grand Ordre, de dire que dans ces Congregations il soustenoit contre les Iesuites,
les opinions que Iansenius a dépuis enseignées ; & on a fait voir que les plus celebres
Docteurs de cét Ordre là mesme, pretendent
n'auoir rien de commun auec ces Heretiques. Ce n'est point à moy à juger s'ils vien-
nent à bout de ce qu'ils pretendent: mais il
est certain qu'ils font effort pour cela, &
qu'ils pensent y reüssir.

Les reflexions que i'ay faites iusques icy,
font assez paroistre que tout ce Libelle a esté
mal entrepris, qu'il est plein d'impostures,
qu'il attaque insolemment & foiblement l'authorité du S. Siege : Il est temps de considerer en particulier les diuers sens qu'on y

donne aux Propoſitions cenſurées.

PREMIERE PROPOSITION.

Les Commandemens de Dieu ſont impoſſibles aux hommes juſtes, lors meſmes qu'ils
veulent, & qu'ils s'efforcent, ſelon les forces qu'ils ont, dans l'eſtat où ils ſe trouuent; & la grace qui les doit rendre poſſibles leur manque.

Le ſens heretique que les Ianſeniſtes diſent qu'on
peut donner malicieuſement à cette Propoſi-
tion, & la prenant autrement qu'elle ne doit
eſtre priſe.

Les Commandemens de Dieu ſont impoſſibles à tous les juſtes, quelque volonté qu'ils
ayent, & quelque effort qu'ils faſſent, ayant
toutes les forces de la grace la plus grande
& la plus efficace, & qu'ils manquent toûjours
durant leur vie de la grace neceſſaire pour accomplir ſeulement ſans peché vn Commandement de Dieu.

RESPONSE.

Il eſt euident que cette Propoſition ne peut s'étendre iuſques
à la derniere partie de ce ſens heretique, & que quand on dit que
quelques Commandemens de Dieu ſont impoſſibles, on ne dit
pas qu'il n'y en a pas vn ſeul de poſſible. De plus il repugne
que les Iuſtes ayent en eux toutes les forces de la grace la plus

G 3

efficace; & qu'ils ne fassent pas les choses, à l'égard desquelles
elle est efficace. Enfin les paroles de cette Proposition ne peuuent souffrir ce sens, & quand on asseure que quelques Commandemens sont impossibles aux Iustes, lors qu'ils s'efforcent
selon les forces qu'ils ont dans l'estat où ils se trouuent, on ne
parle pas seulement de toutes les forces de la grace la plus
grande & la plus efficace.

Le second sens que les Iansenistes donnent à cette Proposition, & qu'ils estiment Orthodoxe.

Quelques Commandemens de Dieu sont
impossibles à quelques justes, qui veulent &
s'efforcent foiblement selon l'estenduë des
forces qu'ils ont en eux, lesquelles sont petites & foibles.

RESPONSE.

Cette Proposition est condamnée en ce sens. Car quoy qu'il
semble que ce qui est adjousté de la foiblesse de la volonté, &
des efforts de ces justes, change quelque chose du premier sens;
ce changement n'est qu'en apparence: puis que cette foiblesse
vient de la Grace, dans l'estendue de laquelle ils operent. Et
consequemment les Commandemens de Dieu leur sont impossibles, lors qu'ils veulent, & qu'ils s'efforcent selon les forces
qu'ils ont dans l'estat où ils se trouuent. Et n'est ce pas ce que
la Bulle condamne expressement?

Ils adjoustent que ces Iustes estans destitués
du secours efficace, qui est necessaire pour
vouloir pleinement, & pour faire, ils sont pri-
ués de la possibilité prochaine, & complete
des Commandemens, qu'ils ne peuuent accomplir. Ils disent que ce secours qui man-

que n'est autre chose que la grace efficace,
par laquelle les Commandemens deuiennent
prochainement & entierement possibles ; ou
bien c'est cette ayde speciale, sans laquelle,
comme dit le Concile de Trente, l'homme
justifié ne peut perseuerer.

RESPONSE.

Que tout cela est embarassé! Que voylà de paroles inutiles! Enfin ils aduoient que les Commandemens sont impossibles aux Iustes en l'estat où ils sont, auec les forces qu'ils ont, qu'ils pechent ne faisant pas ce qui leur est impossible ; & que la grace, qui doit le rendre possible, leur manque. Au reste il n'est pas vray que c'est à la grace efficace de faire la possibilité des Commandemens, puis qu'entant que telle, elle emporte l'operation au dessus de la possibilité ; & que c'est de là qu'elle prend son nom. Quant à ce qu'ils rapportent du Concile de Trente, du secours necessaire pour perseuerer, il en faut parler de la mesme sorte. Car s'il est efficace, il prend ce nom de l'effect qui s'ensuiura, & de la perseuerance : au lieu que pour pouuoir perseuerer, il n'est pas necessaire qu'il soit efficace : c'est bien assés qu'il soit suffisant. Et de fait ceux qui ne perseuerent pas, pourroient perseuerer s'ils vouloient, puis que c'est librement & en pechant, qu'ils rompent le cours de la perseuerance. Ce secours ne laisse pas d'estre special, d'autant qu'il est different de la grace de la justification, que les Heretiques condamnés par ce Concile, croyoient immuable ; soûtenant qu'elle portoit necessairement la perseuerance auec elle.

La Proposition contraire à cette troisiesme, que les
Iansenistes soustiennent estre Heretique
au sens de leurs Aduersaires.

Tous les Commandemens de Dieu sont
toûjours possibles aux Iustes, par la grace qui

G 4

est soufmise à leur franc-arbitre, lors qu'ils
veulent & trauaillent selon les forces qu'ils
ont. Et iamais la grace, qui est prochainement necessaire pour rendre les Commandemens effectiuement possibles, ne leur manque pour agir, ou du moins pour prier.

RESPONSE.

Cette Proposition est entierement orthodoxe, pourueu qu'on
prenne ces mots, par la grace soufmise à leur franc arbitre, au
sens qu'ils doiuent estre pris. Car ceux qu'ils accusent d'estre
Semipelagiens, ne disent pas absolument & en tout sens que
la grace est soufmise au franc arbitre, qui est fortifié, releué &
animé par elle ; mais seulement que la volonté peut ou la suiure ou luy resister. Et ne faut-il pas tenir cela, si l'on se tient à
la censure de la seconde Proposition, & mesme de cette premiere ?

Mais cette doctrine, disent-ils, destruit la
necessité de la grace efficace par elle mesme,
contre ce qui a esté definy dans les Congregations *de Auxilys*.

RESPONSE.

Cette objection est captieuse, d'autant que ceux qui soustiennent cette Proposition recognoissent que toute grace efficace est
efficace par elle mesme, quoy que non pas par elle mesme toute
seule. Ils disent encore qu'il ne se fait iamais de bonnes œuures
& meritoires du Paradis que la grace, auec laquelle on les fait,
ne soit efficace: mais ils adioustent que la possibilité des bonnes œuures subsiste par la grace suffisante. Pour ce qui regarde
ces Congregations, i'ay desia respondu qu'il n'y fut rien decidé, & que ce qu'ils en rapportent n'est pas authentique.

Enfin les Iansenistes pretendent que cette

premiere Propofition eft malicieufement tirée hors de fon lieu : c'eft à dire qu'elle n'eft
pas dans le liure de Ianfenius au mefme fens
qu'elle paroift icy. Mais comment le peuuent-ils dire? puis que Ianfenius au liu. 3. de
la grace de Iefus-Chrift chap. 13. dit expreffement, *qu'il n'y a rien de plus eftably dans la*
doctrine de S. Auguftin, que ce qu'il dit, que les
Commandemens font impoßibles: Et mefme que la
grace, qui pourroit les rendre poßibles, manque.
Et là mefme, que l'impuißance d'accomplir les
Commandemens, ne fe trouue pas feulement dans
les Infideles, mais encore dans les Iuftes, & dans
les Fideles, non feulement quand ils ne veulent
pas les accomplir: mais außi quand ils le veulent.
Et au mefme liure chap. 15. *l'impoßibilité d'ob-*
feruer les Commandemens, qui vient du refus du
fecours fuffifant & neceßaire, n'excufe point du
peché. Il le dit en quantité d'autres lieux, &
tafche de le prouuer autant qu'il peut. Et
n'ont ils pas raifon de fe vanter qu'en cela ils
font Difciples de S. Auguftin? Ce grand homme, au fermon 191. de temp. dit ces paroles:
Nous auons en horreur le blafpheme de ceux, qui
difent que Dieu a commandé quelque chofe d'im-
poßible. Et au liu. de la foy *contra Manich.*
chap. 9. & 10. *Qui ne crie qu'il y a de l'injuftice*
de donner des Commandemens à quelqu'vn, qui

*n'a pas la liberté de les faire ? qui peut nier qu'il
y a de l'iniquité de condamner celuy, qui n'a pas
eu la puissance d'accomplir ce qui luy estoit commandé.* Et au liu. 1. *ad Simplic.* il dit : (*Dieu*)
*ne commande point des choses impossibles; mais
commandant il t'avertit de faire ce que tu puis, &
de demander ce que tu ne puis pas.*

SECONDE PROPOSITION.

Dans l'estat de la nature corrompuë on ne resiste jamais à la grace interieure.

Les Iansenistes disent qu'on peut donner malicieusement à cette Proposition trois mauuais sens; dont le premier est heretique, & les deux autres erronés.

Le premier sens heretique.

Dans l'estat de la nature corrompuë on ne resiste iamais à la grace interieure & efficace, par ce que la volonté de l'homme est pure-ment passiue à l'esgard de cette grace, & qu'e-stant comme vne chose inanimée, elle ne fait rien du tout, elle ne coopere, & ne consent point librement.

RESPONSE.

Il ne s'agit pas maintenant si la volonté est purement pas-siue ou non ; si elle fait quelque chose, ou si elle ne fait rien; mais si ce qu'elle fait en est sa liberté, & si quelque fois elle ne le fait pas resistant à la grace. Le Pape declare que c'est vne He-resie de dire qu'elle ne resiste iamais à la grace interieure; & la reſte n'eſt compris dans la cenſure, que par vne conſequence euidente, & neceſſaire : mais non pas en termes formels, comme la premiere partie.

Le ſecond ſens erroné.

Dans l'eſtat de la nature corrompuë on ne reſiſte iamais à la grace interieure, priſe pour vne ſimple lumiere, que Dieu donne à l'entendement & pour vne ſollicitation qu'il fait à la volonté.

RESPONSE.

Ils pouuoient bien dire que ce ſens eſt heretique, auſſi bien que l'autre ; mais ils apprehendoient qu'on leur fiſt voir que c'eſt le meſme que celuy qu'ils ſoûtiennent. Il n'y a que quatre ſortes de graces, dont il peut eſtre queſtion icy. La premiere, eſt vne lumiere donnée de Dieu ; la ſeconde, vne ſollicitation de la volonté ; la troiſieſme, la grace de la juſtification, ou comme dit S. Auguſtin, de la remiſſion des pechez, ou toute autre, qui opere phyſiquement comme celle là, & qui releue l'action à vn ordre ſurnaturel & diuin ; la quatrieſme, l'operation meſme. Cependant on ne reſiſte pas, à proprement parler, à la grace de la juſtification, ny à aucune autre ſemblable : d'autant que ce n'eſt pas elle qui nous pouſſe, ny qui nous preſſe ; & il eſt impoſſible de reſiſter à l'operation, ou n'operer pas lors qu'on opere. Reſte donc que ſi on ne reſiſte iamais à la grace, ce ſoit à la lumiere donnée à l'entendement, & à la ſollicitation de la volonté, qu'on ne reſiſte iamais.

Le troiſieſme ſens erroné.

Dans l'eſtat de la nature corrompuë on ne reſiſte iamais à la grace interieure de Ieſus-Chriſt, quant à l'effet, auquel elle diſpoſe lors qu'elle eſt encore foible, & ne donne qu'vne volonté commencée.

RESPONSE.

Ce sens est erroné en effet ; mais le Pape ne peut auoir eu deſſein de le condamner dans cette Propoſition, dont les paroles n'en diſent rien. Et puis, il n'eſt pas queſtion ſi l'on reſiſte à la grace, quant à l'effet qu'elle ne peut, ny ne doit operer, tel qu'eſt celuy, auquel elle diſpoſe, & pour lequel il faut auoir vne autre grace, dont on pourroit egalement diſputer, ſi quelque fois on luy reſiſte ou non.

Le ſens que les Ianſeniſtes donnent à cette ſeconde Propoſition.

On ne reſiſte iamais à la grace de Ieſus-Chriſt, qui eſt préciſement neceſſaire pour chaque œuure de pieté, & iamais elle n'eſt fruſtrée de l'effet pour lequel il la donne.

RESPONSE.

La Propoſition condamnée n'a point d'autre ſens que celuy-cy auquel elle ayt eſté condamnée. Car ſi iamais la grace neceſſaire pour agir n'eſt fruſtrée de ſon effet, & ſi iamais on ne luy reſiſte, tout le bien qu'on ne fait pas, eſt impoſſible, & on manque de la grace qui eſt neceſſaire pour le rendre prochainement poſſible. Lors qu'ils diſent qu'elle n'eſt iamais fruſtrée de l'effet pour lequel Dieu la donne, ils pretendent que Dieu ne peut la donner que pour les effets qu'elle produit. Et cependant qui ne ſçait que Dieu ſe plaint qu'attendant des fruits de ſa vigne, il en eſt priué; & qu'ayant voulu couurir de ſes aiſles les enfans de Ieruſalem, ils ont meſpriſé ſa bienueillance & ſon amour?

Propoſition contraire à la ſeconde, que les Ianſeniſtes ſouſtiennent eſtre heretique.

Dans l'eſtat de la nature corrompuë on reſiſte quelque fois à la grace de Ieſus-Chriſt, qui eſt neceſſaire à chaque action de pieté,

soit pour agir, soit du moins pour prier; c'est
à dire que cette grace est quelque fois priuée
de l'effet, pour lequel elle est precisément
donnée de Dieu.

RESPONSE.

Cette Proposition est entierement orthodoxe, & la censure
de la seconde Proposition ne peut subsister que celle-cy ne soit
Catholique; d'autant que s'il est heretique de dire qu'on ne resiste iamais à la grace, il faut que ce soit quant à l'effet que Dieu
pretend, & qu'elle doit operer: Et consequemment, il est necessaire que quelque fois on luy resiste quant à cét effet là mesme. Il est vray que sur ce mot, precisement, on pourroit faire
quelque difficulté, hors de propos, & de nulle consequence.
Car outre l'effet que la grace doit operer, & qu'elle n'opere pas,
Dieu peut pretendre à l'occasion de la desobeïssance de la crea-
ture d'autres effets & d'autres suites, qui luy sont glorieuses,
& qui ne manquent point : mais il est éuident qu'il ne s'agit
point icy de cela, & qu'à proprement parler ce n'est pas l'effet
de cette grace. Il n'est pas veritable que cette doctrine destruise
la force & la vertu efficace de la grace de Iesus-Christ, ny que
cette grace efficace estant necessaire à chaque bonne action, elle
le soit aussi à la possibilité de chaque bonne action. Les Congregations *de Auxilijs* n'ont rien definy de contraire à cela; outre que, comme i'ay dit, il ne s'y est rien decidé en cette matiere, & les Papes penserent seulement à temperer l'ardeur des deux
partis. Et ne leur sied il pas bien de citer si souuent ces Congregations *de Auxilijs* : A eux, dis-je, qui mesprisent les ordres
qui y furent donnez, taxant d'Heresie la doctrine, qui y fut
mise à couuert de ce reproche? s'ils repartent que nous faisons
le mesme à leur esgard, ces ordres portant que nul des deux
partis ne traiteroit l'autre de cette sorte. Ie respons à cela premierement que tout le monde n'est pas d'accord que les opinions qui estoient alors en dispute, soient absolument les mesmes que celles de Iansenius; & que ceux qui y ont le principal
interest, soustiennent le contraire. Ie dis en second lieu que
quand ce seroient les mesmes opinions, les defences, qui furent
données de ce temps là, n'auroient point de force maintenant

contre nous, le Pape ayant declaré la Doctrine, que nous combattons, heretique.

Enfin ils souſtiennent que cette ſeconde Propoſition a eſté fabriquée & expoſée à la cenſure. Mais en quelle conſcience le peuuent ils dire, & auec quelle hardieſſe le peuuent-ils aſſeurer ? Ianſenius au liu. 2. de la grace de Ieſus-Chriſt chap. 4. dit expreſſement, *qu'il n'eſt pas au pouuoir du libre arbitre, de conſentir à la grace efficace, & de la rejetter.* Il dit ailleurs en diuers lieux, comme au liu. 3. de la grace de Ieſus-Chriſt chap. 1. *qu'apres la cheute d'Adam on ne donne point de ſecours, qui ne ſoit efficace : & que c'eſt eſtre Semipelagien d'admettre vne grace auec laquelle on puiſſe operer ſi on veut, ſans operer effectiuement.* Et au liu. 2. de la grace de Ieſus-Chriſt c. 4. *Le ſecours de la grace deuant la cheute d'Adam dépendoit de la volonté; mais dépuis il n'eſt point ſujet au libre arbitre.* Et au liu. 2. de la grace de Ieſus-Chriſt chap. 5. & autres ſuiuans. *Les Semipelagiens eſtoient Heretiques en ce qu'ils diſoient que la grace eſtoit telle, que la volonté humaine pouuoit luy reſiſter.*

S. Auguſtin, du nom duquel ils ſe couurent, eſt bien eſloigné de cela au liu. 2. *de ſpir. & lit. c.* 34. *Dieu (dit-il) fait par perſuaſions, que nous voulions ; mais c'eſt à la volonté de*

donner consentement, ou de le refuser. Et au liu.
de grat. Chr. c. 4. *Qui ne voit qu'il dépend de la
liberté de la volonté que quelqu'vn, vienne au Pere, ou qu'il ne vienne pas.* Et au liu. *de prædest.
& grat. c. 15.* comparant Nabuchodonosor &
Pharaon, il en parle de la sorte: *Ils estoient tous
deux Roys, tous deux misericordieusement aduer-
tis par les fleaux. Quelle chose a donc fait que
la fin de l'vn a esté differente de la fin de l'autre,
si ce n'est le gemissement de l'vn, & que l'autre a
combattu par le franc arbitre la misericorde de
Dieu?*

TROISIEME PROPOSITION.

Pour meriter & demeriter dans l'estat de la
nature corrompuë, il n'est pas requis que
l'homme soit libre d'vne liberté qui l'exempte de la necessité de vouloir ou d'agir,
mais il suffit qu'il le soit d'vne liberté, qui
le dégage de la contraincte.

*Les Iansenistes disent qu'on peut donner malicieu-
sement à cette Proposition ce sens heretique.*

Pour meriter & demeriter dans l'estat de
la nature corrompuë, il n'est pas requis que
l'homme soit libre d'vne liberté qui l'exempte
de la necessité naturelle, telle mesme qu'el-

le se trouue dans les mouuemens indeliberés;
mais il suffit qu'il soit seulement deliuré de la
contraincte.

RESPONSE.

Il est vray que ce sens est heretique : toutes-fois la censure
va plus loing. Car non seulement elle exclud la necessité naturelle, c'est à dire, celle qui ne souffre point l'exercice du jugement & de la raison; mais absolument la necessité de vouloir
& d'agir; & declare que ce n'est point assés d'estre desgagé de
la contraincte.

Le sens que les Iansenistes donnent à cette Pro-
position, & qu'ils soûtiennent
comme Orthodoxe.

Pour meriter & demeriter dans l'estat de
la nature corrompuë, il n'est pas necessaire
que l'homme soit dans vne liberté, qui l'exempte d'vne infallibilité, d'vne certitude necessaire; mais il suffit qu'il ayt vne liberté qui
le deliure de la contraincte, & qui soit accompagnée du jugement, & de l'exercice de la
raison; quoy que dans l'estat où nous sommes
en cette vie, nous nous trouuons dans cette
indifference, par laquelle la volonté, lors
mesme qu'elle est conduite par la grace efficace par elle mesme, peut ne vouloir pas. Cela
toutesfois est en telle sorte, qu'il n'arriue iamais qu'elle ne veuille pas, estant actuelle-
ment secouruë de cette grace.

RESPON-

RESPONSE.

Ce font des paroles que tout cela, encores font elles bien
obfcures, & ne feruent qu'à embrouiller la Propofition, qui
ne laiffe pas de fignifier la mefme chofe. Car fi cette certitude
& cette infaillibilité, dont il n'eft pas neceffaire que la liberté
nous exempte, eft fondée fur le principe qui produit & qui
precede l'operation, il eft éuident que c'eft la mefme chofe,
que la neceffité naturelle, que les heretiques fouftiennent
pouuoir fubfifter auec la liberté qui eft neceffaire au merite, ou
par laquelle ils deftruifent toute veritable liberté. Au contraire
fi cette infaillibilité ne vient que de l'action mefme, il n'eft pas
neceffaire qu'on en foit exempt pour eftre libre; d'autant qu'il
eft impoffible que quand on agit mefme auec l'indifference &
librement, on fe porte au contraire de cette operation, ou que
l'on n'agiffe pas. Mais ce n'eft pas ce que les Ianfeniftes veulent
dire, puis qu'ils adjouftent que c'eft affez d'eftre exempt de
contrainéte, pour eftre libre; quoy que la Bulle condamne
cette Propofition en termes formels. Auffi a t'elle des fuites
eftranges. Car fi elle eftoit veritable, où il n'y auroit point
de liberté, ou tout ce qui fe fait volontairement feroit libre, les
feules puiffances exterieures pouuant eftre contrainétes; &
tous les actes de la volonté partants d'elle, en forte qu'ils ne
peuuent eftre forcez. Ils difent bien qu'il faut que le jugement
& l'exercice de la raifon accompagne la volonté, afin qu'elle foit
libre. Mais il importe peu que la volonté foit accompagnée de
cet exercice ou non, fi dailleurs il eft impoffible qu'elle fe
porte au contraire de ce qu'elle fait, & fi elle n'eft pas maiftreffe
de fon operation; puis qu'il eft heretique de dire que la liberté,
qui eft neceffaire pour meriter & demeriter, ne doit pas ex-
empter la volonté de la neceffité de vouloir, & que c'eft affez
qu'elle ne foit pas contrainéte.

Ce qu'ils difent qu'à raifon de l'eftat de cette vie la volonté
eft dans l'indifference, mefme eftant conduite par la grace efficace, peut ne vouloir pas, ne s'accorde point bien auec ce
qu'ils affeurent que la grace efficace eft neceffaire pour vouloir,
& qu'elle eft infurmontable. Enfin ce qu'ils adjouftent que iamais il n'arriue qu'elle ne veuille pas eftant fecourue de cette
grace, eft expreffement condamné dans la cenfure de la feconde Propofition. Car le Pape ne declare pas feulement qu'il eft

H

heretique de dire qu'on n'y peut refifter ; Mais encore, pour obuier à ie ne fçay qu'elles fubtilitez extrauagantes que l'on peut faire fur la poffibilité d'agir & de n'agir pas, il condamne d'herefie celuy qui diroit que iamais on n'y refifte.

La Propofition contraire à la troifiefme que les Ianfeniftes font paffer pour heretique.

Pour meriter & demeriter dans l'eftat de la nature corrompuë, l'homme doit auoir vne liberté qui l'éloigne de l'infaillibilité & de la certitude neceffaire ; c'eft à dire qu'il doit eftre dans cette indifference prochaine à agir ou à n'agir pas, par laquelle la volonté eftant affiftée de toutes chofes neceffaires à agir, fe porte tantoft d'vn cofté tantoft de l'autre, felon qu'il luy plaift.

RESPONSE.

Cette Propofition eft Catholique & fuit neceffairement de la cenfure de la troifiefme, pourueu que l'on prenne l'infaillibilité & la certitude pour la neceffité, qui naift du principe de l'operation ; & que ces paroles, fe porte tantoft d'vn cofté tantoft de l'autre, fe prennent pour la poffibilité de fe porter tantoft d'vn cofté tantoft de l'autre.

Quant à ce qu'ils fouftiennent que cette Propofition a efté fabriquée & expofée à la cenfure : il eft facile de les conuaincre de faux. Ianfenius l. 6. de la grace de Iefus-Chrift c. 6. fouftient *qu'il n'y à point d'autre liberté dans l'homme apres fa cheute, que celle qui eft oppofée à la violence & à la contrainte, mais* non pas à la necessité & à la détermination à vne chose. Au l. 6. de la grace de Iesus-Christ c. 9. Liu. 7. c. 11. il tâche de prouuer que *pour meriter & demeriter, il n'est pas requis que l'homme ayt la liberté, qui l'exempte de la necessité; & que c'est assez qu'il ayt la liberté qui le dégage de la contrainete.* Et au l. 8. de la grace de Iesus-Christ c. 19. *Il n'y a point de necessité à craindre pour les actes de la volonté; mais seulement les forces de la contrainete & de la violence.*

Sainct Augustin enseigne tout le contraire au l. de ver. Relig. c. 14. *Ie ne vois pas (dit-il) qu'on puisse douter que les ames ont le libre arbitre. Car Dieu a iugé, que ses seruiteurs seroient meilleurs s'ils le seruoient librement, ce qui ne se pourroit aucunement faire, s'ils le seruoient par necessité.* Et au l. de lib. & gr. c. 4. *Thimothée n'a-t'il pas le libre arbitre, l'Apostre luy disant n'ayant point de necessité, mais ayant sa volonté en son pouuoir.* Et au l. 3. du lib. arbit. c. 1. *Si les mouuemens de la volonté n'estoient en nostre pouuoir, ny l'homme ne seroit digne de louange lors qu'il se tourne du costé des choses superieures, ny digne de blâme lors qu'il se tourne du costé des choses inferieures.*

QVATRIESME PROPOSITION.

Les Semipelagiens admettoient la necessité de la grace interieure preuenante pour toutes les bonnes œuures, mesme pour le commencement de la foy : & ils estoient Heretiques en ce qu'ils vouloient que cette grace fut telle que la volonté humaine pût luy resister ou luy obeïr.

Le sens heretique que les Iansenistes disent qu'on peut donner malicieusement à cette Proposition, ne la prenant pas comme il faut qu'elle soit prise.

La grace preuenante de Iesus-Christ est telle que le franc arbitre estant meu & excité par elle, ne sçauroit luy resister encore qu'il le voulût. Dire autrement, c'est parler en Semipelagien.

RESPONSE.

Cette Proposition prise de la sorte est heretique : toutesfois il est euident que les paroles ne vont pas iusques là, ny ne peuuent y estre estenduës ; d'autant qu'il est question seulement si la grace ne doit pas estre telle que la volonté humaine puisse luy resister, & non pas si elle ne peut luy resister encore qu'elle le voulust. Et certes il faudroit auoir perdu la raison pour parler de la sorte ; puis que ce seroit la mesme chose que de dire, que la volonté ne sçauroit resister à la grace en luy resistant : d'autant que vouloir resister est vne veritable resistance, en ce qui regarde l'operation interieure de la volonté. Ce n'est pas neantmoins cette contradiction seule qui fait que ce sens est heretique: il ne l'eft que par ce qu'il affeure que le franc arbitre ne fçauroit refifter à la grace.

Le fens que les Ianfeniftes donnent à la qua-
triefme Propofition, & qu'ils defendent
comme orthodoxe.

Les Semipelagiens admettoient la neceffité de la grace preuenante & interieure pour
commencer toutes les actions, mefme pour
le commencement de la foy: & ils eftoient
Heretiques en ce qu'ils vouloient que cette
grace fut telle que la volonté pût luy refifter,
c'eft à dire que cette grace ne fut pas efficace
par elle mefme.

RESPONSE.

Il ne falloit point diftinguer ce fens de l'autre. Il eft entierement le mefme, à la referue de la contradiction que i'ay re-
marquée dans le premier, & qui n'eft pas neceffaire pour le
faire heretique. C'eft auffi mal à propos que pour déguifer vn
peu la Propofition, ils l'expliquent par vn, c'eft à dire, que cette
grace ne fut pas efficace par elle mefme. Car i'ay defia fait voir
que la grace efficace eft toujours efficace par elle mefme, quoy
que non pas par elle mefme feule, & que perfonne ne dit le
contraire. Enfin il eft faux que les Semipelagiens admettoient
la neceffité de la grace pour le commencement de la foy. Et
S. Auguftin, dont les Ianfeniftes fe vantent tant, & qui en peut
rendre tefmoignage, dit le contraire au liu. de la predeft. des
Ss. ch. dernier, en ces termes: Ils difent (il parle des Semipelagiens) que le progrez de la foy eft vn don de Dieu, mais que
le commencement de la foy, par laquelle on croit premierement en Iefus-Chrift, eft de l'homme. N'ont ils pas grand
fujet de dire qu'ils n'ont d'autres fentimens que ceux de
S. Auguftin?

La Proposition contraire à la quatriéme que les Ianseniftes difent eftre de leurs Aduerfaires, & qu'ils fouftiennent eftre heretique.

Les Semipelagiens n'admettoient pas la neceffité de la grace interieure preuenante pour commencer chaque action, ny mefme pour le commencement de la foy, & ils n'eftoient pas dans l'erreur, en ce qu'ils vouloient que cette grace fut telle, qu'elle ne fut pas efficace par elle mefme.

RESPONSE

Cette Proposition a efté fabriquée à plaifir par les Ianfeniftes : & ceux qu'ils tiennent pour leurs Aduerfaires, n'ont ja-mais parlé de la forte. Ils difent feulement que les Semipe-lagiens n'eftoient pas Heretiques en ce qu'ils tenoient que la grace eftoit telle qu'on pouuoit luy refifter. Et cela fuit éui-demment de la cenfure de la quatriefme Propofition, qui con-damne le contraire. Mais fi ce que les Ianfeniftes ont mis du leur en cette Propofition, que les Semipelagiens n'eftoient pas Heretiques, en ce qu'ils vouloient que la grace ne fut pas effi-cace par elle mefme, s'entend de la forte, qu'ils vouloient que la grace ne fut pas efficace par elle feule, & tellement que le franc arbitre ne luy puft refifter ; la propofition eft entierement orthodoxe, & la cenfure de la quatriefme Propofition ne peut fubfifter, qu'elle ne foit veritable. Car fi le Pape declare qu'il eft heretique de dire que c'eft eftre Semipelagien de vouloir que la grace foit telle que la volonté puiffe luy refifter, n'eft-il pas neceffaire que cette grace ne foit pas efficace par elle feule, & que le franc arbitre puiffe s'oppofer à elle.

Ils difent que cette quatriefme Propofition a efté fabriquée & expofée à la cenfure. Qu'il

faut d'insolence & d'effronterie pour cela!
Iansenius au liu. 2. de la grace de Iesus-Christ
chap. 5. & autres suiuans, dit ces paroles: *Les*
Semipelagiens estoient Heretiques en ce qu'ils di-
soient que la grace estoit telle, que la volonté hu-
maine pouuoit luy resister. Et au mesme liu.
c. 12. *Les Semipelagiens croyoient que le secours*
de la grace veritable, interieure & actuelle est ne-
cessaire au commencement de la foy. I'ay desia
fait voir que S. Augustin le dément, quant à
cette derniere partie au liu. de la predest. des
Saincts chap. dernier. Il le dément encore
quant à l'autre partie au liu. *de spir. & lit.*
chap. 34. *Sa misericorde nous preuient en toutes*
choses; mais c'est à la volonté propre de donner con-
sentement à la vocation, ou de la refuser.

CINQVIESME PROPOSITION.

C'est parler en Semipelagien, de dire que
Iesus-Christ est mort, & qu'il a répandu
son sang pour tous les hommes sans en excepter vn seul,

Le sens heretique que les Iansenistes disent qu'on
peut donner malicieusement à
cette Proposition.

Iesus-Christ est mort seulement pour les
H 4

Predeſtinés, en ſorte qu'il n'y a qu'eux ſeuls, qui reçoiuent la veritable foy, & la juſtice par le merite de la mort de Ieſus-Chriſt.

RESPONSE.

Ce ſens eſt à la verité heretique : mais la cenſure va plus loing. Car il n'eſt pas queſtion ſi les Reprouués meſme reçoiuent la foy, & la juſtice, pour quelque temps par les merites de Ieſus-Chriſt, & ce n'eſt pas ce qui cauſoit de la diuiſion entre les Fideles ; mais ſeulement ſi Ieſus-Chriſt eſt mort pour le ſalut de tous les hommes, & ſi la redemption eſt de ſoy vniuerſelle. I'eſtime bien que les Ianſeniſtes doiuent eſtre dans ce ſentiment, auec les Caluiniſtes, que les Reprouués ne reçoiuent ny la juſtice ny la foy ; ils ne ſe ſont pas neantmoins encore declarez juſques là. Certes ſi les Reprouués reçoiuent par Ieſus-Chriſt la juſtification, cette grace eſtant la ſemence de la gloire, & du ſalut eternel, elle ne peut leur eſtre donnée, que dans vne ſincere volonté, & dans vn veritable deſir de les porter à la gloire, & de les faire participans du ſalut eternel,

Le ſens que les Ianſeniſtes donnent à la cinquieſme Propoſition, & qu'ils defendent comme veritable.

C'eſt parler en Semipelagien de dire que Ieſus-Chriſt eſt mort pour tous les hommes en particulier ſans en excepter vn ſeul, en ſorte que la grace neceſſaire au ſalut ſoit preſentée à tous par ſa mort, & qu'il dépende du mouuement & de la puiſſance de la volonté, d'acquerir ce ſalut par cette grace generale, ſans le ſecours d'vne autre grace efficace par elle meſme.

RESPONSE.

Ce fens eſt à la verité extrauagant & digne d'eſtre cenſuré:
mais ce n'eſt pas le fens de la Propoſition dont il s'agit, & iamais les Semipelagiens n'ont dit que la grace generale, qui eſt
offerte à tous les hommes dans le fang de Ieſus-Chriſt, ſuffit
pour le ſalut, fans autre application particuliere; & qu'il ne
dépend que du mouuement de la volonté d'acquerir ce ſalut,
fans aucune autre grace efficace par elle meſme. Ne croyoient-
ils pas que les enfans font du nombre des hommes, & que
Ieſus-Chriſt eſt mort pour eux? cependant ont-ils iamais fou-
ſtenu que ces petites creatures fe fauuoient auec cela par le
mouuement de leur volonté? Et puis ils admettoient la neceſſité de la grace pour la plus part des bonnes actions; & donnant cet aduantage à la nature qu'elle pouuoit commencer,
ils tenoient que la grace eſtoit neceſſaire pour paruenir au ſalut.
Et cette grace là meſme eſtoit à leur aduis efficace par elle-
meſme, puis qu'il eſt impoſſible qu'elle le ſoit autrement, quoy
que non pas par elle ſeule. Car tout ce qui opere veritablement, opere par ſoy-meſme, encore qu'il demande la jonction
de quelque autre principe pour operer.

Propoſition contraire à la cinquieſme, que les Ian-ſeniſtes pretendent eſtre heretique.

Ce n'eſt pas vne erreur des Semipelagiens,
mais vne Propoſition Catholique, de dire
que Ieſus-Chriſt a communiqué par ſa mort
à tous les hommes en particulier, fans en excepter vn ſeul, la grace prochainement ou
préciſement neceſſaire pour operer; ou du
moins pour commencer le ſalut, ou pour
prier.

RESPONSE.

Cette Propoſition a eſté fabriquée à plaiſir par les Ianſeniſtes,
& ceux auſquels ils l'attribuent ne peuuent l'auoir conceuë en

ces termes. Car lors qu'il est question de la volonté generale,
que Iesus-Christ a euë de sauuer tous les hommes par son sang,
on ne dit pas que pour cela il leur ayt communiqué la grace
prochainement necessaire pour operer ; puis que les enfans qui
meurent auant le Baptesme, n'ont iamais eu cette grace, & que
ceux qui sont sauuez par le Baptesme, paruiennent au salut
sans operation. C'est assez pour justifier que Iesus-Christ a répandu son sang pour tous les hommes, sans en excepter vn seul,
de dire qu'il l'a offert pour tous, & que prochainement ou de
loing il leur presente les moyens d'entrer dans la vie. Ce qu'ils
adjoustent que cette doctrine est contraire au Concile de Trente,
qu'elle est Pelagienne ou Semipelagienne , & qu'elle destruit la
necessité de la grace efficace par elle mesme , c'est vne repeti-
tion importune , & qui n'a point de sens : pour le moins est
elle fondée sur l'équiuoque de ces paroles : *La grace efficace par
elle mesme.* Car comme ie l'ay desia souuent dit , il n'y a personne qui n'admette la grace efficace par elle mesme ; & la doctrine de ceux que les Iansenistes tiennent pour leurs Aduersaires, c'est à dire la Doctrine Catholique, exclud seulement la
necessité de la grace efficace par elle mesme seule ; d'autant
qu'elle destruit la liberté , qui est necessaire à meriter & à demeriter , rendant impossible tout ce qui luy est contraire ; & par
ce qu'estant necessaire & inuincible, on n'auroit point de puissance pour faire les choses qu'on ne fait pas effectiuement, &
pour lesquelles on n'a pas cette grace.

Enfin ils disent de cette cinquiesme Proposition comme des autres, qu'elle a esté fabriquée & exposée à la censure ; mais aussi
ils y font paroistre la mesme effronterie. Car
Ianseunius au l. 10. de la grace de Iesus-Christ
c. 6. reçoit cette Proposition, *Christ n'est pas
mort & crucifié pour la redemption de tout le monde.* Et au l. 3. de la grace de Iesus Christ c. 20.
il prouue que *Iesus-Christ est mort seulement*

pour ceux, qui ſe ſauuent. Et là meſme : *Chriſt n'eſt pas mort pour les infideles, qui meurent dans leur infidelité.* Et là meſme, *la mort de Chriſt ſert neceſſairement à celuy, pour qui il eſt mort. Et il n'eſt point mort pour celuy qui n'en profite pas.*

Sainct Auguſtin, à bien d'autres penſées de la Redemption de Ieſus-Chriſt. Car au liure qu'il a faict contre les articles que les Pelagiens luy auoient impoſez ; dont le premier eſtoit que noſtre Seigneur n'auoit pas ſouffert pour la Redemption de tous les hommes, il en parle en ces termes. *La playe du peché Originel, les a tous corrompus ; le remede de Ieſus-Chriſt les a donc tous gueris.* Et au liu. 2. de L'œuure imparfaict c. 128. *V n eſt mort pour tous, Iulien ; ce n'eſt pas Auguſtin, mais l'Apoſtre, qui la dit, ou pluſtoſt Chriſt par ſon Apoſtre. Et ne dis pas &c. pour pluſieurs. Car ces pluſieurs ſont ces tous, deſquels il dit en vn autre lieu, comme tous meurrent en Adam.* Et ſur le pſal. 58. *Iudas jetta le prix d'argent pour lequel il auoit vendu le Seigneur : Et il ne connut pas le prix auec lequel il auoit eſté achepté par le Seigneur.*

La refutation de ce Libelle pouuoit bien eſtre plus longue : mais outre qu'elle eſt pour toutes ſorte de perſonnes, & qu'il y en a peu qui liſent les grands diſcours, il ne merite

presque pas qu'on y réponde , & pour peu
qu'on ayde ceux qui luy ont donné quelque
creance , ils peuuent voir incontinent, qu'il
se destruit luy mesme. Car à considerer de
prés tous les sens que les Iansenistes ont donnés aux Propositions condamnées par la Bulle, il est aisé de remarquer qu'ils n'ont eu d'autre dessein que de tromper le peuple , & d'a-
uoir quelque sujet apparent de dire qu'ils ne
sont pas condamnés , sans rompre ouuertement auec l'Eglise. Ce n'est quasi par
tout que galimathias ; & enfin apres beaucoup de paroles embroüillées, & qui peuuent
amuser les simples, il faut qu'ils aduoüent que
le sens mesme qu'ils defendent, est heretique,
& que la difference qu'ils tâchent de mettre
entre les Propositions censurées , & celles
qu'ils forment à leur fantaisie, n'est qu'en apparence seulement. Au reste le Pape ayant
parlé auec autant de vigueur & de clarté que
iamais les Papes & les Conciles ayent fait, les
Iansenistes ne pouuoient mieux faire paroître
qu'ils sont animés de l'esprit d'Heresie, que
de vouloir trouuer encore de l'équiuocque &
de l'ambiguité dans vne decision de la sorte.

Mais ce Libelle a esté fait , disent-ils , &
presenté à sa Saincteté deuant la Censure , &
on peut dire qu'en cela ils n'ont pas perdu le

respect qui doiuent au S. Siege. Est-il bien
croyable qu'ils ayent osé exposer tant d'impostures & de faussetez aux yeux d'vn Iuge si
clairuoyant ? Pourra-t'on se persuader qu'ils
ayent ainsi abandonné Iansenius, dont le nom
leur estoit si venerable , & qu'ils ayent des-
auoüé les Propositions qu'ils tenoient de luy,
& qu'ils auoient soustenuës auec tant d'ardeur , à moins que de les voir dés ja condamnées ? Eussent-ils iamais voulu donner
cét aduantage à leurs aduersaires , dont la
gloire est la plus grande partie de leur sup-
plice ? Eussent-ils iamais aduancé que ces
cinq Propositions n'estoient pas de Iansenius, à la veuë de personnes instruites & ze-
lées, qui pouuoient les conuaincre de faux en
presence de sa Sainteté , & d'escrier par ce
moyen tout leur party , comme le party de
l'erreur & du mensonge ? Pour moy ie pense
que cette Distinction abregée n'a esté faite
que depuis la Bulle, & que ceux qui l'ont sig-
née ne pouuant douter qu'elle choque la
Constitution Apostolique, ont crû à propos
d'aduertir les Lecteurs qu'elle auoit esté faicte
auant la decision du S. Siege. Mais de quelque façon que la chose soit allée, la publication de ce Libelle apres la promulgation de
la Bulle, joincte au faux bruits que les Ianse-

nistes ont fait courir d'vne certaine pretenduë
declaration du Pape en leur faueur, & con-
formément à ce qu'ils disent qu'ils luy auoient
representé dans ce cayer, fait bien paroistre
qu'ils ont de mauuais desseins, & qu'ils cher-
chent des pretextes pour couurir leur desobeissance.

Les Iansenistes pour éluder la Bulle de nostre
S. Pere le Pape Innocent X. publient
dans Poictiers vne pretenduë Lettre ano-
nime, dattée de Rome le 23. Iuin 1653.

CHAPITRE XV.

COmme les Iansenistes recognurent,
que leur escrit imprimé sous le titre de
Distinction abregée, n'auoit pas fait grand fruit,
ny ébranlé beaucoup d'esprits, ils les voulurent surprendre par la publication d'vne
Lettre supposée, anomime, & dattée de Rome le 23. Iuin 1653. Vn Officier, qui auoit
témoigné embrasser le party de la doctrine
des Iansenistes, & dont ils auoient tiré aduantage pour s'authoriser de son nom, estima
pouuoir bailler beaucoup de poids à cette
pretenduë Lettre, si on sçauoit que les exem-

plaires partoient de sa main. Dans cette
veuë il en enuoya vne coppie au sieur Filleau
Aduocat du Roy, telle, que depuis les Iansé-
nistes l'ont fait imprimer, en suite d'vne autre
du 16. du mesme mois, escrite par les sieurs
de la Lane, des Marés, Sainct Amour, Manessier, & Angran, Docteurs en Theologie; à
Nosseigneurs les Archeuesques & Euesques
de France, qu'ils feignent les auoir deputés
vers sa saincteté; quoy que s'ils en eussent
employé les noms, on eust veu aussi-tost vne
inscription de faux contr'eux. Peut-estre ils
ont cru que trois ou quatre Prelats pouuoient
composer le tres-illustre Corps des Euesques
de France; que ce petit nombre deuoit estre
preferé, à raison du Iansénisme, à tant de
grands personnages qui se sont inseparable-
ment attachés au party de la verité. Cette
pretenduë Lettre qui auoit esté faite dans
Paris, estoit conceuë en ces termes, & par
forme d'extraict.

Messieurs les Docteurs Deffenseurs de S.
Augustin, partirent de cette Ville, il y aura
demain huict iours. Ils furent accompagnés
par six Carrosses iusques à deux milles d'icy;
où ils monterent tous cinq à cheual. On dit
qu'ils allerent à Caprarolle, & que de là ils

doiuent paffer à Lorette & à Venife , & fe
rendre à Lion par les Grifons. Ils ne voulurent pas prendre la commodité de la galere
qui conduifoit les Sœurs de Monfieur le Cardinal Mazarin. Ie vous puis dire, qu'ils ont
laiffé icy vne grande eftime de leur pieté,
modeftie , vigueur & doctrine : & c'eft le
fentiment de toute cette Cour, & de fa Saincteté mefme , qui l'a tefmoigné à Monfieur
Hallier , lequel eftant allé voir fa Saincteté,
pour la remercier de la cenfure , fe hazarda
de luy demander , s'il eftoit veritable ce que
leurs parties divulguoient dans Rome , que
fa Saincteté leur auoit dit, qu'il n'auoit entendu, par cette cenfure, prejudicier en rien
à la doctrine de fainct Auguftin, & a la verité
de la Grace efficace par elle mefme: à quoy
fa Saincteté répondit, qu'il eftoit tres-veri-
table. Mais Monfieur Hallier ayant reparty,
que fa Saincteté le leur auoit dit par compliment ; il luy repeta que c'eftoit tout de bon,
& qu'il n'auoit eu intention de toucher , ny
à la doctrine de S. Auguftin , ny à celle de la
Grace efficace par elle-mefme , neceffaire à
toute bonne œuure: qu'il eftimoit ces Mef-
fieurs , qu'ils s'eftoient conduits icy auec vigueur , modeftie & grand fçauoir , qu'il s'e-
ftoit informé d'eux , qu'ils y auoient vefcu
comme

comme des Saincts. Ce qui estonna Monsieur Hallier, & deux ou trois personnes qui le virent sortir, asseurent qu'il paroissoit tout interdit & mécontant de son audience. Vous aurez desia sçeu comme sa Saincteté a donné les mesmes asseurances, qu'il n'auoit pretendu toucher à la doctrine de S. Augustin, au Cardinal Pimentel, au Cardinal Tolede, & au General des Dominicains, aux Consulteurs, lors qu'il leur commit cette affaire, & à Monsieur l'Ambassadeur, qui leur dit publiquement, comme aussi son Secretaire en vne bonne compagnie où i'estois, & qu'il l'auoit escrit à la Reyne, à Monsieur le Cardinal, & à Monsieur le Comte de Brienne. C'est vne grande consolation pour ceux qui ayment S. Augustin, d'estre asseurés que sa Saincteté n'a entendu condamner que le mauuais sens des Caluinistes, qu'on luy auoit dit estre celuy que ces Messieurs soustenoient, & non celuy de S. Augustin & de la Grace efficace: ce qui fait voir la mauuaise foy des Aduersaires, & de Monsieur Hallier, d'auoir soustenu cela.

Les plus sensés jugerent, aussi tost que cette Lettre eut paru, qu'elle auoit esté composée en France par ceux du party, ou que si

I

elle estoit venuë de Rome, c'estoit l'ouurage
d'vne plume interessée & pleine de fausses
suppositions. Car qui ne sçait, qu'elle fut la
sortie de ces Messieurs les Iansenistes de la
ville de Rome, & comme ils se virent obligés
de faire leur retraitte à petit bruit, & sans ce
cortege de Carrosses, dont il est parlé par cette pretenduë Lettre? Peut-on nier qu'apres
leur condamnation, ils estoient monstrés au
doigt par tous les Italiens, qui ne les consi-
deroient plus que comme des Heretiques,
ou fauteurs d'opinions heretiques?

S'il eust escrit qu'ils faisoient leurs visites
& sollicitations en Carrosse, auec beaucoup
de fast & d'éclat auant que sa Saincteté eust
condamné leur doctrine, on adjoûteroit foy
à cette circonstance: car c'est ainsi qu'ils mar-
choient dans Rome, au lieu que Monsieur
Hallier alloit fort simplement, & ne laissoit
pas de parler auec asseurance. Les Habitans
de cette grande Ville considerans des diffe-
rences si notables entre les Iansenistes & les
Catholiques, dirent que les Riches auoient
perdu leur cause, & que les Pauures l'auoient
gaignée.

Cette Lettre pretenduë porte, que ces
Messieurs les Iansenistes ont passé par les Grisons: Elle deuoit adjoûter qu'ils auoient esté

regalés par les Ministres de Schafouze, Zu-
ric, Basle & Geneue, & qu'ils les auoient
respectiuement festinés, comme il a esté cy-
dessus rapporté.

Cette Lettre veut couurir, de l'aprehension
des incommodités de la mer, le refus qu'on
leur fit de la place demandée dans la galere,
qui deuoit porter en France les Sœurs de son
Eminence. De plus, qui est celuy qui n'estant
point de leur Secte, & interessé dans la honte
qu'ils ont receuë à Rome, auroit peu mander
qu'ils y auoient laissé vne grande estime de
leur pieté, modestie, vigueur & doctrine, &
que tel estoit le sentiment de sa Saincteté
mesme; puis qu'il est éuident que leur doctrine, & leurs Propositions ont esté condamnées comme heretiques par sa Saincteté? Et
quelle pieté y auoit-il aussi à blasphemer contre nostre Seigneur Iesus Christ, à qui ils vouloient arracher vne partie du titre de Redempteur, soustenant qu'il n'estoit pas mort pour
tous les hommes?

Se peut-il rien voir de plus ridicule, que de
faire parler Monsieur Hallier à sa Saincteté,
en des termes indignes d'vn personnage, que
toute la Sorbonne auoit consideré, comme
capable de conseruer le lustre de cette auguste Compagnie dans la Capitale de l'Vni-

liers, & à la veuë du Souuerain Pontife? on
suppose par cette Lettre, qu'il repartit à sa
Saincteté, *que c'estoit par compliment*, qu'elle
auoit dit à ces Messieurs, *qu'elle n'auoit touché
ny à la doctrine de S. Augustin, ny à la Grace efficace par elle-mesme*; & que le S. Pere repeta,
que c'estoit tout de bon.   Il faudroit bien estre
priué de sens commun, pour traitter auec le
Vicaire de Iesus-Christ dans vne affaire de si
grande importance, en des termes si fami-
liers & si peu respectueux, luy imputant d'a-
uoir dit quelque chose par compliment, lors
qu'il estoit question des points & des decisions de la Foy? Ne sçait-on pas qu'il est in-
dependent des hommes, qui vont rechercher
la verité de ses oracles; qu'en semblables occasions il n'ouure la bouche, que pour ouurir
par ses benedictions, ou fermer par anathemes les portes du Ciel, pour lier ou deslier les
Ames, par les veritables & puissantes paroles,
que le S. Esprit luy fournit? A quoy bon,
par cette Lettre pretenduë, introduire sa
Saincteté, declarant n'auoir condamné, ny
la doctrine de S. Augustin, ny la Grace efficace par elle-mesme; puis qu'il n'estoit pas
question dans ces Propositions de la doctrine
de S. Augustin, mais seulement de ce faux &
supposé S. Augustin, du nom duquel Ianse-

nius s'est seruy, pour authoriser son ouurage:
& qu'on n'auoit pas non plus agité, ny mis en
doute, si la Grace est efficace par elle mesme:
mais bien si elle est efficace par elle seule, &
en telle façon, que le Libre-arbitre ne puisse
luy resister, ou que pour le moins ne luy resiste iamais?

Enfin comment a on eu la hardiesse d'employer dans cette belle Lettre, que sa Saincteté n'auoit entendu condamner que le mauuais sens des Caluinistes, qu'on donnoit malicieusement à ces cinq Propositions, prises
autrement qu'il ne faut les prendre? outre
qu'il paroît assez par la Bulle mesme, qu'elles
sont censurées au sens qu'elles ont dans le
liure de Iansenius; ne seroit ce pas vne plai-
sante chose, que le Pape eust condamné des
Propositions orthodoxes, par ce qu'elles peuuent estre mal-entendues, & qu'on peut leur
donner malicieusement le sens qu'elles n'ont
pas? Il n'y auroit donc point de Proposition
dans la saincte Escriture, qui ne pût estre
censurée.

En consequence de cette pretenduë Lettre,
vn Predicateur presche à Poictiers vne
doctrine contraire à la Bulle de nostre
S. Pere le Pape.

CHAPITRE XVI.

CEtte Lettre pretenduë, dont il a esté
parlé au Chapitre precedent, donna la
liberté à ceux qui estoient de ce party, de
traitter publiquement de la Grace efficace
par elle mesme toute seule. On l'entreprint
hautement vn iour de Dimanche dans l'Eglise d'vn des Monasteres de cette Ville, où le
Recteur & les Docteurs de l'Vniuersité de
Poictiers ont accoustumé de se rendre l'apres
disnée, pour accompagner le Tres-sainct Sacrement, à vne Procession, qui s'y fait vne
fois le mois au tour des Cloistres de cette
Maison Religieuse. Vn des Religieux de ce
Monastere, preschant à l'issuë de Vespres en
presence des Docteurs de l'Vniuersité, quoy
que son sujet fut esloigné de la matiere de la
Grace efficace, & qu'il se fut proposé de
traitter de l'Auguste Mystere du Tres-sainct
Sacrement de l'Autel, se jetta à dessein sur la

matiére de la Grace efficace : & le refultat de
fon difcours fut, que fi la Grace n'eftoit feule
efficace, & qu'il y euft quelque chofe de la
part de l'homme, par fa cooperation, elle ne
feroit plus ce qu'elle doit eftre : & que là où
il y a du merite, il n'y a point de Grace, fuiuant la doctrine de S. Bernard, *vbi meritum
ibi nulla gratia*, (ce font les propres termes
qu'il rapporta de ce Sainct.) Ce Religieux
n'ayant pas accouftumé de Prefcher, puis
qu'ayant afpiré au Doctorat, il eftoit demeuré
dans le fimple degré de Bachelier, fans pouuoir monter plus haut, on pouuoit aifement
juger, qu'il côfondoit la premiere Grace auec
celles qu'on peut meriter. Il s'attacha neantmoins fi fort à vouloir perfuader, que la Grace
eftoit feule efficace par elle mefme, que le
fieur Filleau, qui pour lors, en l'abfence du
Recteur & des Docteurs de Theologie, prefi-
doit en cette affemblée de l'Vniuerfité, en
qualité de Docteur Regent és Droicts, fe vit
obligé de dire à fes confreres, que cette doctrine eftoit contraire à la Bulle de N. S. Pere
le Pape, & qu'il n'y auoit point d'apparence
de donner approbation à ces erreurs par vn
tacite confentement. Et en fuitte, pour ne
point profaner fes oreilles d'vne fi mauuaife
doctrine, il fe retira dans les Cloiftres du

I 4

Conuent, attendant la fin de ce Sermon, &
la ceremonie ordinaire de la Procession du
Tres-sainct Sacrement de l'Autel. Cependant, ayant fait rencontre de quelques Peres
de la Maison, il leur remonstra, que c'estoit
vne chose de mauuais & pernicieux exemple,
de vouloir insinuer, en la presence des Docteurs, vne doctrine condamnée par la Bulle
du souuerain Pontife. Et comme ce Predicateur ayant acheué son Sermon, passa au
mesme endroit, où estoit pour lors ledit sieur
Filleau, il luy dit hautement, en presence de
plusieurs personnes, que ce qu'il auoit presché
estoit la doctrine de S. Augustin & de sainct
Thomas, & cita là-dessus le mesme passage
de S. Bernard. Tout cela ayant causé quelque
scandale dans les esprits des auditeurs, vn
autre Religieux témoigna qu'il se sentoit pi-
qué en la personne de ce Predicateur, & pour
en tirer raison voulut y interesser vne personne puissante, & releuée en dignité Ecclesiastique, à qui il escriuit, faisant ses plaintes,
voulant l'obliger d'entrer dans ses sentimens,
& proposant le tout, comme vne affaire qui
regardoit la protection de l'Ordre. Mais sa
Lettre n'eut pas l'effet qu'il s'estoit promis,
& il n'a pas esté en peine d'en communiquer
la réponse à ses amis.

On informe Monseigneur le Cardinal Bar-
berin , nommé à l'Euesché de Poictiers,
du prejudice que cette pretenduë Lettre
du 23. Iuin 1653. faisoit en ce Diocese , à
quoy il apporte remede par sa réponse.

CHAPITRE. XVII.

LEs personnes publiques sont redeuables aux Doctes , aux Ignorans, aux
Sages pleinement illuminés, & aux simples
moins éclairés. Il falloit donc rechercher
les moyens, pour assoupir les impressions,
que cette pretenduë Lettre du 23. Iuin 1653.
auoit causées dans les esprits, & détromper
ceux qui y auoient apporté trop de creance.
De plus, il importoit grandement, de ne pas
laisser la liberté d'attaquer en chaire la Bulle
du Pape, ny de souffrir qu'on luy donnast aucune atteinte dans les Assemblées: autrement
il estoit aisé à preuoir que bien-tost on eût
entrepris l'authorité du S. Siege, & qu'on
en eut méprisé les oracles.

Comme le sieur Filleau estoit engagé dans
cette poursuitte, tant en qualité d'Aduocat
du Roy, par maxime politique & d'Estat,

qu'en qualité de Docteur, pour la defense &
protection qu'il doit à la veritable doctrine,
il donna aduis à leurs Majeſtés des artifices
dont les Ianſeniſtes ſe ſeruoient en cette
Ville, pour decrediter la deciſion du Pape, &
arreſter le fruict qu'on pouuoit eſperer de
l'execution de ſa Bulle. Pour cet effet il enuoya en Cour ſon Procez verbal, auquel
eſtoit attachée la coppie de ladite pretenduë
Lettre du 23. Iuin. Et pour ne rien obmettre
de ce qui pouuoit contribuer à découurir
cette ſuppoſition, il jugea à propos d'auoir
recours en meſme temps à la ſource, c'eſt à
dire à Rome, d'où les Ianſeniſtes publioient
que cette Lettre pretenduë eſtoit venuë.

Pour y reüſſir auec plus d'auantage, ledit
ſieur Filleau eſcriuit à Monſeigneur l'Eminentiſſime Cardinal Antoine Barberin, tout
ce qui ſe paſſoit dans la Ville capitale du Dioceſe, qui le regardoit côme nommé à l'Eueſ-
ché, & qui eſperoit bien-toſt ſe voir ſous la
protection de ſa pourpre, & fit entendre à ſon
Eminence, les dangereuſes conſéquences
qu'on preuoyoit en deuoir arriuer, ſi les
eſprits n'eſtoient bien-toſt détrompés.

Les Lettres ayant eſté renduës à ſon Eminence dans la ville de Rome, on reçeut bien-
toſt la réponſe auſſi fauorable qu'on pou-

uoit l'eſperer. Les fauſſetés, & les artifices des
Ianſeniſtes furent ainſi entierement décou-
uerts ; comme il eſt aiſé de voir dans les Lettres de ſon Eminence & du ſieur Baudrand
ſon Secretaire.

*Lettre de Monſeigneur l'Illuſtriſſime Cardinal
Antoine Barberin, au ſieur Filleau premier
Aduocat du Roy au Siege Preſidial de Poictiers.*

Monſieur　　　　　　　　ie vous re-
mercie bien fort des témoignages d'affection
que vous me faites parêtre par voſtre Lettre
du ſixieſme du mois paſſé, ſur la joye que
vous auez reçeuë pour les heureux ſuccés
qui me ſont arriués, & par la peine que vous
aués priſe de m'enuoyer la coppie de la Lettre
qu'on ſuppoſe auoir eſté écrite de cette Ville,
dont vous pouués clairement diſcerner, s'il
y a quelque choſe de veritable, par la Bulle
de ſa Sainăeté donnée contre les cinq Propoſitions. Ie ſuis bien aiſe de voir que vous
aportez tous les ſoins poſſibles, pour empeſcher qu'on ne diſpute point ſur ces matieres
là, dés-ja condamnées, vous aſſeurant que ie
ſeray toûjours tres-aiſe de rencontrer l'occaſion de vous donner à cognoiſtre l'eſtime
que ie fais de voſtre perſonne. Ieſpere que

vous me la ferés naiſtre & vous verrez que
ie ſuis,

Monſieur,

Voſtre affectionné à vous rendre ſeruice,
le Cardinal Antoine Barberin.
De Rome ce 15. Septemb. 1653.

*Lettre du ſieur Baudrand , Secretaire de Monſeig-
neur l'Eminentiſſime Cardinal Antoine Barberin, eſcritte audit ſieur Filleau, ſur le meſme
ſujet.*

Monſieur,
Bien que ie n'aye pas le bien d'eſtre cogneu
de vous, neantmoins ayant l'honneur d'eſtre
à ſon Eminence, &, voyant la coppie de la
Lettre qu'on auoit fait courir dans Poictiers,
du 23. Iuin, l'ay eſtre obligé de vous en
mander la verité. Les Docteurs qui eſtoiét icy
pour les Ianſeniſtes, ayant veu leurs cinq Propoſitions condamnées, ſe retirerent le plus
toſt qu'ils pûrent à cheual, & prirent le chemin de Lorette & de Veniſe, comme le plus
ſeûr, quoy que le plus incommode. Ils ſor-
tirent de cette Ville ſans eſtre aucunement
accompagnés, & lors qu'ils paſſoient dans
les rues, on les monſtroit au doigt. Ce qui les
obligea de s'en aller. Ioint meſme, qu'y
ayant eu quelques benefices de France propo-

sés, on en refusa l'expedition de deux, à cause
que c'estoit pour des Iansenistes. Et au contraire, Monsieur Hallier a esté caressé tout
autant qu'il se peut de sa Saincteté, & de tout
le sacré College, jusques là mesme que le
Pape le pourueut d'vn benefice vacant en
Bretagne, de la valeur de mil. escus, sans
qu'il l'eust demandé. Il est party depuis quin-
ze jours de cette Ville, auec toutes les louan-
ges deües à ses merites. Il prit le chemin de
Lorette, pour de là passer à Venise & par les
Grisons, & apres prendre le chemin de Paris.
De cela vous pouuez facilement cognoistre
s'il y a quelque chose de veritable dans tout
le reste de la Lettre, qui n'est qu'vn pur artifice des Iansenistes. Ie finiray par les asseurances que ie vous donne, que lors que vous
me ferez la grace de m'honorer de vos commandemens, ie tascheray de vous faire voir
que ie suis plus que personne

Monsieur,

Vostre tres-humble & tres-obeissant
Seruiteur   BAVDRAND.

De Rome ce 15. Septemb. 1653.

*Autre artifice des Iansenistes contre la Bulle
de nostre sainct Pere le Pape Innocent X. par la publication qu'ils font
dans Poictiers, d'vne Lettre pretenduë
escrite de Rome le 16. Iuin 1653.*

CHAPITRE. XVIII.

LEs Lettres de Monseigneur l'Eminen-
tissime Cardinal Antoine Barberin, &
du sieur Baudrand son Secretaire, ayant esté
divulguées dans Poictiers, elles feirent assez
cognoistre le procedé artificieux des Iansenistes, qui, semblables aux autres Heretiques,
veulent faire passer à leur aduantage, toutes
sortes de faussetez, pour des veritez essen-
tielles. Mais comme ils virent ces illustres
témoignages que donnoit contre eux vn
des premiers Princes de l'Eglise, & que
les suppositions de la pretenduë Lettre du
vingt-troisiesme Iuin 1653. estoient pleinement descouuertes, ils s'aduiserent d'en faire
parestre vne seconde anterieure en datte, &
qu'ils gardoient comme dans l'arriere boutique, dattée du 16. Iuin de la mesme année,
qu'ils firent imprimer & distribuer à Poi-

tiers, sous ce titre, *Lettre des sieurs de la Lanne Abbé de Valcroissant, Pere des Mares, Sainct Amour, Manessier & Angrand, Docteurs en Theologie*, addressée à Nosseigneurs les Euesques, qu'ils feignent les auoir députés vers sa Saincteté.

Voicy la teneur de la Lettre, telle qu'elle a paru en cette ville de Poictiers.

MESSEIGNEVRS,

Nous vous escriuismes lundy dernier ce que nous auions appris de la publication d'vn Decret sur les cinq Propositions. Nous reconnusmes mardy qu'il auoit esté affiché par l'ordre du Pape. C'est pourquoy ne voyant pas d'apparance que Sa Saincteté apres cela voulust juger au fonds sur les sens contestez des Propositions, nous resolusmes de retourner en France sans aucun retardement, afin de preuenir les grandes chaleurs de l'esté. Mercredy nous prismes congé de Messeigneurs les Cardinaux Barberin & Pamphile. Vendredy nous allâmes à l'Audiance du Pape, pour receuoir sa benediction. Sa Saincteté nous fit appeller les premiers incontinent apres sa Messe. Nous luy dismes, qu'ayant appris qu'il y auoit vn Decret publié sur les Propositions à l'occasion desquelles nous

auions estez enuoyez icy, nous venions receuoir sa benediction auant que de partir.

Sa Sainchteté nous respondit: *Qu'apres auoir*
fait examiner ces Propositions par des Theologiens:
qu'elle auoit assemblés & y auoir apporté d'autres
diligences, Elle auoit jugé expedient de les decider
en la maniere qu'elle auoit fait. Qu'au reste elle
estoit tres-edifiée de nostre conduite, & de nostre
façon de proceder, qu'elle auoit eu vne grande sa-
tisfaction de nous entendre dans l'Audience pu-
blique qu'elle nous auoit donnée. Et elle nous
honora de cette approbation particuliere:
Que nous auions parlé auec vigueur, auec mode-
stie, & auec doctrine, Ce furent les propres paroles du Pape: *Hó hauuto grande sodusfattione*
del vigore, della modestia, e dottrina, colla quale
hauete parlato.

Sa Sainchteté nous parla apres des sentimens, qu'elle auoit pour la France; de l'estime qu'elle faisoit de ce Royaume, & particulierement du Clergé; du desplaisir qu'elle res-
sentoit des guerres ciuiles & des troubles qui
l'auoient agitée ces dernieres années; & nous
tesmoigna beaucoup de desir de voir tout pa-
cifié au dedans & au dehors de l'Estat.

Ce discours ayant duré assez long-temps,
Sa Sainchteté nous parla encore de l'examen
des cinq Propositions, & nous dit: *Qu'elle*
auoit

auoit fait faire plusieurs Congregations en sa presence; où elle auoit apporté vne grande attention
sans s'ennuyer par la longueur du temps qu'elles
auoient duré: que nous auions veu l'application
qu'elle auoit euë à tout ce que nous auions dit dans
l'Audiance qu'elle nous auoit donnée: qu'elle n'en
auoit pas laissé tomber vne parole à terre: que par
là nous pourrions juger de celle qu'elle auoit ap-
portée aux autres Congregations: & quant à la
nostre, qu'elle y auoit esté si attentiue, qu'elle nous
rediroit bien de point en point tout ce que nous luy
auions representé: enfin que nous auions parlé fort
doctement & fort elegamment, & persuadé ce
que nous auions dit auec de bonnes raisons. Les
paroles de sa Saincteté furent: *Direi cosa per
cosa tutto ciò che hauete proposto, voi* (en s'addressant à l'Abbé de Valcroissant) *cosi dottamente,
e voi* (en s'addressant au Pere des Mares) *cosi
elegantemente, e con si buona ragione persuaso.*

Nous prismes occasion de dire à sa Saincteté, que nous ne croyions pas qu'elle eût
voulu par le Decret qui auoit paru faire aucun
prejudice à la Grace efficace par elle mesme
necessaire à toute action de pieté, ny à la doctrine de S. Augustin. Sa Saincteté, M E s-
S E I G N E V R S, estoit si esloignée de cette
pensée, qu'elle nous répondit auec estonnement: *Que cela estoit hors de tout doute.* Ses

paroles furent : *O questo e certo, Que la doctrine
de S. Augustin auoit esté trop approuuée dans l'E-
glise pour pouuoir estre blessée : Que quant à la
matiere de la Grace qui auoit esté agitée l'espace
de dix ans, sous Clement VIII. & Paul V. elle
n'auoit pas voulu l'examiner de nouueau en cette
rencontre.* En suitte sa Saincteté nous de-
manda si nous auions veu le Decret sur les
cinq Propositions : nous luy répondismes,
que non. Elle nous dit en substance ce qu'il
contenoit, & nous remarqua qu'elle n'auoit
pas mis à la fin ces mots ordinaires : *De pleni-
tudine potestatis, & indignationem beatorum
Petri & Pauli Apostolorum se nouerit incursurum:*
& autres semblables, par lesquels on a coustume de conclure les Bulles. Elle adjousta
aussi qu'elle en auoit enuoyé copie au Roy &
aux Euesques de France. Nous demandâ-
mes à sa Saincteté des Indulgences, & elle
nous en donna auec vne largesse extraordinaire, nous disant entr'autres raisons : *Qu'e-
stans venus à Rome pour vne affaire si saincte &
si importante, elle nous accordoit volontiers toutes
les Indulgences que nous luy demandions.* Et
ainsi nous nous retirasmes en souhaittant à
sa Saincteté toute sorte de prosperité, & luy
témoignant qu'auec la grace de Dieu nous
viurions toûjours tres-attachez au S. Siege

& à la doctrine de S. Auguftin, comme eftant
celle du S. Siege mefine ; & qu'elle nous feroit toûjours auffi chere que la prunelle de
nos yeux. Ce furent les termes auec lefquels
nous prifmes congé de fa Saincteté, & qu'elle honora de fon approbation & des témoignages de fa bienueillance.

Voilà, Messeignevrs, en abregé
ce que fa Saincteté nous dit en cette Audiance qui dura vne heure & demie, & dans laquelle elle nous traitta auec vne bonté toute
particuliere, ne nous ayant point laiffé à genoux, mais nous ayant fait leuer vn moment
apres que nous eufmes commencé de luy parler. Nous auons rapporté à plufieurs perfonnes, de qui nous auons pris congé depuis
cette Audiance, ce que fa Saincteté nous a
dit ; ce qui a fait beaucoup d'éclat, & a donné autant de joye à tous les Difciples de S.
Auguftin, qui font icy en grand nombre, que
nos aduerfaires en ont témoigné de la conftitution qui a paru.

En prenant hier congé de Monfieur l'Am-
baffadeur, il nous dit : Qu'il fçauoit defia
tout ce qui s'eftoit paffé en cette Audiance ;
& nous en dit mefme les particularités que
nous vous mandons : *Que fa Saincteté dans
toutes les occasions qu'elle luy auoit parlé de cette*

affaire, luy auoit touſiours declaré qu'elle ne vou-
loit point toucher à la Grace efficace, ny faire aucun
prejudice à la doctrine de S. Auguſtin, & meſme
de S. Thomas ; & qu'il en eſcriuoit ainſi à la
iour par cet ordinaire.

Vous voyez, MESSEIGNEVRS, par les
choſes que le Pape nous a dites en cette Audiance, & par la relation que nous vous auons
enuoyée de ce que nous luy diſmes lors que
nous fumes ouys publiquement, que les cinq
Propoſitions ne ſont condamnées qu'à cauſe
du mauuais ſens qu'on leur peut donner, dans
lequel nous les auons nous-meſmes toûjours
condamnées ; & que le ſens dans lequel nous
auons dit que nous les entendions & les ſoû-
tenions, non ſeulement ne reçoit aucun prejudice, mais meſme eſt approuué par ſa
Saincteté.

La 1. raiſon, MESSEIGNEVRS, eſt, parce que nous auons declaré à ſa Saincteté
publiquement de viue voix & par eſcrit : *Que*
nous & tous les autres Diſciples & Defenſeurs de
S. Auguſtin ſoûtiendrions touſiours le ſens Ca-
tholique des Propoſitions, lequel nous luy auions
preſenté comme contenant la doctrine indubitable
de ce grand Docteur de la Grace, qui eſt celle de
l'Egliſe, juſqu'à ce que ſa Saincteté ait prononcé
vn jugement expres & definitif ſur le ſens parti-

culier *que nous ſoûtenons eſtre Catholique.* Cé
ſont les propres paroles de noſtre Declaration , que nous vous auons enuoyée il y a
deſia prés d'vn mois. *Profitemur coram ipſa
nos & vniuerſos S. Auguſtini Diſcipulos ac De-
fenſores, pro indubitata tanti Doctoris atque adeò
Eccleſiæ doctrinâ, prædictas Propoſitiones vt à
nobis ſuperiùs expoſitæ ſunt perpetuò defenſuros,
quamdiu de illis expreſſè vt ſuprà expoſita ſunt
intellectis prolatum non erit (quod à Sanctitate
veſtra poſtulamus) ſolenne definitiuumque judicium, quo nobis apertè conſtet eas in ſenſu quem
aſſerimus Catholicum, eſſe damnatas.* Ayant
donc expliqué à ſa Saincteté comme nous
entendions ces Propoſitions , & les ſouſte-
nions ; luy ayant fait cette Declaration de
viue voix dés la premiere Audiance publique
qu'il luy pleut de nous donner , & par l'eſcrit
que nous luy preſentâmes dans cette meſme
Audiance ; Sa Saincteté n'ayant rendu ſon
jugement que ſur ces Propoſitions en general, qui ne ſont rapportées dans ſa Conſtitution que dans les meſmes termes generaux
qu'elles ont eſté dreſſées en France par nos
aduerſaires ; & n'ayant ny exprimé ny marqué en façon quelconque le ſens particulier
& vnique, auquel ſeul nous les auons defen-
duës, qui eſt celuy de la Grace efficace par

K 3

elle-mesme, que nous luy auons declaré en prenant congé d'Elle qui nous seroit toûjours aussi chere que la prunelle de nos yeux : C'est vne preuue certaine qu'elle a appprouué que nous les souftenions tousiours en ce sens, comme contenant la doctrine formelle & expresse de S. Augustin.

La 2. raison, MESSEIGNEVRS, est qu'ayant dit & expliqué au Pape les Propositions dans les termes & dans les sens que nous les souftenons, non seulement sa Saincteté n'y a rien repris lors que nous auons eu l'honneur de luy parler dans l'Audiance qu'elle nous a donnée auant le Decret, & dans la derniere dépuis le Decret ; mais mesme a donné à tout ce que nous auons dit des approbations extraordinaires. C'est encore vne marque positiue que sa Saincteté n'a voulu faire aucun prejudice à ces Propositions prises comme nous les auons expliquées ; mais qu'au contraire Elle les juge tres-Catholiques en ce sens.

La 3. raison, MESSEIGNEVRS, qui ne doit, ce nous semble laisser aucun doute, est que sa Saincteté nous a declaré expressement : Que par ce Decret elle n'auoit voulu faire aucun prejudice à la Grace efficace par elle mesme necessaire à toute action de pieté,

ny à la doctrine de S. Auguftin, reçeuë & approuuée dans toute l'Eglife. Or les Propofitions comme nous les auons expliquées ne
contiennent que le fens de la Grace efficace
par elle mefme neceffaire à toute action de
pieté & à la doctrine indubitable de S. Auguftin. Sa Sainĉteté donc ne fait par fa Conftitution aucun prejudice, & ne donne aucune atteinte à ces Propofitions reduites à
ce fens.

La 4. raifon, MESSEIGNEVRS, eft,
que le Pape a efté tellement perfuadé, comme fa Sainĉteté a daigné nous le témoigner
que nous n'auons fouftenu deuant elle que la
Grace efficace par elle-mefme, & la doctrine
pure de S. Auguftin, ainfi que nous le jufti-
fiâmes dans le difcours que nous fimes en fa
prefence, qu'elle n'a point fait examiner dépuis par les Confulteurs fi ce que nous auions
fouftenu & expliqué dans noftre difcours, &
declaré par noftre efcrit eftre formellement
la doctrine de S. Auguftin eftoit veritable.
Ce qu'elle n'auroit pas manqué de faire, fi
elle en auoit douté ; puis que c'eftoit le Point
particulier & vnique de la conteftation que
nous formions contre les Difciples de Molina. Car nous eftions demeurés d'accord dans
cette mefme Audiance, ainfi que nous auons

K 4

touſiours declaré dans tous nos eſcrits François, publiés & imprimés à Paris, auant qu'on
euſt porté cette affaire à Rome, que ſi on ne
conſideroit ces Propoſitions qu'en general &
ſans y apporter aucune diſtinction , elles
eſtoient ſuſceptibles de ſens heretiques , &
pouuoient tellement eſtre condamnées d'hereſie dans cette generalité, que nous les auons
nous meſmes cenſurées comme telles dans
des Liures publics eſtant en France , & eſcri-
uant ſur ce ſujet auec vne pleine liberté. Et
comme ſa Saincteté nous donna cette Audiance pour eſtre informée de la verité de nos
ſentimens par noſtre bouche & par l'eſcrit
des Diſtinctions que nous luy preſentâmes
en ſuitte, elle reconneut qu'ils eſtoient ſi differents des ſens heretiques, que ces Propoſitions pouuoient receuoir en general, & qu'ils
ſe reduiſoient tellement à la Grace efficace
par elle-meſme, qui eſt la verité Catholique
que S. Auguſtin a ſouſtenuë inuinciblement
au nom de toute l'Egliſe, qu'elle jugea ne deuoir point faire aſſembler de nouueau les
Conſulteurs, par ce qu'elle ne vouloit prononcer que ſur ces Propoſitions en general,
& non ſur ce Point particulier de la Grace
efficace par elle-meſme ; à quoy toutes nos
explications Catholiques de ces Propoſitions

aboutiffent comme à leur centre, & qui auroit eu befoin d'vn long examen, & de plufieurs affemblées & conferences femblables
à celles que firent tenir les deux grands Papes
Clement VIII. & Paul V. qui vouloient le
regler en détail & tous les autres Points qui
en dépendoient, & qui pour cela les firent
examiner tous en particulier dans des difpu-
tes publiques des deux parties & en leur prefence, apres auoir declaré *que la doctrine de*
S. Auguftin eftoit la reigle fur laquelle ils vou-
loient decider cette difpute & reigler leurs juge-
mens. Et ainfi puis que le Pape a declaré dans
fa Conftitution qu'il a fait examiner ces cinq
Propofitions par les Confulteurs, la cenfure
ne tombe que fur ces Propofitions en general
que ces Confulteurs auoient examinées en
general, & que nous auons reçogneu dés
noftre premiere & vnique Audiance publique eftre fufceptibles de fens heretiques : &
elle ne peut tomber fur les explications particulieres que nous auons propofées & efta-
blies en prefence de fa Sainéteté par noftre
difcours & par noftre efcrit ; puis que fa Sainéteté mefme les a jugées fi Catholiques qu'il
ne luy en eft refté aucun doute, & qu'Elle n'a
pas fait affembler les Confulteurs vne feule
fois pour en auoir leur aduis comme d'vne

chofe obfcure & douteufe, ainfi qu'Elle auoit
fait pour les Propofitions en general , mais
a recognu par fa propre lumiere qu'elles
eftoient exemptes de toute cenfure , & nous
l'a mefme témoigné dans la derniere Audiance qu'il luy a pleu nous donner dépuis fon Decret, où Elle nous a declaré, MESSEIGNEVRS,
ainfi que nous l'auons defia dit qu'elle les
auoit approuuées & mefme imprimées dans
fa memoire auec des termes plus aduantageux & plus honorables que nous n'aurions
ofé l'efperer. Et ce qui eft encore plus, Elle
nous a fait cette Declaration fi fauorable,
non auffi-toft apres noftre premiere Audiance & auant fon Decret, lors qu'on pouuoit
dire que fa Sain&teté n'eftoit pas encore
pleinement éclaircie & perfuadée de tout, &
qu'Elle ne deuoit pas nous découurir le fecret
de fes fentimens & de fes intentions, comme
tous les Iuges le fuppriment d'ordinaire auant
leur fentence : mais mefme apres fon jugement & fon Decret, qui a efté le temps où
Elle a efté entierement libre , & s'eft creuë
obligée de nous les declarer auec toute la fincerité d'vn Succeffeur de S. Pierre & d'vn
Vicaire de Iefus-Chrift, qui eft la verité
mefme.

Vous voyez, MESSEIGNEVRS, par tou-

tes ces confiderations que la cenfure de fa
Sain_cteté_ ne tombe fur les cinq Propofitions,
qu'entant qu'elles font confiderées felon le
mauuais fens qu'on leur peut donner, felon
lequel il y a defia trois & quatre ans que nous
les auons rejettées comme heretiques auffi
fortement que nous l'auons fait en cet efcrit
que nous auons prefenté au Pape & diftribué
dans Rome dés le iour de noftre Audiance le
19. de May.

Il nous refte maintenant à vous marquer,
MESSEIGNEVRS, d'où il eft arriué qu'on
a confideré ces cinq Propofitions felon le
fens heretique pour les condamner en general, ce que nous croyons eftre l'vn des Points
les plus importans, & comme le fecret de
cette affaire. C'eft que nos aduerfaires ont
donné à entendre aux Confulteurs & aux
Cardinaux, que nous parlions autrement à
Rome qu'on ne parloit en France, & qu'il y
auoit des perfonnes qui y fouftenoient ces
Propofitions dans ce mauuais fens, & qui
publioient en ce Point vne nouuelle herefie
condamnée par le Concile de Trente auec
les erreurs de Luther & de Caluin.

Monfeigneur le Cardinal Rapaccioli, que
nous vifitâmes apres noftre premiere Audiance, & auquel nous portâmes l'efcrit de

la diſtinction des ſens que nous aurions preſenté à ſa Sainéteté , nous dit entre'autres
choſes ſur ce ſujet : *Que nos penſées & nos in-*
tentions eſtoient bonnes & loüables , mais que
nous aurions ce mal-heur que pluſieurs perſonnes
qui eſtoient vnies auec nous, ſouſtenoient ces Pro-
poſitions dans les mauuais ſens dans leſquels nous
aurions declaré les condamner ; & qu'au lieu de
reçeuoir de l'appuy par ces perſonnes , elles nous
faiſoient grand tort , & ſeroient cauſes que ces
Propoſitions ſeroient condamnées , mais que nous
aurions cet aduantage que cette condamnation ne
tomberoit que ſur ces perſonnes , & non pas ſur
nous. Nous ſçauions, Messeignevrs,
que nos aduerſaires auoient viſité ce celebre
Cardinal vn ou deux iours auparauant , &
nous creûmes auec ſujet qu'ils luy auoient
perſuadé cette fauſſeté comme vne choſe
conſtante. Ce qui nous fit luy répondre que
c'eſtoit là vne impoſture & vne ſuppoſition
tres-malicieuſe, dont nos aduerſaires ſe vouloient ſeruir pour obtenir la cenſure qu'ils
pourſuiuoient, & que nous le pouuions aſſeurer qu'il n'y auoit point de Catholique en
France qui ſouſtint ces Propoſitions dans vn
autre ſens que dans celuy auquel nous le ſoû-
tenions. Mais cette penſée auoit eſté imprimée ſi auant dans ſon eſprit, comme ſi ç'eût

esté vne verité certaine que nous ne creûmes
pas l'auoir effacée, quoy que dans noftre entretien qui fut affez long nous luy euffions
fait deux ou trois fois la réponfe que nous ve-
nons de vous dire. En fuitte dequoy nous
nous propofions de defabufer cét Illuftre
Cardinal, & auec luy plufieurs autres perfonnes, dans les occafions qui s'en feroient pre-
fentées, fi cette affaire auoit pris vn plus long
trait comme nous croyions, & comme pref-
que tout Rome croyoit auec nous qu'elle
pourroit prendre.

Nous efperions encore, Messeignevrs,
de juftifier clairement au Pape la fauffeté de
ce fait dans les Audiances fuiuantes que nous
nous promettions d'auoir, n'eftant plus en
peine de le perfuader pour ce qui regardoit
nos perfonnes en particulier dépuis que nous
luy eufmes parlé publiquement en noftre Audiance, au fortir de laquelle nous auons fçeu
que fa Sainćteté auoit dit ces mefmes paroles : *Ces Docteurs ne font pas heretiques comme
on me l'auoit dit.* Mais nos aduerfaires qui
ne craignoient rien tant que ces Audiances,
& qui n'ont ofé y comparoiftre deuant nous
pour declarer leurs fentimens en détail comme nous auons fait les noftres, auec tant de
fincerité & tant de clarté, & pour fouftenir

en public & deuant le Pape les fauſſetés & les
impoſtures qu'ils répondoient en ſecret; ils
ont remué tous leurs reſſorts & redoublé toutes leurs pourſuittes deſlors de cette premiere
Audiance pour nous oſter le temps & le pouuoir de diſſiper toutes ces ombres par la lumiere de la verité.

Voilà, MESSEIGNEVRS, la raiſon particuliere qui leur a fait ſouhaitter la prompte
publication de ce Decret : & ils ne s'eſtoient
pas contentés d'alleguer cette raiſon de viue
voix, en viſitant les Conſulteurs, & ceux des
Cardinaux qui ont eſté appellés à l'examen
de cette affaire ; mais ils l'ont meſme pro-
duitte dans leurs eſcritures, qui nous ſont
tombées dépuis peu entre les mains par vne
rencontre extraordinaire, ſans qu'on nous en
ait jamais voulu donner aucune communi-
cation. Ils s'efforcent dans cét eſcrit de donner cette mauuaiſe & fauſſe impreſſion à tous
ceux qui le liront. Ils imputent aux Diſciples
de S. Auguſtin, ce que ny nous ny aucun Catholique ne tient dans l'Egliſe ; & ils y refu-
tent ce que perſonne ne conteſte. Ainſi, MES-
SEIGNEVRS, ayant aduancé ce fait dans des
eſcritures & des ſollicitations toutes ſecret-
tes (ce qui nous a oſté le moyen de le refuter)
ils ont perſuadé aſſez aiſement que pour em-

pefcher qu'on ne fouſtint ces Propoſitions
dans les ſens heretiques & Caluiniſtes, auſquels ils diſoient que pluſieurs les auoient
fouſtenuës en France, & pour eſtouffer cette
pretenduë nouuelle hereſie qui n'eſtoit qu'vn
vain phantofme dont ils auoient fait peur à la
Cour de Rome, il eſtoit neceſſaire pour le
bien de l'Egliſe de les condamner.

Mais vous ſçauez, MESSEIGNEVRS,
que nul Docteur & nul Theologien Catholique Diſciple de S. Auguſtin n'a traitté ces
Propoſitions en France, que d'ambiguës, d'é-
quiuoques, & de captieuſes fabriquées il y a
quatre ans par l'vn des plus artificieux Parti-
fans de Molina ; & que les deux premiers
d'entr'elles ont eſté cenſurées par les Diſciples de S. Auguſtin dans les *Conſiderations* &
le liure de la Grace victorieuſe, comme pouuant receuoir trois ſens tous trois heretiques,
& chacune des trois autres vn ſens heretique.
Et ainſi vous voyez clairement, MES-
SEIGNEVRS, que non feulement la Conſtitution du Pape qui ne prononce ſur ces
Propoſitions qu'en les laiſſant dans leur ambiguité generale, qu'on auoit expreſſement
affectée pour les expoſer à la cenſure ; & la
Declaration formelle que ſa Sainctcté nous a
faite, qu'elle n'a eu aucune intention de tou-

cher à la doctrine de S. Augustin dans le sens
particulier & tres-Catholique qu'elles peuuent receuoir, lequel seul nous auons defendu en France & à Rome : mais que les escri-
tures mesmes de nos aduersaires qui ont imputé aux Disciples de S. Augustin des erreurs,
& des heresies qu'ils n'ont iamais soustenuës,
iustifient que ces censures ne peuuent tomber que sur ces heresies & sur ces erreurs, &
que le Sens Catholique lequel nous auons
expliqué au Pape en des termes si formels &
si expres est demeuré sans atteinte & aussi Catholique qu'il fut iamais.

Car il est indubitable que ce sens de la
Grace efficace par elle-mesme est celuy de
S. Augustin : & s'il y auoit eu sujet d'en douter, nos aduersaires n'auoient qu'à demander au Pape vne Audiance publique pour faire voir à sa Saincteté en nostre presence, ou
que ce sens dans lequel seul nous soustenons
ces Propositions n'est pas celuy de S. Augustin, ou que la doctrine de S. Augustin n'est
pas celle de l'Eglise. Mais la lumiere & l'é-
clat de tant de passages formels de ce grand
Docteur, & la force secrette de la verité qui
est redoutable à tous ceux qui la combattent,
leur a fait craindre d'entrer en conference
auec nous sur ce sujet en presence de sa Saincteté

cteté ou des Cardinaux. Ils fe font contentés, MESSEIGNEVRS, ainfi que nous
l'auons marqué cy-deffus, de leur dire dans
leurs fecrettes follicitations, comme nous
auons découuert qu'ils l'auoient defia fait
dans leurs fecrettes efcritures, que nous qui
eftions deputés par des Archeuefques & des
Euefques tres-Catholiques fouftenions S.
Auguftin à Rome, mais que d'autres fouftenoient Caluin en France: ce que vous fçauez
qu'ils auoient defia publié en France par tant
de libelles & de faux bruits contre tous les
difciples de S. Auguftin en general. Et ainfi
cette accufation calomnieufe qu'ils ont formée à Rome auant le Decret, eft aujour-
d'huy noftre juftification apres le Decret, &
apres la Declaration formelle de fa Sainéteté.

Il ne peut donc y auoir, MESSEIGNEVRS,
que des ennemis publics de S. Auguftin &
du S. Siege qui ofent pretendre que cesPro-
pofitions font condamnées d'herefie dans le
fens propre & particulier que nous les auons
fouftenuës deuant fa Sainéteté mefme, & expliquées dans noftre efcrit: puis quele Pape
par l'oracle de fa viue voix, *viua vocis oraculo*,
comme on parle en cette Cour, a daigné
nous declarer à nous mefmes qu'il n'auoit
point entendu toucher à S. Auguftin; dont
L

la doctrine ayant esté approuuée par tant de
Papes, elle ne peut estre condamnée d'heresie sans ruiner l'Authorité du S. Siege, la tradition Ecclesiastique, & la succession perpe-
tuelle d'vne mesme doctrine dans l'Eglise, &
sans blesser le respect qui est deu à sa Saincteté, que l'on accuseroit de se contredire elle-
mesme, puis qu'elle a declaré en diuerses occasions, & particulierement à nous depuis la
publication de ce Decret, qu'elle n'auoit
point voulu toucher à la Grace efficace par
elle-mesme, ny à la doctrine de ce grand
Docteur. Et nous vous auons desia marqué
que sa Saincteté auoit fait plusieurs fois la
mesme Declaration expresse à Monsieur
l'Ambassadeur, lequel s'il a executé ce qu'il
nous a dit qu'il feroit, a escrit cette mesme
verité à la Cour, pour en informer leurs
Majestés.

　　Toutes ces considerations, MESSEIGNEVRS,
nous ont fait benir Dieu depuis ce Decret, en
voyant que sa saincte prouidence nous auoit
amenés en cette Ville, afin que par la distinction que nous auons faite en presence du
Chef de son Eglise de la verité d'auec l'erreur deslors que nous auons eu l'honneur de
parler publiquement deuant Elle auant sa
Constitution, & par vne Declaration si im-

portante & si venerable qu'Elle a voulu nous
faire Elle mesme depuis ce Decret dans la
derniere Audiance que nous auons euë, il em-
peschât que la censure de l'erreur ne retom-
bât sur la verité, & qu'on n'attribuât à Innocent X. contre sa formelle intention, d'auoir
voulu condamner par son Decret ou au moins
par son silence la Doctrine Catholique Apostolique & Romaine du grand Docteur de la
Grace, que ses Predecesseurs depuis douze
siecles ont admirée, approuuée, loüée & ca-
nonisée par leurs paroles formelles & leurs
Decrets les plus solennels ; & d'auoir rejetté
comme impie & comme heretique le sens
tres-Catholique & tout Augustinien que
peut reçeuoir la premiere de ces cinq Propositions, que vous sçauez, MESSEIGNEVRS,
auoir esté si hautement & si clairement definy
par le sainct Pape Innocent, *Innocentius Epist.*
ad Concil. Carthag. en ces excellentes paroles
qu'il écriuit au Concile de Carthage. *Comme*
nous ne sommes victorieux dans les tentations
que lors que Dieu nous secourt, il faut necessaire-
ment que nous soyons vaincus lors qu'il cesse de
nous secourir. Necesse est vt quo auxiliante vin-
cimus, eo iterùm non adjuuante vincamur. Car
apres cela, MESSEIGNEVRS, n'auroit-on
pas sujet de s'écrier auec S. Prosper qui de-

L 2

fendoit la mefme doctrine de S. Auguftin
que nous defendons encore aujourd'huy :
Donc le Pape Innocent (Innocentius Epist. ad
Concil. Carthag.) qui a remply si dignement le
S. Siege Apostolique, seroit tombé dans l'erreur.
Errauit Papa Innocentius, & Petri sede dignis-
fimus. .

Mais nous nous tenons trop heureux,
MESSEIGNEVRS, de ce qu'il a pleu à Dieu
fe feruir de nous pour empécher que la grace victorieufe de fon Fils & la doctrine inuincible de fon Eglife ne fût vaincuë par les efforts de la prefomption humaine : & nous re-
connoiffons que fi noftre foible entremife a
peu contribuer quelque chofe pour deftour-
ner vn fi grand mal, cet effet n'eft d'eu qu'à
la generofité de voftre zele, à l'authorité de
vos ordres, & à la pureté de voftre conduite.

Ce n'eft pas que nous ne croyons, MES-
SEIGNEVRS, que les difciples de Molina
qui par plus de trente paffages formels & im-
primez, ont declaré auant mefme cette Conftitution vne guerre ouuerte à S. Auguftin ;
quoy qu'ils defaduoüaffent cette hardieffe
dans les compagnies ou on leur en faifoit
des reproches & à Paris & à Rome, publie-
ront par tout leur fauffe victoire, & impofe-
ront aux paroles du Decret qui ne parle point

de Sainct Augustin, & à l'intention expresse
du Pape qui a declaré si souuent l'estime qu'il
faisoit de la doctrine admirable & toute diuine de ce grand Sainct.

Il est raisonnable, MESSEIGNEVRS, que
comme toute cette affaire n'a point eu d'autre origine de leur part qu'vn artifice peu honorable, qui leur a fait rechercher depuis quatre années dans vne censure de Propositions
generales & équiuoques dressées par vn de
leurs partisans, l'appuy de leur nouuelle doctrine de Molina, enfantée seulement dans
l'Eglise depuis soixante & dix ans, elle se termine aussi par des illusions peu dignes de
Theologiens & de Catholiques, & par des
triomphes imaginaires. Mais nous esperons,
MESSEIGNEVRS, que toutes les personnes
intelligentes & affectionnées aux interests
tous diuins de la Grace efficace de Iesus-
Christ, & à l'honneur veritable du S. Siege
& de l'Eglise qui nous doit estre si precieux,
discerneront aisément le sens équivoque &
general d'auec le sens certain & particulier,
ce que nous auons rejetté comme heretique
d'auec ce que nous auons soustenu comme
Catholique, ce qui est exprimé dans la Constitution d'auec ce qui n'y est point exprimé,
& enfin les fausses & tres-injustes pretentions

des hommes paſſionnés d'auec la veritable &
tres-loüable intention de ſa Saincteté.

Au reſte, MESSEIGNEVRS, nous nous
preparons pour partir de Rome dés demain :
& nous vous ſupplions cependant de nous
continuër toûjours l'honneur de voſtre bienueillance : & de croire que comme le ſeul
amour de la verité & de la defenſe de la doctrine ſacrée de S. Auguſtin, qu'on vouloit
enuelopper parmy des erreurs, afin de l'enuelopper auſſi dans vne cenſure, nous a fait entreprendre ce long voyage, elle nous rendra
de plus en plus ſoûmis à vos ordres & à voſtre
authorité ; eſtimant que pour eſtre fideles à
Dieu en cette rencontre, nous n'auons qu'à
demeurer de tout noſtre cœur,

MESSEIGNEVRS,

A Rome ce 16. Iuin 1653.

Vos tres-humbles & tres-obeïſſans
ſeruiteurs,
De la Lane, Abbé de Valcroiſſant.
Des Mares, Preſtre de l'Oratoire.
De Sainct Amour.
Maneſſier.
Angran.

On donne aduis à *Monseigneur le Nonce*
de cette pretenduë Lettre du
16. Iuin 1653.

CHAPITRE XIX.

CE n'est pas d'aujourd'huy, que les Heretiques ont essayé de s'insinuer dans les
esprits les plus susceptibles des nouueautés,
par des Lettres contraires à la verité, tant de
droit que de fait, qu'ils ont dispersées en diuers
endroits de la Terre. Ceux qui se qualifient
Disciples de S. Augustin, ne le peuuent ignorer, puis que le sixiesme & septiesme Tome de
ses œuures en donnent des preuues asseurées.
C'est ainsi que les Manichéens en escriuirent
vne pour establir leur peruerse doctrine, par
des faussetés, que le mesme S. Augustin dé-
couurit, & qu'il combatit par vn liure qui
porte le titre *Contra Epistolam Manichæi.*

C'est ainsi qu'en vsa Parmenien Donatiste,
contre la Lettre duquel ce grand Docteur a
composé trois liures. C'est ainsi qu'agirent
Petilien & Gaudence Heretiques, ausquels le
mesme Sainct a separément répondu. Enfin
il est éuident par la réponse qu'il a faite aux

L 4

Lettres des Pelagiens, que le deſſein des Heretiques,& des Autheurs de nouuelles doctrines a touſiours eſté de donner cours à quelques Lettres, pour attirer les ſimples à leur
party. Telle, dit-il, a eſté l'intention de Iulien l'Heretique, & des dix-huict Eueſques
Pelagiens. *Hæc autem quæ duabus Epiſtolis eo-*
rum reſpondeo, vni ſcilicet quam dicitur Romam
miſiſſe Iulianus; credo vt per illam, quos poſſet,
ſuos aut inueniret aut faceret; alteri autem, quam
decem & octo velut Epiſcopi participes eius erro-
ris, non ad quoſlibet, ſed ad loci illius Epiſcopum
ſua calliditate tentandum, & ad ſuas partes, ſi
poſſet fieri, traducendum auſi ſunt Theſſalonicam
ſcribere.

Ces pretendus Diſciples de S. Auguſtin,
ſuiuans les traces des Heretiques, que ce
grand homme auoit combattus,& employans
les meſmes ruſes, dont ils s'eſtoient ſeruis, firent courir dans Poictiers cette Lettre du
16. Iuin, inſerée dans le Chapitre precedant,
qu'on peut appeller la Lettre de fondement,
ainſi qu'on qualifie celle de Manichæus. Car
il ſemble qu'ils ont voulu ſous pretexte d'vne
Lettre, faire paroiſtre vn Manifeste contre la
Bulle de noſtre ſainct Pere le Pape, s'effor-
çans de perſuader que ce foudre Apoſtolique
n'eſt point tombé ſur leurs teſtes, que la Con-

stitution contre les cinq Propositions, n'a point touché leur doctrine : & en vn mot, qu'ils ont reçeu toute satisfaction de la Cour de Rome.

La distribution de cette Lettre fut faite publiquement en cette ville de Poictiers, auec autant de liberté, que si ç'eust esté vne piece orthodoxe, & qui eust porté les marques de l'approbation du S. Siege.

On en donna deux exemplaires au sieur Filleau Aduocat du Roy, lequel, ayant recognu par la lecture qu'il en fit, le dessein de ceux qui luy auoient donné cours en cette Prouince, qui estoit d'empécher le fruict que le public attendoit de cette Bulle, & de la condamnation y portée, & qu'on commençoit desia à declarer en plusieurs compagnies, que nostre sainct Pere le Pape auoit approuué les Propositions soustenuës en sa presence, par les Docteurs enuoyés par les Iansenistes, & que ce qui auoit esté condamné, ne regardoit point leur doctrine, qu'on disoit n'estre autre que celle de S. Augustin. Et mesme ayant appris les scandales qu'elle causoit, il estima à propos d'en donner aduis à Monseigneur le Nonce, pour en aduertir sa Sainctteté, & en suitte luy enuoya à Paris vn des exemplaires imprimés, & fit voir que cette Lettre, qui

contient 21. pages, n'eſtoit qu'vn éloge de
la procedure des Ianſeniſtes dans Rome, &
vne Apologie de leur doctrine, pour la mettre
à couuert de la cenſure Apoſtolique, faiſant
parler noſtre ſainct Pere en des termes fort
aduantageux à leurs perſonnes, qui ſont inſerés en la cinquieſme page; ce qui ne pouuoit s'accorder auec les termes de la Bulle,
qui a condamné leur doctrine, l'a declarée
ſcandaleuſe, fauſſe, heretique & blaſphema-
toire. Et partant, quelque éloquence dont
ils ſe ſoient ſeruy, il eſt éuident qu'ils n'ont
pas perſuadé à ſa Saincteté, ce qu'ils auoient
ſouſtenu & debattu en ſa preſence.

Ledit ſieur Filleau obſerua pareillement,
que dans la 6. page de leur impreſſion, ces
Meſſieurs les Ianſeniſtes declarent, qu'apres
auoir demandé des Indulgences à ſa Saincteté, elle répondit à leurs prieres, *Qu'eſtans*
venus a Rome pour vne affaire ſi ſaincte & ſi im-
portante, elle leur accordoit toutes les Indulgences
qu'ils luy demandoient; que ces termes eſtoient
contraires à la Conſtitution de noſtre ſainct
Pere le Pape, qui a eſté renduë ſur vne affaire
qui n'a pas paru ſaincte & importante au bien
de l'Egliſe; ſi ce n'eſt qu'ils ayent traitté de
quelque affaire ſecrette, autre que celle qui a
eſté ſuiuie d'anatheme & de condamnation.

Toutesfois ils ne pouuoient aduancer cela
auec verité, & sans se contredire eux-mesmes,
puis qu'il paroist par la suitte de la mesme
Lettre en la page 8. que c'est des cinq Propositions dont ils ont voulu parler, qu'ils veulent persuader, qu'elles n'ont point esté condamnées au sens auquel ils les auoient enten-
duës & soustenuës, & que ce sens mesme a
esté approuué par sa Saincteté. De plus, que
c'estoit imposer à la Bulle, & la decrediter,
qe d'escrire, comme ils faisoient en la page 9.
que sa Saincteté n'auoit rendu son jugement
sur ces Propositions qu'en general, quoy
qu'elles ayent esté condamnées telles qu'elles
auoient esté tirées des œuures de Iansenius.

Et d'autant que nostre sainct Pere le Pape
enjoint par sa Bulle, à tous les Archeuesques
& Euesques d'arrester par les censures Ecclesiastiques les entreprises de ceux qui s'effor-
ceront de contredire à la condamnation portée par sa Bulle, ou qui se rendront rebelles
& refractaires à la decision de sa Saincteté,
ledit sieur Filleau pria Monseigneur le Nonce, de faire sçauoir au Pape l'importance de
cette affaire, y allant du repos de l'Eglise, &
de l'authorité Apostolique, de ne pas souffrir
que sous couleur d'vne Lettre contenant des
faits supposés, on esteignist dans les esprits

les fideles & brillantes lumieres des veritès
Catholiques, que cette Conftitution faite
auec fi grande cognoiffance de caufe, y auoit
produittes. Et cela mefme ne fe pouuoit faire
qu'en donnant atteinte à l'authorité du Roy,
qui auoit rendu fa Declaration, pour faire
obferuer cette Bulle dans fon Royaume. Et
comme fa Majefté, par la mefme Declaration enjoignoit à tous fes Officiers, fans attendre autre commandement, de tenir la
main à l'execution de ladite Bulle, ledit fieur
Filleau s'acquitoit en cela de fon deuoir,
obeiffant par ce moyen & au Pape & au Roy.

Monfeigneur le Nonce témoigna par la
réponfe, dont il honora ledit fieur Filleau,
que l'aduis qu'il luy auoit donné, luy auoit
efté agreable; l'exhorta de continuer fes foins
pour la defenfe de l'authorité du fainct Siege
& de fa Conftitution; l'affeura qu'il en infor-
meroit noftre fainct Pere le Pape, & qu'il en-
uoyeroit à fa Sainctèté les Lettres imprimées
defdits fieurs de la Lane, & autres fes affociés.

Les fuppofitions des Ianfeniftes contenuës
dans ces Lettres du 16. & 23. Iuin
1653. plus amplement découuertes
en la ville de Poictiers.

CHAPITRE XX.

LA diuine prouidence qui gouuerne toutes chofes doucement & fortement, ne
voulut pas fouffrir, que l'ouurage du S. Efprit
(i'entends la Bulle de noftre S. Pere le Pape
Innocent X.) fut plus longuement combatuë
par des procedures pleines d'artifice, fans les
découurir à mefme temps.

Ce fut vn effet de la fageffe, & de la bonté
de Dieu, de faire venir en cette Ville le R. P.
François Mulart, de l'ordre des Freres Mi-
neurs, Predicateur du Roy, dans le temps auquel les efprits commençoient à fe partager
fur la lecture de ces Lettres pretenduës. Ce
Pere pouuoit eftre le veritable arbitre de ce
different, & de cette queftion de fait; puis
qu'il auoit eu l'honneur d'auoir efté cy-deuant deputé de la part du Roy vers noftre
fainct Pere le Pape, pour luy expofer la neceffité preffante de decider les queftions que

les Ianseniſtes auoient fait naiſtre en ce Royaume, & ayant eſté le premier qui auoit eu recours au S. Siege Apoſtolique de la part du Fils aiſné de l'Egliſe.

Ledit ſieur Filleau ayant eſté aduerty de ſon arriuée, ſe mit en deuoir de conferer auec luy, & d'apprendre par ſa bouche le veritable recit de ce qui s'eſtoit paſſé à Rome durant le ſejour qu'il y auoit fait, touchant le progrés & la deciſion de l'affaire que les Ianseniſtes y auoient pourſuiuie. Ledit ſieur Filleau ſçauoit que l'employ important dudit Pere dans la Capitale du monde, luy auoit donné entrée dans les Palais des Princes de l'Egliſe, & l'auoit ſouuent conduit dans le ſecret de leurs Cabinets; que les diuerſes Audiances qu'il auoit eües de ſa Sainĉteté, luy auoient acquis vne pleine & entiere cognoiſſance des choſes les plus particulieres, qui y auoient eſté traittées, dans la conduitte de cette haute negotiation.

Au meſme temps le ſieur Filleau luy fit voir les deux Lettres des 16. & 23. Iuin 1653. deſquelles les Ianseniſtes faiſoient tant d'eſtat. L'ayant prié de luy en dire ce qu'il en ſçauoit, il le trouua ſurpris d'eſtonnement, voyant que des Docteurs de Theologie, qui publioient pas tout, n'auoir autre intereſt

que celuy de la defenfe de la veritable doctrine, eftoient fi hardis dans vne matiere de Foy,
ou il ne faut apporter que la fincerité d'efprit,
d'vfer de fraudes, de déguifemens, & de fuppofitions, qui dans le cours des affaires mefmes particulieres, ne pouuoient eftre repu-
tées que pour criminelles. Le Pere Mulart
luy fit là-deffus vn long recit de ce qu'il auoit
negotié à Rome, de ce qui s'eftoit paffé dans
les diuerfes Audiances qu'il auoit eües de
fa Saincteté, des conferences qui auoient efté
tenuës fur ce fujet auec les principaux du facré Conclaue ; & que tout cela eftoit bien
contraire à ce que ces Lettres nous difoient:
Que le fentiment du Pape, & des Cardinaux,
& de toute la Cour de Rome eftoit bien
efloigné des imaginations, dont les Ianfeniftes vouloient repaiftre les foibles efprits:
que nonobftant ces flatteries & ces illufions,
leur doctrine pleinement examinée, auoit
paffé pour herefie, & que le feul aduantage
qu'ils pouuoient tirer de leur voyage, eftoit,
d'auoir pû s'inftruire des verités Catholiques
par la bouche de celuy qui reçoit immediatement les oracles du Ciel, & les illuftrations
de cét efprit adorable, qui ne peut faillir;
qu'on auoit recognu à Rome le merite de
Monfieur Hallier, & la pureté de fa doctrine,

par les témoignages de bienveillance que
sa Saincteté luy auoit fait paroistre, par les
presens dont elle l'auoit honoré ; & que ceux
qui auoient soustenu la doctrine contraire à
celle qu'il auoit si doctement, & si genereusement defenduë, n'auoient reçeu ny Me-
dailles, ny Indulgences, ny autres marques
d'vne legitime approbation.

Il adjoûta, que ces Messieurs qui s'estoient
eux-mesmes députés à Rome, ou qui l'a-
uoient esté de la part de la nouuelle troupe
des pretendus Disciples de S. Augustin, pa-
roissoient s'attacher dauantage à la politique
humaine, & à la sagesse du siecle, qu'aux
maximes de l'Euangile, & que par l'eclat de
leurs sollicitations, & le cortege des Carrosses dont ils se seruoient, on eût plustost jugé,
qu'ils s'acquitoient d'vne legation d'vn Prince de la Terre, que de celle de Iesus-Christ,
& partant qu'ils auoient eux-mesmes justifié (sans qu'il faille en chercher d'autre preuue estrangere)la verité de ce qu'il representa à
sa Saincteté,lors que pour luy faire entendre le
sujet de sa deputation, il fut admis à sa premiere Audiance, en laquelle il declara à sa Saincteté que le Iansenisme estoit vne faction &
vne cabale, comme il paroist par le discours
dont il donna vne copie audit sieur Filleau.

Oratie

Oratio ad fummum Pontificem Innocentium di-
uinâ prouidentiâ Papam X. habita Romæ die
25. Septembris anni 1652. A Patre Francifco
Mulart Prædicatore Regio Ordinis Minorum,
pro negotys Controuerfiæ Ianfenianæ à Chri-
ftianifsimo Rege Romam miffo.

Miffus à Chriftianiffimo Rege, & à Sindi-
co Sorbonæ deputatus, nomine Facultatis
Theologiæ Parifienfis ad Sanctitatis veftræ
pedes, vt fecundùm antiquæ Ecclefiæ formam fuper dubijs rebus, ac controuerfis
Ianfeniarorum Propofitionibus Sedem Romanam confuleremus, & de ore Sanctitatis
veftræ Apoftolico fonte refponfa tandem
aliquando per omnes Regni noftri Prouincias emanent. Hoc poftulat, beatiffime Pater, apud nos Reipublicæ Chriftianæ necef-
fitas; non enim apud eos, qui Ianfenianas
partes fequuntur, doctrinæ dumtaxat con-
fenfio eft, feu potius erroris vniformitas, fed
& confiliorum communicatio. Iam ifta doctrina infectam coaluit, confpiratio eft homi-
num temerariorum, qui omnes fpernunt præter fuos, fibi non fauentibus quoquomodo
maledicunt, & aduerfus fumini Pontificis
dignitatem atque autoritatem vexillum erex-
erunt: juniorum Doctorum ac Scholaftico-

M

rum manipulos conducentes pretio quod à
mulieribus & laicis,quibus pœnitentiæ publicæ neceſſitatem inculcant facilè corradunt,
blanditijs, factione, nouitatis dulcedine. Ab
hominibus iſtiuſmodi, beatiſſime Pater, quid
ſperandum, vel potius quid timendum, præter turbas, quas iam miſerrimè in Gallia ex-
citarunt, & Eccleſiæ turbationem quam pro
certo moliuntur. Opus eſt igitur celeri ac
potenti manù Sanctitatis veſtræ, quâ com-
primantur. Niſi enim eorum dogmata erro-
nea, quibus tamquam teſſera ac Sacramento
confœderatio iſta conſtringitur, certa ac ſin-
gularia damnentur cenſurâ Pontificis irrefra-
gabili, quam alio nomine eleuare nequeant,
quaſi ſit congregationis inquiſitionis, aut à
certis hominibus dictata, non à Pontifice ipſo
lata, numquam ad plenum debellari poterit
iſta factio. Iſta, B. P. non tam meo nomine,
neque enim, ſi meo nomine tantùm loquerer, adeò confidenter loquerer S. V. ſed nomine Chriſtianiſſimi Regis, nomine pluri-
morum Epiſcoporum, nomine multorum
Doctorum & Sorbonicorum, ac aliorum, imo
omnium ferè quotquot in Regno noſtro ſunt,
Catholico fidei zelo æſtuantium, & pruden-
tia inſignium ore loquor, æqui boni vt con-
ſulas hanc Orationem noſtram precamur.

Et S. V. plurimos ac fœlices annos optamus,
vt Ecclesiæ Dei, & Orbi vniuerso pacem &
spiritualem & temporalem tandem aliquando
reddere possit & valeat.

Les Iansenistes distribuent dans Poictiers vn
Escrit anonime, pour justifier que nostre
S. Pere le Pape n'a peu decider les cinq
Propositions, sans que Messieurs les
Euesques les eussent auparauant jugées
en premiere instance.

CHAPITRE. XXI.

Monseigneur l'Archeuesque de Paris
ayant ordonné qu'on feroit la publication de la Bulle de N. S. P. le Pape Innocent X. dans son Diocese, on trouua la doctrine de son mandement si Orthodoxe, si Ca-
nonique, & soustenuë de raisons si puissantes,
pour conuaincre ceux qui seroient obstinés
dans leurs erreurs, qu'on en enuoya diuers
exemplaires dans tous les Dioceses de ce
Royaume, pour seruir de modele sur lequel
les autres pouuoient estre dressés.

On en vit quelques-vns en cette Ville, qui
firent grande impression sur ceux qui ne resi-

stoient plus au sainct Esprit, & qui se retirans
de leurs fausses maximes, cooperoient à la
Grace : & suiuant le passage de S. Augustin
qui estoit employé en ce mandement, il s'en
trouua qui dirent, que puis que le Pape auoit
parlé & qu'on publioit la Constitution, l'affaire estoit terminée.

Ce debris du party dépleut aux Iansenistes, & au lieu de l'obeïssance qu'ils deuoient
rendre au S. Siege, ils concerterent entre
ceux qui restoient obstinés de trouuer des
moyens pour opposer au torrent de ce mandement, dont les raisons, & les exemples
estoient tellement puissans, que les esprits
bien disposés estoient fortement attirés à la
cognoissance de la verité. C'est ce qui obligea
les Iansenistes à faire diuerses Assemblées,
non seulement en cette ville de Poictiers,
mais encore dans vne Abbaye du Diocese,
de laquelle vn des Autheurs de cette Secte
a porté le nom de son viuant. On obseruoit
leurs démarches, & leurs inquietudes estoient
assez visibles, sans que toutefois on pût découurir leur dessein. Ceux qui veilloient sur
leurs actions, auoient bien des soubçons,
mais sans aucune certitude de leurs entreprises.

Enfin on vit paroistre à Poictiers vn Escrit

anonime, en forme de resolution d'vne question importante, où l'on pretendoit justifier
que Messieurs les Euesques auoient deu juger des cinq Propositions en premiere instance, auant que d'auoir recours au Pape , &
que ce qui auoit esté fait prejudicioit aux
droicts des Euesques, qui estoient fondés de
cognoistre les premiers des causes majeures,
& specialement de celles de la Foy.

Les raisons pretenduës de cet Escrit anonime consistoient en ce que le Pape Innocent I. en son Epistre 2. addressée à Victri-
cius Euesque de Roüen au chap. 3. auoit appuyé cette verité en ces termes : *Si autem*
majores causæ in medium fuerint deuolutæ , ad
Sedem Apostolicam, sicut Synodus statuit, & beata
consuetudo exigit , post Iudicium Episcopale re-
feratur.

2. Que les Prelats d'Afrique ne s'addresse-
rent au S. Siege de Rome, qu'apres auoir
donné leur jugement dans leurs Conciles
Prouinciaux, & condamné l'impieté & la su-
perbe de Pelagius, comme il paroist par l'E-
pistre du Concile de Cartage escrite au mesme Pape Innocent I.

3. Que Messieurs les Euesques se sont toûjours maintenus dans ce droict naturel à leur
Caractere; sçachant qu'il appartient à leur

M 3

ſacré Miniſtere de juger des dogmes de la
Foy, comme parle S. Bernard en ſon Epiſtre
189. *ad Innocent.* Et que les Prelats de France en ont ainſi vſé, condamnans Abaillard &
Gilbert de la Porée Eueſque de Poictiers.

4. Que S. Paul au chap. 4. de ſon Epiſtre
aux Epheſiens, nous apprend, *Que Ieſus-*
Chriſt a eſtably en ſon Egliſe des Apoſtres, des
Paſteurs & des Docteurs, afin que les peuples ne
ſoient flottans dans l'incertitude de leur creance,
& ne ſe laiſſent emporter legerement à toutes ſor-
tes de doctrines.

Cét Eſcrit anonime ayant eſté enuoyé au
ſieur Filleau, (ſuiuant ce que les Ianſeniſtes
ont pratiqué, de luy addreſſer quelques fois
par perſonnes de ſa cognoiſſance, autrefois
dans vn pacquet ſans lettre, les Liures qu'ils
font courir,)ledit ſieur eſtima eſtre obligé d'y
répondre, puis qu'il faiſoit profeſſion publique, en qualité de Docteur Regent és Droicts
Canon & Ciuil, d'enſeigner la veritable doctrine des Canons de l'Egliſe, & de refuter
les maximes erronées, qu'on vouloit publier
au contraire, De ſorte qu'il mit la main à la
plume, & dreſſa vne réponſe, de laquelle
pour ne groſſir par trop cette Relation, ie
rapporteray au Chapitre ſuiuant les principaux moyens,

Response du sieur Filleau, à l'Escrit anoni-
me touchant la question dont il est
parlé au Chapitre precedent.

CHAPITRE XXII.

LE sommaire des raisons, par lesquelles
le sieur Filleau fit voir que cette maxime
aduancée par les Iansenistes, *Que nostre sainct*
Pere le Pape ne peut juger & decider les causes
majeures de la Foy, sans que Messieurs les Eues-
ques en ayent porté jugement en premiere instan-
ce, est fausse, & contraire aux Canons &
Constitutions de l'Eglise, se peut reduire aux
points suiuans.

1. Que le *Canon Quoties* rapporté par Gratien en la cause 24. question 1. est formellement contraire à cette pretendue maxime.
Car ce Canon est tiré de la Lettre du Pape
Innocent I. répondant à celle du Concile
Mileuitain ; & par les termes du Pape Innocent I. il se voit clairement, qu'il appartient
au Pape de decider les questions de Foy, &
qu'il n'est pas obligé d'attendre que Messieurs les Euesques les ayent jugées en premiere instance. Il faut rapporter les mesmes

M 4

termes de cette Epistre d'Innocent I. qui est
contenuë au Tome premier des Conciles
pag. 584. de l'impression d'Anuers de l'an
1606. Elle est aussi rapportée par S. Augustin, & fait la 93. de ses Epistres. *Diligenter ergo*
& congruè Apostolici consulitis honoris arcana,
honoris inquam illius, quem præter illa quæ sunt
extrinsecus sollicitudo manet omnium Ecclesia-
rum, super anxijs rebus quæ sit tenenda sententia,
antiquam scilicet regulam secuti, quam toto sem-
per orbe mecum nostis esse seruatam. Verum hæc
missa facio, neque enim hoc vestram credo latere
prudentiam, qui id etiam actione firmastis, scien-
tes quod per omnes Prouincias de Apostolico fonte
petentibus responsa semper manent, præsertim
quoties fidei ratio ventilatur, arbitror omnes fra-
tres & Coepiscopos nostros, non nisi ad Petrum, id
est sui nominis & honoris Auctorem referre de-
bere, velut nunc retulit vestra dilectio.

Ce passage sert & pour le droict & pour le
fait. Pour le droict, en ce qu'il s'y voit que
le Pape Innocent a declaré qu'on ne pou-
voit agir autrement: Pour le fait, d'autant
qu'il se justifie que les Euesques en ont ainsi
vsé, & que la decision des questions de Foy
a esté faite par le Pape, sans que les Euesques
les eussent auparauant jugées en premiere instance.

Il eſt à remarquer que tant dans ladite Epiſtre, que dans ledit Canon *Quoties*, on ſe ſert de ces mots : *Fidei ratio ventilatur* ; qui font voir, que l'examen peut en eſtre fait par les Eueſques, mais que le jugement en eſt reſcrué au Pape.

Et c'eſt la remarque qui ſe tire de la Gloſe ſur ledit Canon *Quoties*, en ces termes, *Aliud eſt* (dit la Gloſe) *quæſtionem de Fide motam terminare, quod nulli præterquam Romanæ Sedi permittitur, ſicut hic dicitur ; aliud eſt ipſam ſine diffinitione ventilare, quod Patriarchæ primates facere poſſunt.*

2. Le Pape Marcel en ſon Epiſtre addreſſée aux Eueſques de la Prouince d'Antioche, & qui eſt rapportée par le meſme Gratien au Canon *Rogamus*, *eadem cauſa 24. quæſt. 1.* declare en termes exprés, que les cauſes majeures, telles que ſont celles de la Foy, doiuent eſtre decidées par le ſainct Siege, & non pas par les Eueſques, *Nec ab eius diſpoſitione* (il parle du ſainct Siege) *vos deuiare oportet* (il parle des Eueſques) *ad quam cuncta maiora Eccleſiaſtica negotia, diuina diſponente gratia iuſſa ſunt referri, vt ab ea regulariter diſponantur, à qua ſumpſere principia.* Ces mots, *iuſſa ſunt referri*, denotent l'obligation neceſſitante de rapporter ces queſtions au ſainct Siege pour

y estre decidées. Ce qui est bien éloigné de
dire que le sainct Siege ne peut les decider,
qu'apres qu'elles auront esté jugées par les
Euesques en premiere instance. Or la raison
de cette necessité, outre la primauté & la
souueraineté du sainct Siege, peut estre tirée
de la Lettre que le Pape Lucius escriuit aux
Euesques de France & d'Espagne, où l'on
peut remarquer que l'infallibilité du S. Siege
Apostolique est telle, qu'il n'a iamais erré en
matiere de Foy, *Hæc sancta & Apostolica Ma-*
ter omnium Ecclesiarum Christi Ecclesia, quæ per
Dei omnipotentis gratiam, à tramite Apostolicæ
traditionis, numquam errasse probatur, nec Hæ-
reticis nouitatibus deprauata succubuit, sed, vt in
exordio normam Fidei Christianæ percepit ab
Authoribus suis, Apostolorum Christi principibus
illibata fine tenus manet.

C'est ce qui faisoit dire au Pape Sixte II.
escriuant à l'Euesque Gratus, *Memor sum me*
sub illius nomine Ecclesiæ præsidere, cujus à Do-
mino Iesu Christo est confessio glorificata, & cuius
fides nullam hæresim vnquam fouit, sed omnes
quidem hæreses destruit. C'est dans le sainct
Siege Apostolique que la Religion s'est toûjours maintenuë sans aucune tache d'heresie.
In Sede Apostolica extra maculam semper est Ca-
tholica seruata Religio, comme le Pape Eu-

sebe l'eſcriuit aux Eueſques de Toſcane ſur
vn pareil ſujet. Ce fut à S. Pierre ſeulement
& non aux autres Apoſtres, à qui le Fils de
Dieu commanda, *Duc in altum*, c'eſt à dire,
comme S. Ambroiſe l'explique ſur le cinquieſme Chapitre de S. Luc : Il n'y a que S.
Pierre & ſes Succeſſeurs, qui ayent le pouuoir
d'entrer dans le profond Ocean des queſtions
de la Foy, pour les decider. *Denique* (dit ce
Docteur) *& ſi alijs imperatur, vt laxent retia
ſua, ſoli tamen Petro dicitur, duc in altum, hoc eſt
in profundum diſputationum.*

3. Sainct Auguſtin dans le Canon *Palam*
diſtinct. 12. chez Gratien témoigne ouuertement, qu'il faut auoir recours à l'Egliſe Romaine dans les queſtions douteuſes, entre
leſquelles celles de la Foy tiennent le premier
rang, *Palam eſt quod in re dubia ad fidem valeat
authoritas Eccleſiæ Catholicæ, quæ ab ipſis funda-
tiſſimis Sedibus Apoſtolorum vſque ad hodiernam
diem ſuccedentium ſibimet Epiſcoporum ſerie, &
tot populorum conſenſione firmatur.* C'eſt vn
Eueſque qui parle, & entre les Eueſques S.
Auguſtin, l'authorité duquel ne peut eſtre re-
uoquée en doute par les Ianſeniſtes. S. Hie-
rôme a eſté de meſme ſentiment *ad Damaſum,
in expoſitione Simboli,* où il témoigne, que
c'eſt au Pape de juger de la Foy, qu'il profeſ-

soit, & que si autre que le sainct Siege Apostolique vouloit improuuer sa Foy, il n'en
feroit point de cas, *Hæc est Fides, Papa beatis-*
sime, quam in Ecclesia Catholica didicimus, in
quâ, si minus peritè aut parum cautè fortè aliquid
positum est, emendari cupimus à te, qui Petri, &
Fidem & Sedem tenes. Sin autem hæc nostra
Confessio Apostolatus tui judicio comprobatur, qui-
cumque me culpare voluerit, se imperitum vel ma-
leuolum, vel etiam non Catholicum, non me Hæ-
reticum comprobabit.

4. C'est la doctrine que le Pape Gelase
propose à toute l'Eglise, declarant que le
sainct Siege peut decider les causes majeures, soit que les Euesques en ayent cognu ou
non, soit qu'il se soit tenu quelque Assemblée
là-dessus ; ou qu'il ne s'en soit point tenu,
ainsi que les paroles de ce Pape sont rapportées par Gratien dans le Canon *Cuncta*, en la
cause 9. quæst. 3. *Cuncta per mundum nouit*
Ecclesia, quod sacrosancta Romana Ecclesia fas
de omnibus habeat iudicandi.

Peut-on rien dire de plus significatif, &
y a il rien de plus exprés que ce qui suit, *Sed*
nec illa prætermittimus, quod Apostolica Sedes sine
vlla Synodo præcedente, & soluendi quos Synodus
inique damnauerat, & damnandi, nullâ existente
Synodo quos oportuit, habuit facultatem. Il en

rend la raison fondée fur la primauté du fainct Siege, *Et hoc nimirum pro fuo principatu quem beatus Petrus Apoftolus Domini voce & tenuit femper & tenebit.*

Enfin c'eft vne doctrine fi vniuerfellement reçeuë en France, que Nofseigneurs les Euefques efcriuans à noftre fainct Pere le Pape, pour faire decider les cinq Propofitions, commancent leur Lettre cy-defsus rapportée au chap. 13. par la Declaration qu'ils font de cette illuftre verité en ces termes, *Maiores caufas ad Sedem Apoftolicam referre, folennis Ecclefia mos eft, quem Fides Petri numquam deficiens perpetuò retineri pro iure fuo poftulat.* Peut-on auoir dans l'Eglife Gallicane vn plus illuftre témoignage, que celuy de quatre-vingts Euefques, dont la vie & la doctrine remplifsent non feulement le Royaume, mais toute la Chreftienté de lumieres fi éclatantes, qu'elles font capables de difsiper les plus époifses tenebres qu'on voudroit leur oppofer.

Ces verités pofées & confirmées par les Canons cy-defsus rapportés, il eft facile de faire voir le peu de ftabilité, que les Ianfeniftes ont donné à l'opinion contraire. Premierement ils fe feruent de l'authorité du Pape Innocent I. en fon Epiftre 2. *ad Vitricium* chap. 3. Mais le chap. 3. de cette Epiftre, ne

parle que des causes crimineles, & des disputes des Ecclesiastiques, qui doiuent estre ter-
minées par quelque chastiment : & en ce cas
le Pape Innocent ordonne que conformement au Concile de Nicée (c'est au chap. 5.)
l'Assemblée des Euesques termine toutes ces
choses, & que s'il y a des differents & procés de plus grande consequence, qu'on en
aduertisse le S. Siege, apres que les Euesques
les auront jugés. Et pour justifier cette réponse, il ne faut que lire le commancement
& la fin de ce Chapitre 3. *Si quæ autem causæ
vel contentiones inter Clericos, tam superioris ordinis quàm inferioris fuerint exorta, vt secundum
Synodum Nicænam congregatis eiusdem Prouin-
ciæ Episcopis iurgium terminetur*, sans qu'on
puisse aller à d'autres Iuges, & à des Euesques d'vne autre Prouince, excepté toutefois l'Eglise Romaine, à laquelle il permit
qu'on s'addressast, *sine præiudicio tamen Romanæ Ecclesiæ, cui in omnibus causis debet reuerentia
custodiri.* Et voilà pour les petits Procés cri-
minels & petites quereles. Il adjoute en
suitte, ce qu'on doit faire pour les plu grandes quereles, *sin autem maiores causæ in medium
fuerint deuolutæ ad Sedem Apostolicam sicut Synodus statuit, & beata consuetudo exigit, post judicium Episcopale referatur.* Ce passage ne fait

rien au fait dont il s'agit maintenant : puis
qu'il n'eſt pas queſtion de ſçauoir, ſi les Eueſques ont droict de juger & de terminer les
diſputes & quereles qui naiſſent entre les
Preſtres, & d'impoſer des peines aux crimi-
nels, & que ce ſeroit fort mal à propos, & contre toute raiſon qu'on voudroit conclure de
là qu'il en eſt de meſme des cauſes & des
queſtions de Foy. Il ne reſulte autre choſe
de ce paſſage, quand on voudroit le prendre
en termes generaux pour toutes ſortes de cauſes, ſi non qu'il eſt neceſſaire que le jugement
des Eueſques ſoit confirmé par celuy du ſainct
Siege. Mais le Pape Innocent ne dit pas, que
le ſainct Siege ne pourra en cognoiſtre, ſi-
non apres que les Eueſques auront rendu leur
ſentence.

Quant à l'exemple qu'on allegue du Concile de Cartage, dans lequel les erreurs de
Pelagius furent condamnées, & où l'on dit
qu'il paroiſt que les Eueſques ne s'addreſſe-
rent au ſainct Siege, qu'apres auoir donné
leur jugement, on peut y répondre deux
choſes. L'vne, que c'eſt vn exemple ſingu-
lier, qui n'attribuë point de droict aux Eueſques au prejudice du Pape, & à ſon excluſion, de decider les queſtions de Foy en premiere inſtance. Car il faudroit dire & con-

clure en cette maniere, les Euesques de Cartage ont condamné Pelagius, donc le Pape
ne le pouuoit pas condamner, auant que les
Euesques l'eussent jugé. Cette consequence
est impertinente, & ne peut subsister. Car si
le Pape eût condamné Pelagius auant que les
Euesques de Cartage eussent jugé en premiere instance, eussent-ils eu droict de se plaindre du Pape, & sur quel Canon de l'Eglise
eussent-ils pû appuyer leurs plaintes, & pretendre la preference d'en cognoistre en premiere instance? L'autre réponse est tirée de
l'Epistre 24. du Pape Innocent I. qui répond à celle qui luy fut escrite par les Euesques qui auoient assisté à ce Concile; par laquelle le Pape leur fit cognoistre qu'ils n'a-
uoient rien pû decider en cette matiere, sans
auoir receu les ordres du sainct Siege Apostolique : voicy les termes de la Lettre du Pape,
*Antiqua traditionis exempla seruantes, & Eccle-
siastica memores disciplinæ, nostra Religionis vi-
gorem non minus nunc in consulendo, quàm an-
tea cum pronuntiaretis, veneratione firmatis,
scientes quid Apostolicæ Sedi (cum omnes hoc loco
positi, ipsum sequi desideremus Apostolum) de-
beatur à quo ipse Episcopatus & tota authoritas
nominis huius emersit. Quem sequentes tam
mala iam damnare nouimus quam probare lau-*
danda,

danda, vel id verò quod Patrum inftituta Sacer-
dotali Officio cuftodientes, non cenfetis effe calcan-
da; quod illi non humana fed diuina decreuere
fententia, (voicy des termes decififs) *vt quid-*
quid quamuis de difiunctis remotifque Prouincijs
ageretur, non prius ducerent finiendum, nifi ad
huius Sedis notitiam peruenirer.

I'adioûte les exemples de ce qui s'eſt paſſó
dans les Conciles, comme dans celuy de
Calcedoine, où les Eueſques publierent,
qu'ils croyoient ce que croyoit le Pape Leon:
Et dans le cinquieſme Concile de Conſtantinople, ils ſuiuent ce qui leur eſtoit preſcrit
par le ſainct Siege Apoſtolique, touchant les
queſtions de Foy. Dans le ſixieſme Concile
de Conſtantinople ils gardent la doctrine &
la deciſion du Pape Agathon, touchant les
deux natures qui eſtoient en Ieſus-Chriſt.
Dans le Concile ſecond de Nicée, ils dirent
hautement n'auoir d'autre ſentiment que
celuy que le Pape Adrien auoit ouuert par
ſes Lettres: Et dans le Concile d'Epheſe, on
fit lecture publique de ce qui auoit eſté dreſſé
& eſcrit à Rome contre les Pelagiens, pour
ſeruir de regle aux Eueſques qui y eſtoient aſſemblés. D'où il eſt facile d'inferer, que tant
s'en faut que les Eueſques ayent voulu s'attribuer ce droict de juger les cauſes majeu-

res en premiere inſtance, au preiudice & à
l'excluſion du ſainct Siege, qu'au contraire
ils ont ſuiuy, dans les plus importantes Aſſemblées de l'Egliſe les ſentimens & les deciſions des Papes, auſquelles ils ont confor-
mé leurs aduis, comme recognoiſſans, ſuiuant la doctrine de S. Ciprien, *libro de vnitate*
Eccleſia, Que le ſainct Siege eſt comparé à la
Teſte, à la Racine, à la Fontaine & au Soleil,
& que de luy, comme de la Teſte, toute doctrine eſt deriuée dans les membres du corps
myſtique de l'Egliſe: comme Racine, qu'il in-
flue dans les rameaux : comme Fontaine,
qu'il deriue toutes les eauës ſalutaires, comme Soleil, qu'il depart toutes les lumieres ſur
tous les autres corps lumineux de l'Egliſe.

Quant à l'auantage que les Ianſeniſtes veulent prendre de l'authorité de S. Bernard, en
ſon Epiſtre 189. où il a eſcrit, que c'eſt aux
Eueſques de iuger des dogmes de la Foy; il
faut conſiderer en quelle façon S. Bernard a
auancé cette Propoſition. Mais ne peut-on
pas voir par cette Epiſtre meſme, addreſſée
au Pape Innocent II. qu'il rend raiſon du refus qu'il auoit fait de diſputer contre Pierre
Abaillard, Autheur de nouuelles opinions,
en preſence de l'Archeueſque de Sens, & des
Eueſques ſes Suffragans; d'autant, dit-il, que

c'estoit plustost l'interest des Euesques, que
le sien, de juger des dogmes de la Foy. *Dice-*
bant sufficere Scripta eius ad accusandum eum,
nec mea referre, sed Episcoporum, quorum esset
ministery de dogmatibus iudicare. Mais le mesme S. Bernard en la mesme cause dudit Abaillard a témoigné ouuertement que comme à
son égard qui n'estoit qu'Abbé, il appartenoit plustost aux Euesques d'en cognoistre,
aussi à l'égard du Pape & des Euesques, il appartient plustost au Pape qu'aux Euesques,
ce qui se voit en son Epistre 188. ou parlant
de la mesme affaire des opinions erronées dudit Abaillard, il se sert de ces termes, *Et quo-*
niam pro Hur & Aaron stat zelus & authoritas
Romanæ Ecclesiæ super populum Dei, ad ipsam
merito referimus non quæstiones sed læsiones fidei.
Et dans son Epistre 190. addressée au Pape
Innocent II. il declare ouuertement, que
c'est au Pape à decider les questions de la
Foy : voicy ses termes, *Oportet ad vestrum re-*
ferri Apostolatum pericula quæque & scandala
emergentia in Regno Dei, & præsertim quæ de fide
contingunt. Dignum namque arbitror ibi potis-
simum resarciri damna fidei, vbi non possit fides
sentire defectum. Hæc quippe huius prærogatiua
Sedis. Cui enim alteri aliquando dictum est, Ego
rogaui pro te Petre, vt non deficiat fides tua : Ergo

quod sequitur à Petri Successore exigitur, Et tu
aliquando conuersus confirma fratres tuos, id qui-
dem modò necessarium: tempus est vt vestrum
agnoscatis, Pater Amantissime, principatum,
probetis zelum, ministerium honoretis, in eo pla-
nè Petri impletis vicem, cuius tenetis & Sedem,
si vestrâ admonitione corda in fide fluctuantia
confirmatis, si vestra authoritate conteritis fidei
contemptores. Qui est celuy des Iansenistes,
qui apres ce passage de sainct Bernard sera si
hardy de vouloir confirmer sa mauuaise doctrine par l'authorité de ce grand Sainct, qui
a declaré en termes formels son opinion toute contraire. L'exemple qu'on propose de
Gilbert de la Porée Euesque de Poictiers, accusé d'heresse touchant le mystere de la Tres-
saincte Trinité, & toutefois non condamné,
mais r'enuoyé en son Euesché, ne peut estre
allegué en faueur de la maxime des Iansenistes, puis que dans le Concile de Reims, où
l'affaire se traitta, fut present le Pape Euge-
ne III. comme il resulte non seulement de
l'Histoire, mais aussi de S. Bernard au chap.
80. sur le Cantique des Cantiques, où il dit,
Vnde non immeritò nuper in Concilio quod Papa
Eugenius Remis celebrauit; tam ipsi quam ca-
teris Episcopis peruersa visa est & omninò suspecta
expositio illa in libro Gilberti Episcopi Pictauien-

fis, &c. Que fi on veut tirer aduantage de ce
qui fe paffa dans le mefme Concile, lors que
S. Bernard, & les Euefques firent vne Declaration de Foy contre les quatre Propofitions dudit Gilbert de la Porée; on répondra
que par les actes du mefme Concile il fe voit
que cette procedure fut improuuée par les
Cardinaux, qui en firent leurs plaintes au
Pape en ces termes : *Sed quid fecit Abbas tuus,
& cum eo Gallicana Ecclefia, qua fronte, quo
aufu ceruicem contra Romanæ fedis primatum &
apicem erexit? hæc eft enim fola quæ claudit &
nemo aperit, aperit & nemo claudit: ipfa fola de
Fide Catholica difcutere habens, à nullo, etiam
abfens in hoc fingulari honore prejudicium pati
poteft.* Apres quoy le Pape ayant appellé S.
Bernard, & s'eftant enquis de luy comme l'affaire s'eftoit paffée, il repondit à fa Sainéteté,
*Se, vel Dominos Epifcopos nihil de præfatis Capi-
tulis definiffe.* En fuite, l'Hiftoire du Concile adjoûte, *hocque tàm humili quàm modefto
reffonfo, prædicta Cardinalium indignatio con-
quieuit; ita tamen vt præfatum fcriptum tamquam inconfulta Curia prolatum, velut authorita-
tis pondere carens, pro fimbolo in Ecclefia, quod
in Concilijs contra hærefes congregatis fieri folet,
non haberetur.*

Enfin pour le regard du paffage de S. Paul

N 3

au chap. 4. de l'Epiſtre aux Epheſiens, qui
fait voir que Ieſus-Chriſt a eſtably dans ſon
Egliſe des Apoſtres, des Paſteurs & des Docteurs, afin que les peuples ne ſoient flotans
dans l'incertitude de leur creance, & ne ſe
laiſſent emporter legerement à toutes ſortes
de doctrine, on n'en peut inferer autre choſe
ſi non l'ordre de la Hierarchie Eccleſiaſtique,
& le pouuoir & obligation qu'ont les perſonnes Hierarchiques dans l'Egliſe, d'inſtruire
les peuples, & leur adminiſtrer la parole de
Dieu; ce qui ne fait rien à la queſtion preſente. Et quoy que les Eueſques ayent ſuc-
cedé aux Apoſtres, il ne s'enſuit pas qu'ils
ayent cet aduantage de decider les cauſes
majeures, en telle façon que le ſainct Siege
n'en puiſſe cognoiſtre qu'apres eux, cette
ſucceſſion des Eueſques aux Apoſtres, n'e-
ſtant de la meſme nature que celle des Papes
qui ſuccedent à S. Pierre, comme l'on peut
voir dans le Cardinal Bellarmin lib. 4. c. 24.
& 25. *de Romani Pontificis Eccleſiſticâ Mo-
narchiâ.*

Les Ianfeniftes ont fuppofé à Poictiers vne
Pretenduë Ordonnance de M. l'Euefque
de Comenges, pour authorifer la maxime
cy-deffus combatuë.

CHAPITRE XXIII.

ON croyoit que cette Réponfe à la fauffe
maxime des Ianfeniftes, ayant paru à
leurs yeux dans Poictiers, feroit bien-toft
fuiuie d'vne replique. Mais comme il eft
difficile d'attaquer les principes, & d'appuyer
de raifons vn menfonge, ils ne fe mirent point
en peine d'attaquer les Canons de l'Eglife,
qui feruoient de fondement à cet edifice;
leurs difpofitions eftoient trop claires & éuidentes pour fouffrir quelque interpretation
eftrangere. C'eft pourquoy ils s'aduiferent
d'vn autre ftratageme, & publierent dans
Poictiers, que les raifons qui auoient paru
dans cet efcrit anonime, eftoient tirées d'vne
Ordonnance qui partoit de la main d'vn Prelat François, & que c'eftoit l'ouurage de
Monfieur l'Euefque de Comenges. Pour le
perfuader au fieur Filleau, s'il eut efté de legere creance, on lùy fit voir vn Cayer impri-

N 4

mé contenant six pages & demie, intitulé
Ordonnance de Monseigneur l'Euesque de Comen-
ge, sur la publication qu'il a faite dans le Synode
Diocesain de Comenge, le 9. Octobre 1653. de la
Constitution de nostre Tres-sainct Pere le Pape
Innocent X. portant censure des cinq Propositions
touchant la Grace & le Franc-arbitre.

   Gilbert de Choizeul, par la prouidence de Dieu
Euesque de l'Eglise de Comenge, à tous qu'il appar-
tiendra, salut & benediction, &c. Finissant par
ces mots, *Donné à Alan le 10. Octobre 1653.*
   GILBERT E. de Comenge.

   Par Monseigneur,   *LA CROIX.*

  On vsa de cette precaution, de ne laisser
cette piece entre les mains dudit sieur Filleau, mais simplement on luy en donna la
lecture: il remarqua incontinant, que dans
cét Exemplaire imprimé, on auoit employé
les mesmes moyens, & couché les mesmes
raisons qui auoient esté déduittes par l'escrit auquel il auoit auparauant répondu. Ce
nom de Prelat & d'Euesque François, cét
auguste Caractere qu'il a toûjours respecté,
luy donnoit quelque inquietude d'esprit;
mais d'vn autre costé la lumiere brillante de
la verité opposee aux maximes qu'on aduan-
çoit, sous le titre & l'authorité d'vn Prelat,
dissipoit tous les nuages dont cette fausse ap-

parence pretendoit fe voiler : & en fuitte
ayant ferieufement penfé à l'aduis que luy
donnoit l'Apoftre , de ne pas deferer à vn
Ange du Ciel , qui voudroit luy annoncer
des Propofitions contraires à celles du Chri-
ftianifme, il fut fortement perfuadé que ce
ne pouuoit eftre l'ouurage d'vn Prelat, mais
vn efcrit calomnieufement fuppofé par les
Ianfeniftes.

La fuppofition parût ouuertement par deux
confiderations, que ledit fieur Filleau fit obferuer à ceux qui luy firent lecture de cette
piece.

La premiere, en ce qu'on y introduifoit vn
Euefque, qui feul comme plus illuminé, &
plus capable que tous les autres, blafmoit
tous les Prelats de France qu'il nomme zelés, d'auoir reçeu la Bulle de noftre fainct
Pere le Pape, fans obferuer les formes pra-
tiquées de tout temps dans l'Eglife, comme fi luy feul vouloit s'attribuer plus de cognoiffance dans les affaires Ecclefiaftiques,
que n'en ont eu les autres. Voicy comme
il parle. *Nous declarons au furplus, que nous*
n'entendons en aucune maniere, déroger par la
publication & reception de ladite Conftitution,
au droict que nous auons de juger en premiere in-
ftance des caufes majeures. & particulierement de

celles de la Foy; & que ſi quelques Eueſques Zelés
pour maintenir l'vniformité de la doctrine, & empeſcher que la chaleur des eſprits ne donnaſt occaſion au Schiſme, ont eu moins d'egard, à cauſe du
malheur du temps, à conſeruer les formes prati-
quées de tout temps dans l'Egliſe, qu'à maintenir
ſon vnité, ils n'ont pû faire neantmoins aucun
tort dans le fonds de noſtre droict, contre lequel
on ne ſçauroit preſcrire. Qui pourroit s'imagi-
ner que ce ſoit vn Eueſque qui parle, &
qui ſeul cenſure tous les autres Prelats du
Royaume?

L'autre obſeruation que ledit ſieur Filleau
fit contre cette piece, & par laquelle il dé-
couurit l'artifice & la ſuppoſition des Ianſeniſtes, qui non contants d'abuſer du nom &
de la doctrine de S. Auguſtin, qui ne peut les
dementir, ont la temerité d'impoſer de fauſſes
pieces à des Eueſques viuans, conſiſte en la
proteſtation injurieuſe, qu'on pretend eſtre
faite par vn Eueſque contre le ſainct Siege,
dans le meſme acte, par lequel il témoignoit
ſe ſoûmettre au ſainct Siege. Quelle ſeroit
cette biſarrerie de reclamer contre vne Bulle,
qu'on reçoit, & qu'on fait publier. Voicy les
termes par leſquels on luy fait finir cette Ordonnance de la ſuppreſſion de la Bulle de
noſtre ſainct Pere le Pape, pluſtoſt que de ſa

publication. *Et neantmoins, pour aller au deuant de tout ce dont se voudroient seruir les ennemis de l'Eglise, pour affoiblir l'authorité Episcopale, nous auons, en tant que besoin est, protesté & protestons par ces presentes, que le respect que nous rendons en ceste occasion au sainct Siege Apostolique, par la reception & publication de ladite Constitution, ne pourra nuire à l'auenir, ny prejudicier aux droicts Episcopaux, ny empescher que desormais nous ne puissions juger des causes majeures, & specialement de celles de la Foy.*

C'est ainsi que les Iansenistes pour authoriser leurs erreurs, ne font point de scrupule d'imposer aux Euesques, d'abuser de leurs noms, & de leur authorité; mais cela paroistra encor auec plus d'éclat au Chapitre suiuant.

crimine ab vno

Disce omnes.

Pour combattre la Bulle de N. S. P. le Pape
les Iansenistes font imprimer dans Poictiers, & publier vn Libelle, intitulé,
Lettre Pastoralle de Monseigneur
l'Archeuesque de Sens.

CHAPITRE XXIV.

IL ne suffisoit pas aux Iansenistes pour defendre leurs erreurs d'emprunter le nom
de Disciples de S. Augustin, & d'abuser de
la saine doctrine de cette grande lumiere de
l'Eglise. Ils voyoiët les anathemes & les foudres qui les deuoient reduire au nombre des
Heretiques, s'ils perseueroient obstinés, &
l'authorité du S. Siege estoit le grand obsta-
cle qu'ils rencontroient dans l'execution de
leurs desseins, sçachant que pendant que l'j-
dée de cette puissance seroit hautement imprimée dans les esprits de ceux qu'ils s'effor-
çoient de seduire, leurs efforts resteroient
inutils & sans effet. C'est pourquoy l'esprit
d'orgueil, qui anime toûjours les Heresiarques, les porta dans le déreglement du premier des Anges Apostats, & ils conçeurent

les mesmes vaines pensées, ou de destruire la
supreme puissance de l'Eglise, ou de s'égaler
à elle. Cette entreprise leur parut extraua-
gante en des personnes priuées : mais ils crû-
rent qu'elle pourroit reüssir s'ils se seruoient
du nom & de l'authorité d'vn Archeuesque
de France , ils penserent que par ce moyen
ils pourroient déguiser la desobeissance qu'ils
rendoient au sainct Siege, lors qu'elle parois-
troit voilée du specieux pretexte de conseruer les droicts de la puissance Episcopale,
qu'ils pretendoient faire voir opprimée dans
la procedure, qui auoit precedé l'Oracle
Apostolique : ils tâchent donc sous le nom
d'vn Archeuesque, de faire gouster aux Ignorans & aux Simples les motifs qu'ils disoient
auoir de se plaindre, de l'vsurpation qu'on
faisoit sur l'authorité de Nosseigneurs les
Euesques : & par cét artifice recherché ils
firent hardiment imprimer & distribuer dans
Poictiers, des milliers d'exemplaires d'vn Libelle que ie desire vous faire voir icy :

LETTRE PASTORALE DE
Monseigneur l'Archeuesque de Sens,

Pour la publication de la Constitution de Nostre-Sainct-Pere le Pape, Donnée à Rome le trente-vniéme iour de May dernier 1653.

Imprimée par le Commandement de mondit Seigneur.

LOVIS HENRY DE GONDRIN, Par la grace de Dieu, Archeuesque de Sens, Primat des Gaules & de Germanie : A nos tres chers Freres les Doyens Ruraux, Curez, Vicaires, Prestres & Superieurs des Maisons Religieuses de nostre Diocese, Paix & benediction. Comme la grace de Iesus-Christ est le cœur de la Religion Catholique, & la cognoissance de la vertu de la Grace l'vnique fondement de l'humilité Chrestienne; il ne faut pas s'estonner, si de toutes les anciennes traditions, il n'y en a point que le Demon ayt plus combatuë que celle qui conserue dans l'Eglise cette cognoissance si salutaire. C'est pour cela qu'apres que S. Augustin, qui auoit esté choisi de Dieu pour éclaircir toutes ces veri-

tez sainctes, eût glorieusement, triomphé des
Pelagiens qui estoient des ennemis estran-
gers, il luy en excita au dedans de l'Eglise
mesme, qui s'efforcerent de persuader qu'il
estoit tombé dans vne heresie directement
opposée à l'heresie Pelagienne; & eurent la
hardiesse de pretendre, que comme les Pelagiens *estoient dans l'excés & dans l'erreur*, en
combattant trop pour le libre arbitre contre
la Grace, Sainct Augustin qui les auoit re-
futez *auoit passé dans l'autre excés & l'autre* Cassian.
erreur contraire en éleuant trop la Grace sur le conf. 5.
libre arbitre. Il ne suffit pas que Dieu eût sus-chap.11.
cité saincts Prosper & Hilaire en France, & S. Prof.
auec eux vn petit nombre d'amateurs intrepides dans la
de la parfaicte Grace de Iesus-Christ, pour de- Lettre à
fendre sa Doctrine toute Celeste contre ceux S. Aug.
qui la combatoient par des opinions humai-
nes, plausibles & populaires: Il falut de plus
que le Pape Sainct Celestin s'en declarast le
Protecteur, en escriuant à tous les Euesques
de ce Royaume, *Qu'on auoit tort de decrier* S. Cele-
les Ouurages de l'vn des plus excellens Maistres stin das
de l'Eglise, & de l'accuser faussement d'auoir ex sa 2. Ep.
cedé & passé au delà des bornes necessaires: que uesques
sa memoire estoit saincte, & qu'on ne l'auoit ia-de Fra-
mais soupçonné de la moindre erreur. Et encore ce.
que depuis les Papes & les Euesques Fran-

cois l'euffent eftably & recogneu pour le
Docteur de la grace, en voulant que le fe-

Preface
du 2.
Concile
d'Oran-
ge.

cond Concile d'Orange qui étouffa le Se-
mipelagianifme ne compofaft fes Canons
que des propres maximes de ce grand Sainct,
n'ayant point jugé ny de penfées plus Diuines ny de paroles plus fainctes que les fiennes
pour former les Decrets du Sainct Efprit : &
quoy que dans le fiecle paffé le Sainct Concile general de Trente luy euft fait encore ce
mefme honneur, que de fe feruir de fes paroles pour compofer le plus important de fes
Canons touchant la grace ; l'ennemy perpe-
tuel de la verité ne laiffa pas d'attaquer de
nouueau fa Doctrine tant de fois confacrée
& authorifée par le Sainct Siege, en excitant
des opinions nouuelles, qui donnerent lieu

Clem. 8
dans la
Congr.
de Aux
ilijs
Aug.
per fe
ipfum
pag. 4.
& 5.

à cette grande Controuerfe *de Auxilijs*, & à
ces fameufes Conferences, où les deux fçauans Papes Clement VIII. & Paul V. choifi-
rent de nouueau Sainct Auguftin comme le
Iuge des Theologiens en cette matiere, & fa
doctrine comme la regle fur laquelle les Docteurs doiuent former leurs raifonnemens &
le S. Siege fes decifions. En fin nous auons
veu arriuer de noftre temps, ce qui arriua
lors de la premiere publication des Ouurages
de Sainct Auguftin durant fa vie mefme, &
entre

entre autres de celuy de la correction de la
Grace l'vn des chef d'œuures de ce grand
esprit. Car comme, au rapport de S. Prosper
elle causa deux effects bien differens, *l'vn*
que ceux qui suiuoient dés auparauant l'authorité
saincte & Apostolique de sa doctrine, en tirerent
vne nouuelle lumiere & vne instruction plus par-
faite, & l'autre que ceux qui estoient aueuglés par
l'obscurcissement de leurs premieres pensées, n'en
conçeurent qu'vne auersion plus forte : Aussi
cette mesme doctrine de S. Augustin ayant
reçeu vn nouuel éclat en nostre siecle, elle a
excité comme autres fois à ce grand Docteur
des Disciples & des defenseurs d'vne part, &
de l'autre des aduersaires & des ennemis. Or
entre ces defenseurs, feu Messire Octaue de
Bellegarde Archeuesque de cette Eglise de
tres saincte & tres-heureuse memoire, que
Dieu auoit vny auec nous par les doubles
liens de la nature & de la grace, & de la main
duquel nous auons reçeu, quoy qu'indignes,
le gouuernement de ce Diocese, se rendit illustre par le Recueil Latin des principaux
poincts de la doctrine de S. Augustin, distri-
buée par Titres, & expliquée par les plus
formels & les plus excellens de ses passages,
qu'il fit imprimer, & qu'il vous addressa par
vne Lettre Pastorale, auec ce Titre, *Sainct*

O

Augustin enseignant par soy-mesme les Catho-
liques, & vaincant les Pelagiens ; où il vous exhorta à vous nourrir des verités Celestes que
ce grand Sainct y explique, & de consulter
cét Oracle, auquel les Conciles & les Papes
r'enuoyent les Theologiens Catholiques,
pour s'instruire, & ont eux-mesmes recours
sur cette matiere. En quoy nous sçauons que
ce tres-pieux & tres-sage Prelat auoit suiuy
l'esprit general des plus doctes & des plus celebres Cardinaux de ce dernier siecle , qui

Card.
Bar. Ap-
pend.
tom. 10.
Edit.
Plant.
p. 965.

ont escrit , *Que le Siege Apostolique a declaré*
qu'il auoit approuué les sentimens de S. Augustin
touchant la Grace & le Libre-arbitre : qu'apres
cette approbation, ils ne doiuent pas estre conside-
rés comme l'opinion de quelques Docteurs parti-

Cardin.
Bell. l. 2.
de la
Grace
& du
lib. arb.

culiers , mais estre nommés , La Foy de L'Eglise
Catholique : qu'il est au-dessus de tous les Peres
pour son esprit & pour sa doctrine, & qu'il merite
d'estre honoré singulierement comme le Docteur

Cardin.
de Berul'
dans sa
vie, l. 3
c. 12.

& le Defenseur de la Grace de Iesus-Christ, com-
me le Protecteur (s'il faut ainsi dire) de Dieu con-
tre l'homme , & qui a sçeu parfaitement éleuer la
gloire du Createur sur l'abaissement & sur les rui-
nes des Creatures. Mais nous sçauons encore
qu'il a suiuy le jugement particulier d'vn des
plus eminents Prelats qui ayent gouuerné
cette Eglise, & qui n'a pas moins esté vn or-

nement de ce Siege qu'vne lumiere de l'Eglise Gallicane & de la Romaine, lequel a escrit:
Que S. Augustin est le plus grand Docteur au Card.
poinct de la Predestination (qui enferme en du Pe-
eminence toute la Grace) *qui ayt esté depuis* ron Re-
les Apostres : voire la voix & l'organe de l'an- pli. l. 14
cienne Eglise pour ce regard. Or comme nous
n'auons rien eu de plus cher que de suiure
l'esprit de ces grands hommes nos predecesseurs, & particulierement de celuy de qui
nous tenons immediatement la Charge que
nous exerçons ; nous auons crû luy deuoir
succeder dans la reuerence profonde & le
zele ardent qu'il a témoigné si hautement
pour la vraye Grace de Iesus-Christ, qui est
efficace par elle-mesme, & pour l'authorité
de S. Augustin : C'est pourquoy lors que
quelques particuliers se sont portés à cét
excez, de se seruir des mesmes artifices des
Semipelagiens pour décrier la doctrine de
ce sainct Defenseur de l'Eglise, en compo-
sant cinq Propositions qui peuuent auoir vn
sens heretique , qu'ils ont attribuées à feu
Monsieur Iansenius Euesque d'Ipre de saincte memoire ; nous auons employé tous nos
soins pour conseruer la paix & la pureté de
la vraye doctrine dans nostre Diocese; en faisant cognoistre à tous ceux dont le S. Esprit

O 2

nous a donné la conduitte, & qui font capables d'entendre ces grandes verités, que ces
Propofitions conçeuës en termes generaux,
ambigus & équiuoques, ne font point les
vrays fentimens de S. Auguftin, & qu'elles
ont efté compofées par des perfonnes qui
font profeffion publique de ne les pas fuiure,
& qui ont affecté expreffement cette generalité & ambiguité de termes vagues & indefinis pour les faire approcher des herefies
condamnées dans le fainct Concile de Trente; & les expofer ainfi plus facilement à la
cenfure. Ce qui ayant efté reprefenté de
viue voix & par efcrit à noftre fainct Pere le
Pape, apres qu'elles luy ont efté portées, &
que quelques Prelats de ce Royaume l'ont
fupplié de prononcer fon jugement fur ces
Propofitions, fa Saincteté a donné fa Conftitution le trent-vniefme May dernier, par
laquelle elle les a condamnées en general
feulement, fans toucher en particulier à la
doctrine qui auoit efté defenduë en fa prefence, & en les laiffant dans leur ambiguité
generale, felon laquelle tous les Theologiens
font toûjours demeurés d'accord qu'elles
pouuoient eftre condamnées. Or comme
d'vne part nous ne croyons pas qu'aucun
Prelat ou Theologien Catholique puiffe re-

uoquer en doute que ces Propositions, qui
ont esté composées artificieusement pour
estre susceptibles de sens heretiques, n'ayent
pû estre censurées comme telles en elle-
mesmes, & par les Euesques, & par le premier des Euesques Chef de l'Eglise de Iesus-
Christ ; & que pour ce poinct qui regarde la
censure, on ne puisse dire, que le jugement
de sa Saincteté est celuy de tous les Prelats,
estant conforme à la doctrine Ecclesiastique
& aux Decrets des Conciles : Aussi nous
estimons d'autre part, qu'il eust esté à souhai-
ter, que cette decision touchant des poincts
de la Foy & de la Grace, se fut faite d'abord
selon l'ordre commun & l'ancienne tradition de l'Eglise par les Euesques de ce Royaume, à qui il appartenoit de droict par l'essence de leur dignité, & selon les formes Cano-
niques d'en faire le premier jugement dans
vn Concile. Nous croyons que l'importance
de ces questions eust pû desirer que les Suc-
cesseurs des Apostres & les Peres de l'Eglise
Gallicane, estans establis par l'authorité du
S. Eprit Iuges naturels & legitimes en premiere instance des causes majeures & des
questions de la Foy, principalement de celles qui s'émeuuent dans ce Royaume & dans
les Pais de nos Voisins, ils eussent choisi par

O 3

le mouuement de leur zele pour la verité &
pour leur dignité Apoſtolique la meſme voye
qu'ont tenu autres-fois nos Predeceſſeurs;
qui, dans les Conciles d'Orange & de Va-
lance, & en pluſieurs autres Synodes, ont
decidé des poincts de la Foy auec tant d'édification & tant de ſuccés. Ce qui auroit heu-
reuſement engagé le Tres-ſainct Pere à ſuiure l'exemple ſi loüable & ſi venerable des
Saincts Pontifes qui l'ont precedé, en ſe ſer-
uant des meſmes moyens dont ils ſe ſont ſeruis en pareilles occaſions pour approuuer &
pour confirmer par ſon authorité ſuperieure
ce que les Prelats de France auroient jugé
auant luy par vn Concile. Nous penſons que
toute l'Egliſe auroit eſté extraordinairement
edifiée de cette conduite; & que l'Epiſcopat
eſtant auſſi vnique qu'eſt la verité, & auſſi
eminent dans ſa puiſſance qu'il eſt diuin dans
ſon origine, par ce que c'eſt le Sacerdoce
meſme de Ieſus-Chriſt non moins indiuiſi-
ble que ſon Egliſe; il n'y a rien que les Prelats doiuent auoir plus de ſoin de conſeruer
que les regles ſainctes & inuiolables de la tradition, qui ont eſtably l'Ordre ſolemnel des
Iugemens Eccleſiaſtiques, ſelon l'inſtitution
primitiue du S. Eſprit, la practique des Apoſtres, & ſubordination reguliere & canoni-

que de la Hirarchie sacrée de l'Eglise. Mais
puis que l'ennemy de cette Espouse de Iesus-
Christ semble auoir enuié cette gloire tant à
l'Eglise Gallicane qu'à l'Eglise Romaine, &
que ce n'est pas dans cette occasion & dans
vne Lettre Pastorale que nous pensons nous
deuoir efforcer de releuer l'Episcopat qui
s'abbat de iour en iour par les entreprises
de ceux, ou qui en ignorent la grandeur, ou
qui en méprisent la Saincteté, ou qui en re-
doutent la puissance, Nous nous contentons
de laisser aux peuples qui nous sont commis,
à déplorer par des gemissemens de Colom-
bes, & par les sentimens de bons & tendres
enfans, l'obscurcissement & la deffaillance
que reçoit tous les iours la Dignité Episcopale, qui est la lumiere du Monde, & l'authorité de l'Eglise Gallicane, qui est leur Mére.
Et reseruant à produire sur ce sujet les mouuemens de douleur & de zele qui nous per-
cent le cœur, & qui ont autres-fois animé
d'vne generosité Apostolique les saincts Peres & les grands Euesques de France nos Predecesseurs, Nous vous enuoyons presentement cette Constitution que nous vous ordonnons de receuoir, comme nous l'auons
receuë auec le respect qui est deu aux Suc-
cesseurs de S. Pierre, & qui a esté de tout

temps hereditaire aux Pasteurs de cette saincte & celebre Eglise Metropolitaine & pri-
matiale, afin qu'au premier iour de sainct Dimanche vous en fassiez la lecture au Prosne
de l'Eglise Parochiale. Et pour rendre vne
reuerence toute entiere à sa Sainčteté, dont
les paroles & les declarations nous doiuent
estre venerables, principalement lors qu'elles contiennent son intention veritable &
particuliere, qui semble estre comme l'esprit
qui anime le corps de sa constitution, &
comme vne loy viuante qui accompagne sa
loy escrite, Vous ne manquerez pas de faire
sçauoir aux peuples qui nous sont commis,
que Dieu a imprimé vn sentiment de respect
si particulier pour la doctrine & l'authorité
de S. Augustin dans le cœur de tous les chefs
de son Eglise, qu'il a inspiré à sa Sainčteté
de témoigner auant & depuis sa Constitution à plusieurs personnes irreprochables &
dont quelques vnes mesmes sont illustres &
eminentes, qu'il n'a iamais eu aucun dessein dans cette censure de toucher à la Grace
efficace par elle-mesme, necessaire à toute
bonne action, ny à la doctrine de S. Augustin ; sçachant aussi bien que Clement VIII.
son Predecesseur, que c'est celle du S. Siege
Apostolique, & vn Tresor precieux dont l'E-

Clem. 8
dans la
cong.
de Aux.

glife Romaine eſt depoſitaire. Cette Declaration expreſſe de ſa Sainĉteté, qui eſt maintenant auſſi publique & auſſi conſtante en
France qu'à Rome, nous oblige à vous en-
joindre de ne point ſouffrir, que les Predicateurs dans vos Egliſes ſoient ſi hardis que de
paſſer des termes generaux de ces Propoſitions qui les rendent cenſurables comme
heretiques, au ſens particulier & tout different qui contient les maximes fondamentales de la doĉtrine de S. Auguſtin. Veillez à
ce qu'ils ne preſchent la doĉtrine preciſe-
ment condamnée par cette Conſtitution, &
qu'ils demeurent dans les bornes que le Pape
leur a marquées : & s'ils imitent ceux dont
les Peres diſent, que de l'Euangile de Ieſus-
Chriſt ils faiſoient leur propre Euangile par
leurs fauſſes conſequences & leurs interpretations erronées; ne manquez pas de nous
en aduertir au pluſtoſt, afin que ſuiuant l'intention de noſtre S. Pere, & employans pour
la verité & pour la Foy de l'Egliſe la puiſſance
que le S. Eſprit nous a donnée, nous appre-
nions charitablement à ces perſonnes à ſepa-
rer, ſelon le Prophete, le ſainĉt d'auec le pro-
phane, & le precieux d'auec le vil. Quant à
vous en éuitant ſoigneuſement ces hereſies
& ces impietés, qui ſont proſcrites dans cette

Cenſure, recherchez la verité Catholique
dans cét excellent recueil de la doctrine de
S. Auguſtin, tout compoſé de ſes paroles
Latines, que noſtre tres-venerable & tres-ju-
dicieux Predeceſſeur vous a ordonné de lire,
pour annoncer aux Chreſtiens (que vous
gouuernez ſous nos Ordres) ce que ce grand
ſainct Docteur de l'Egliſe annonçoit à ſon
peuple, touchant la Grace, & ce qu'il eſcrit
qu'on doit enſeigner à tous les Fideles Catholiques. Preſchez leur auec vn eſprit de
paix & de charité, & non de contention &
de diſpute, les veritez les plus édifiantes &
les plus vtiles, leſquelles ſe reduiſent toutes
à entrer dans l'eſprit ſi humble & ſi recog-
noiſſant que l'Egliſe témoigne en ſes prieres, dans leſquelles S. Auguſtin meſme eſcrit
que le S. Eſprit a conſerué la plus ancienne
& la plus inuiolable Tradition de la Grace.
Apprenez leur ce que nous apprenons des
paroles meſmes que nous diſons publiquement à Dieu dans nos Egliſes, *Qu'il faut ſans
ceſſe demander cette grace qui doit nous preuenir
& nous ſuiure dans toutes nos actions: que Dieu
eſtant le Dieu des Vertus, tout ce qui eſt bon vient
de luy ſeul, & appartient à luy ſeul: que ſans luy
la fragilité humaine ne peut que tomber: que pour
auoir ſeulement vne bonne penſée nous auons be-*

S.Aug.
du don
de la
perſ. c.
22.&.23

foin de fon Efprit fainct : que c'eft luy qui nous
fait demander ce qui luy eft agreable, pour nous
accorder en fuitte ce que nous luy demandons : &
enfin que cette grace qu'il nous promet, eft le re-
mede vnique de toutes nos maladies, & l'vnique
efperance de ceux qui le feruent.

Voylà la Doctrine d'édification & de falut que l'Eglife noftre Bonne Mere enfeigne
à tous fes Enfans. C'eft pourquoy ie vous
conjure d'apprendre d'elle à parler comme
elle, & de fuiure auec vne parfaite fincerité
& vne profonde reuerence l'vne des principales & des plus fainctes intentions qu'a eu
noftre Sainct Pere dans fa Conftitution, en
fuyant toutes fortes de diuifions & de dif-
putes. Aymons la paix, prefchons la paix, &
ne la feparons pas de la grace, puifque les
deux premiers Apoftres S. Pierre & fainct
Paul dans leurs diuines Epiftres donnent
tout enfemble pour leur benediction Apoftolique la grace & la paix; nous apprenant
en les vniffant ainfi l'vne auec l'autre qu'on
ne doit iamais les diuifer. Ie vous conjure
donc par les entrailles de la charité paftorale, d'entrer auec affection dans le fentiment
& dans la pratique de ces veritez, de veiller
auec toute forte de circonfpection & de foin
à ce que le Troupeau qui nous a efté commis

pour le mener à Dieu ne soit nourry que d'v-
ne doctrine toute Celeste, & de considerer
que la grace de Dieu nous a esté donnée non
pour estre le sujet de nos contestations mais
pour estre la vie & la sanctification de nos
ames : afin qu'attirans sur nous certe mesme
Grace qui nous est si necessaire, elle se ré-
pande de nous sur les peuples que nous con-
duisons, & que les soustenans par ce secours
du Ciel qui est nostre vnique soustien, nous
puissions, comme le grand Apostre dit à son
Disciple, nous sauuer nous-mesmes en sau-
uant les autres. Fait à Brinon, ce vingt troisiesme de Septembre 1653.
Signé, L. H. DEGONDRIN.
    Archeuesque de Sens.
        Et plus bas, par Monseigneur : M. A. D'AIGNAN.

Cette Lettre Pastorale est arrestée par les
gens du Roy au Presidial de Poictiers,
& mise entre les mains des Docteurs
de Theologie, qui ont déliuré leur Procez
verbal de l'examen qu'ils en ont fait.

CHAPITRE. XXV.

LA hardiesse des Iansenistes fut telle,
qu'apres auoit fait imprimer cette pre-

tendue Lettre Paſtorale, en la forme qu'elle a
eſté tranſcrite au Chapitre precedent, ils en
firent vne diſtribution publique, auec la meſme liberté, que ſi cette piece fut venuë de la
main d'vn Eueſque de Poictiers, qui en eût
ordonné la publication dans ſon Dioceſe:
iuſques là meſme qu'ils ne ſe contenterent
pas d'en donner vn exemplaire à chacun en
particulier, mais pour luy bailler plus de
cours, ils en mirent iuſques au nombre de
ſept entre les mains d'vn Eccleſiaſtique, qui
apres l'auoir leuë, s'en trouua ſi ſcandaliſé,
qu'il en aduertit le ſieur Filleau Aduocat du
Roy, auec aſſeurance de luy fournir plus
grande quantité deſdits exemplaires s'il eſtoit
neceſſaire.

Le ſieur Filleau ayant reçeu cette copie
imprimée, la communiqua au ſieur Iarno
Procureur du Roy; & tous deux enſemble
apres en auoir fait lecture dans leur Parquet,
recognurent que c'eſtoit vne piece ſi injurieuſe aux droicts du ſainct Siege, & du Roy,
qu'il n'y auoit aucune apparence de preſu-
mer qu'elle partit de la main d'vn Prelat
François.

Cela les obligea d'en donner aduis au
ſieur Irland Lieutenant Criminel, & de luy
remonſtrer qu'il eſtoit expedient d'arreſter

le cours de cette piece, qui ne pouuoit paſſer
que pour vn Libelle diffamatoire, compoſé
contre l'honneur, l'authorité & les droicts
de noſtre ſainct Pere le Pape, & contre la
procedure tenuë par le Roy dans les inſtances qu'il auoit fait faire aupres de ſa Sainſteté
pour l'obtention de la Bulle, que cet imprimé, attaquoit auec autant d'outrage que de
ſcandale.

Mais d'autant que ce Libelle touchoit quelques points de Theologie, auſſi bien que de
la Police Eccleſiaſtique, il fut ordonné ſur la
remonſtrance deſdits Gens du Roy, que ladite piece ſeroit miſe és mains de deux Docteurs de la Faculté de Theologie de l'Vniuerſité de Poictiers. A cét effet on nomma
les ſieurs le Vaſſeur & Maret, tous deux Docteurs Regens en Theologie, & Curés en
cette ville de Poictiers, leſquels s'eſtans aſſemblés, & ayans examiné ladite piece, rendirent leur procés verbal en la forme qui
s'enſuit, dont l'Original, auec vn Exemplaire de cette pretenduë Lettre Paſtorale eſt
demeuré au Greffe Criminel du Siege Preſidial.

Procés verbal des Docteurs Regens en la
Faculté de Theologie.

N o v s Louys Le-Vaſſeur Docteur Re-

gent en la Faculté de Theologie en l'Vniuerſité de Poictiers, & Prieur de ſaincte Opportune, Helye Maret auſſi Docteur Regent en
ladite Faculté de Theologie, & Curé de S.
Sauin de cette-dite Ville, certifions, que par
l'ordre de Meſſieurs les Gens du Roy au Siege Preſidial de cette-dite Ville, Nous auons
leu & examiné vn certain Cayer imprimé,
ſans y auoir aucun nom d'Imprimeur, & qui
porte pour titre, *Lettre Paſtorale de Monſeig-*
neur l'Archeueſque de Sens; Et auoir trouué,
que la doctrine employée audit Cayer imprimé, eſt contraire a celle de la Bulle de noſtre ſainct Pere le Pape, par laquelle il a condamné l'hereſie des Ianſeniſtes, & que ſous
pretexte d'ordonner la publication de ladite
Bulle, on l'attaque dans ſa ſubſtance, & en
éleuant la doctrine de S. Auguſtin (qui n'a
iamais eſté du ſentiment des Ianſeniſtes) l'on
veut donner atteinte aux condamnations
fulminées par noſtre ſainct Pere le Pape. De
ſorte que nous ne pouuons eſtimer, que cette
pretenduë Lettre Paſtorale procedé en la
forme qu'elle eſt conceuë d'vn Prelat de la
qualité de Monſeigneur l'Archeueſque de
Sens: & qu'il y a apparence, ou qu'elle a
eſté ſuppoſée, ou alterée par les Ianſeniſtes,
pour donner quelque couleur à leurs erreurs

sous l'authorité d'vn grand Prelat. Fait és
Escholes de Saincte Opportune le 29 No-
uembre 1653. ainsi signé, L. Leuasseur
Prieur des Escholes de Saincte Opportune,
& H. Maret.

La censure de ces deux Docteurs en Theologie ayant esté rapportée, & mise és mains
des gens du Roy audit Presidial, ils exami-
nerent aussi dans leurs Parquet les raisons &
moyens de cette pretendue Letre Pastorale,
par lesquels les droicts du S. Siege, & ceux
du Roy se trouuoient receuoir quelque atteinte; & suiuant les jnionctions qui sont
faites aux Officiers du Roy, par la Declaration de sa Majesté rendue en execution de
la Bulle de sa Sainteté; ils estimerent estre
de leur deuoir d'en faire leurs plaintes, pour
arrester la distribution de ce Libelle jniu-
rieux au Pape & au Roy, & en consequence
de cette deliberation de leur Parquet, le
sieur Filleau, comme premier Aduocat du
Roy audit Siege Presidial de Poictiers, assisté de Maistre Marc Iarno Procureur du Roy,
fit la remonstrance au sieur Irland Lieutenant General Criminel, sur laquelle fut rendue l'Ordonnance qui s'ensuit.

Ordonnance

Ordonnance sur la remonstrance des Gens du Roy à Poictiers, Contre le Libelle intitulé Lettre Pastorale de Monseigneur l'Archeuesque de Sens.

CHAPITRE XXVI.

DE PAR LE ROY.

SVr ce qui Nous a esté remonstré par Maistre Iean Filleau Aduocat du Roy, assisté de Maistre Marc Iarno, Procureur du Roy, Que quelques particuliers distribuent en cette Ville de leurs authorité priuée vn certain Cayer imprimé sans aucun nom d'Imprimeur, comme il est requis par les Ordonnances & Arrests : qui porte le tiltre de *Lettre Pastorale de Monseigneur l'Archeuesque de Sens* : Et sans qu'il paroisse aucun Original ou coppie deuement collationnée à iceluy, lequel Cayer ayant esté de nostre Ordonnance veu & examiné par Messire Louis Le-Vasseur, Docteur Regent en la faculté de Theologie en cette Vniuersité, & Prieur de Saincte Opportune ; Et par Messire Helie Maret, aussi Docteur Regent en ladite faculté de Theologie, & Curé de Sainct Sauin de

P

cettedite Ville, ils ont rendu leur Procez
verbal le 29. Nouembre dernier, Signé
d'eux; Portant entre autres choses, Que la
Doctrine contenuë audit Cayer imprimé, est
contraire à celle de la Bulle de nostre sainct
Pere le Pape, par laquelle il a condamné
l'Heresie des Ianfenistes, & que sous pretexte
d'ordonner la publication de ladite Bulle, on
l'attaque dans sa substance, & en éleuant la
doctrine de S. Augustin, qui n'a iamais esté
du sentiment des Ianfenistes, on veut donner attainte aux condemnations fulminées
par nostre S. Pere le Pape. De sorte que lesdits Docteurs rapportent par le mesme procez verbal qu'ils ne peuuent estimer que
cette pretenduë Lettre Pastoralle procede
en la forme qu'elle est conceuë d'vn Prelat
de la qualité dudit Seigneur Archeuesque de
Sens, & qu'il y a apparence qu'elle a esté
supposée ou alterée par les Ianfenistes, pour
donner quelque couleur à leurs erreurs, sous
l'authorité d'vn grand Prelat. Laquelle supposition lesdits Gens du Roy ont encores découuerte par quelques obseruations qui re-
sultent de la lecture dudit Cayer imprimé,
où l'on fait parler vn Prelat François de haut
merite, & de grande consideration, en des
termes qui heurtent & l'authorité du sainct

Siege, & celle du Roy. Car quoy que les
Prelats ayent accouftumé de fe qualifier tels.
Par la grace de Dieu, & du Sainct Siege; On
luy fait obmettre cette feconde circonftance;
laquelle obmiffion joincte auec ce qui eft
porté dans la troifiefme page, où il eft dit que
ce Prelat *a receu de la main de fon Oncle le gou-*
uernement de fon Eglife; & fur la fin de la mefme
troifiefme page, *qu'il tient de luy immediate-*
ment fa charge d'Archeuefque, le feroit paffer
pour independant du Roy, qui eft fon nomi-
nateur en cette charge, & de noftre S. Pere le
Pape, qui la luy a conferée. On luy fait auffi dire en la 4ᵉ page que *les cinq Propofitions ont efté*
artificieufement compofées par des Semipelagiens,
contre ce que noftre fainct Pere le Pape a declaré dans fa Bulle, où il eft porté qu'elles
ont efté extraictes du liure de Ianfenius: &
on luy fait qualifier en la mefme page, *Ianfe-*
nius de faincte memoire; bien que fa Saincteté ait condamné fes opinions comme heretiques, & qu'elle ait mefme declaré, fur la fin
de fa Bulle, qu'elle n'entendoit point approuuer les autres opinions de Ianfenius, quoy
que non condamnées par cette Bulle. Dans la
mefme page on luy fait accufer *d'herefie & de*
mauuaife foy, ceux qui ont compofé les cinq Propo-
fitions en termes vagues & indefinis: Cela heur-

P 2

te Messieurs les Euesques qui les ont presen-
tées au Pape, pour prononcer sur icelles, &
c'est attaquer sa Majesté, qui a puissamment
appuyé la demande que Messieurs les Prelats
ont faite à sa Saincteté, d'en porter vn jugement decisif. On fait encores dire à ce Prelat en la mesme quatriesme page que *nostre*
sainct Pere le Pape n'a prononcé contre ces cinq
Propositions qu'en general seulement, sans tou-
cher en particulier, à la Doctrine qui auoit esté
deffendue en sa presence, & en les laissant dans
vne ambiguité generale. Ce qui est vn dementy donné à la Bulle qui declare qu'elles sont
tirées du Liure de Iansenius, & consequemment qu'elles sont condamnées, au sens
qu'elles ont en ce Liure là mesme. Et certes
puis que le Pape a declaré par sa Bulle, que
c'est à la Requeste de Messieurs les Euesques
de France, qu'il a entrepris cette affaire, &
qu'il a voulu remedier aux desordres que
cette Doctrine auoit desia causé, & pourroit
causer à l'aduenir, ces Propositions doiuent
estre entendues dans le sens qu'elles ont en
la bouche de ceux qui ont causé ces desordres dans l'Eglise, formant le dangereux party des Iansenistes. Sur la fin de ladite quatriesme page & au commencement de la
cinquiesme, l'on fait parler ce Prelat comme

prouuant que la Bulle de nostre sainct Pere
le Pape, est nulle, en ce que *estant question*
de la Foy & de la Grace; on luy fait dire, *qu'on*
n'a pas suiuy l'ordre commun, la primitiue insti-
stitution du sainct Esprit, & l'ancienne tradition
de l'Eglise, & qu'il appartenoit à Messieurs les
Euesques par l'essence de leur dignité, d'en
faire le premier jugement dans vn Concile,
Les Peres de l'Eglise Gallicane estans establis par
l'authorité du S. Esprit Iuges naturels en premie-
re instance des questions de la Foy. Ainsi nostre
sainct Pere le Pape, n'ayant pas suiuy cét
ordre, ny la tradition de l'Eglise, *ny l'institu-*
tion du S. Esprit, qui ne souffre point de dis-
pense, en decidant cette affaire, sans qu'elle
eût esté jugée auparauant par Messieurs les
Euesques dans vn Concile, en qualité de
Iuges naturels en premiere instance, n'est-ce
pas dire que nostre sainct Pere le Pape a erré,
& que sa Bulle est de nulle valeur & consideration, & contraire *à l'institution du S. Esprit?*
Par ce moyen l'on offense injurieusement
l'authorité du S. Riege, requis & prié par
Messieurs les Euesques de prononcer là dessus: c'est aussi par mesme moyen tacitement
blasmer la prudence du Roy, qui sans suiure
lesdits ordres, a agy aupres de sa Saincteté
pour faire decider ce different; & c'est de-

P 3

mentir ce que sa Majesté a declaré par son
Ordonnance du quatriesme Iuillet dernier,
qui porte que dans ladite Bulle il ny a rien
de contraire aux libertés de l'Eglise Gallicane, & aux droicts du Royaume. Sur la fin
de la mesme cinquiesme page, l'on fait dire
à ce Prelat *que l'Eglise Gallicane, & la Romaine
mesme, a esté priuée de la gloire qu'elle deuoit
auoir eu en cette affaire, & que dans les procedures, qu'on a tenuës, l'Episcopat y a esté abatu.* Par
telles paroles on fait plaintes contre le sainct
Pere, voire mesme c'est luy faire vne repri-
mande, d'auoir jugé de ces Propositions
auant que Messieurs les Euesques en eussent
porté jugement dans vn Concile : c'est accuser le Roy & Messieurs les Prelats, qui ont
escrit à sa Saincteté afin qu'elle agit ainsi,
d'auoir contribué à ces desordres, & cooperé
à la destruction de l'Episcopat, en ce que le
S. Pere, comme parle ce Cayer imprimé,
*n'ayant pas suiuy l'exemple des autres Pontifes,
qui l'ont precedé pour confirmer par son authorité
ce que les Prelats de France auroient jugé auant
luy dans vn Concile.* Ces paroles n'ont aucun
fondement dans la disposition des Canons &
Conciles, où il ne se trouue point que ce soit
vn ordre necessaire, que le Concile de Messieurs les Euesques doiue tousiours preceder

les decisions des Papes : Les Predecesseurs
de sa Saincteté, qui sont loüés dans ce Cayer
imprimé, ont pratiqué le contraire, & ont
condamné le Iansenisme en la doctrine de
Bayus, sans vn Concile precedent de Messieurs les Euesques, & de la mesme façon que
nostre sainct Pere le Pape Innocent X. l'a
condamné par sa Bulle. Dans la sixiéme
page l'on fait que ce Prelat donne autant
d'authorité à vn faux bruit, que les Iansenistes ont fait courir d'vn certain pretendu
discours de nostre sainct Pere le Pape, qu'à
la Bulle mesme de sa Saincteté ; & bien plus,
car il est dit audit lieu que c'est par ce moyen
qu'on sçait qu'elle est l'intention du Souuerain Pontife, & que cette intention fait qu'on
doit auoir particulierement égard à sa parole.
Quand ce bruit seroit veritable, il ne pourroit
auoir autant de force que la Bulle, n'estant
point venu à nous par les voyes juridiques ;
& cependant tout faux qu'il est, on veut que
la Bulle mesme en dépende ; & qu'elle soit
plus consideree pour cela. Au mesme lieu on
tasche d'empescher le fruict que cette Bulle
doit produire, declarant *qu'elle n'a point touché
à la Grace efficace par elle-mesme ;* car ces paroles sont ambiguës & captieuses, en ce que
toute Grace efficace estant efficace par elle-

P 4

mesme, comme personne n'en peut douter,
nostre sainct Pere le Pape n'en a point voulu
parler; mais sous ces mots, on veut garantir
la Grace des Iansenistes, qui doit estre efficace par elle seule, & en telle façon que le
Libre-arbitre ne puisse luy resister, ou pour le
moins ne luy resiste iamais. De plus, dans le
Cayer imprimé on adoüe en diuers endroits, comme dans la seconde page, que
*S. Augustin est la Reigle des decisions du sainct
Siege, & des Conciles en la matiere de la Grace,*
& que diuers Papes ont recognu cette verité.
Il est bien vray que les Papes se sont seruis
des sentimens & des paroles de cét incom-
parable Docteur; mais il ne peut estre pour
cela la Reigle des Oracles du sainct Siege,
par ce que tels Oracles sont infallibles, &
l'authorité d'vn Docteur pour grand & éclai-
ré qu'il soit, n'est point infallible. Partant
Nous auroit requis ledit Procureur du Roy
en execution de l'Ordonnance de sa Majesté
du quatriesme Iuillet dernier passé, de pouruoir aux desordres, que cause & peut causer
ce Cayer imprimé. A CES CAVSES, veu
par Nous l'vn des exemplaires dudit Cayer
imprimé, portant le titre de *Lettre Pastoralle
de Monseigneur l'Archeuesque de Sens,* veu aussi
le Procez verbal de l'examen qui en a esté

fait par lefdits fieurs Le-Vaffeur & Maret
Docteurs en Theologie, datté du vingt-
neufiefme Nouembre, que Nous voulons
demeurer en noftre Greffe, attachés à la mi-
nute de noftre prefente Ordonnance, para-
phés de Nous & dudit Procureur du Roy,
NOVS auons ordonné qu'à la Requefte
dudit Procureur du Roy, il fera informé contre ceux qui ont imprimé, fabriqué, fuppofé,
diftribué, ou donné cours en cette Ville ou
dans l'eftendue de noftre Reffort audit Cayer
imprimé, & à cette fin permettons audit
Procureur du Roy d'obtenir & faire publier
des monitions en forme de droict, pour le
procez leurs eftre fait & parfait fuiuant la ri-
geur des Ordonnances. Faifons inhibitions
& deffences à peine de cent liures d'amande,
applicables à l'Hoftel-Dieu de cette Ville,
à toutes perfonnes de diftribuer à l'aduenir,
ou retenir par deuers eux aucuns exemplaires dudit Cayer imprimé, enjoignons à tous
ceux qui en ont, de les apporter à noftre
Greffe dans huictaine, pour toutes prefixions
& delays, afin d'eftre fupprimés. Ordonnons
qu'il fera donné aduis par le Procureur du
Roy audit Seigneur Archeuefque de Sens de
noftre prefente Ordonnance, pour fe pouruoir fi bon luy femble, contre ceux qui ont

abusé de son Nom, & supposé ledit Cayer imprimé; ce qui sera executé en cas d'appel, nonobstant & sans prejudice d'iceluy, publié à son de Trompe, imprimé & affiché aux lieux publicqs de cette Ville, à ce que personne n'en pretende cause d'ignorance. Donné & fait en la Cour ordinaire & criminelle de Poictou à Poictiers, par nous Iean Irland, Conseiller du Roy, Lieutenant General Criminel en la Seneschaussée & Siege Presidial de Poictou, à Poictiers, le deuxiesme iour de Decembre, mil six cens cinquante-trois.

Signé, IRLAND Lieutenant Criminel.

M. IARNO Procureur du Roy.

Monseigneur l'Archeuesque de Sens est aduerty par les Gens du Roy de ce qui s'estoit passé à Poictiers touchant la supposition de cette pretenduë Lettre Pastorale.

CHAPITRE XXVII.

CEtte Ordonnance portant injonction aux Gens du Roy dudit Siege Presidial de Poictiers, de l'enuoyer audit Seigneur

Archeuefque de Sens, afin qu'il fut aduerty
du tort que les Ianfeniftes faifoient à fa qualité & à fa perfonne, par la diftribution &
publication d'vne piece, qu'ils fuppofoient
eftre l'ouurage de fes mains, intitulée de fon
nom. Les mefmes Aduocat & Procureur du
Roy, qui auoient obtenu cette Ordonnance,
fe mirent en deuoir d'y fatisfaire, & de témoigner audit Seigneur Archeuefque de
Sens, le zele qu'ils auoient pour fon feruice
dans vne occafion fi importante, qui ne regardoit pas feulement fa perfonne, mais celle
de tous Noffeigneurs les Prelats de France
intereffés, à ne pas fouffrir qu'on abufe de
leur nom & de leur authorité, pour appuyer
vne defobeiffance formelle aux decifions de
fa Saincteté, qu'ils ont toûjours recognüe &
refpectée, comme le Sanctuaire du S. Efprit,
& le Chef fupreme & Monarchique de l'E-
glife vniuerfelle.

L'intereft public, qui les attache à combatre les fauffetés & les fuppofitions, en des occafions moins importantes que celle qui fe
prefentoit, euft efte fuffifante, ceffant l'injonction expreffe portée par cette Ordonnance, de les y engager pour donner moyen
à vn fi grand Prelat, de faire chaftier ces temeraires & infolens efprits, qui auoient at-

tenté à son honneur & flestry sa reputation, par vne piece si éloignée des maximes orthodoxes.

C'est pourquoy les Gens du Roy pour s'acquiter de ce qui leur estoit enjoinct, ensemble pour donner ouuerture au chastiment exemplaire, que meritoient ceux qui auoient vsé de cette supposition, escriuirent vne Lettre audit Seigneur Archeuesque de Sens, luy enuoyerent vn exemplaire de l'Ordonnance qu'ils auoient obtenuë : & afin que le tout luy fut rendu auec plus de fidelité, on en fit vne particuliere recommandation à la Vefue Girault, qui tient le Bureau des Lettres de la Poste en cette Ville, laquelle en suitte fit l'addresse de tout à son Correspondant à Paris, & le chargea expressément de faire porter le pacquet en l'Hostel dudit Seigneur Archeuesque, pour luy estre fidelement deliuré ; ce qui a esté ponctuellement executé.

Mais quelque precaution que les Gens du Roy du Presidial de cette Ville y ayent pû apporter, quelque soin & vigilance qu'on ayt eu pour faire tenir ce pacquet important, selon son addresse, ils n'ont pas esté assez heureux pour reçeuoir réponse de la part dudit Seigneur Archeuesque de Sens; ce qu'ils ont imputé volontiers à quelque bonté dudit Seigneur, lequel comme perſonne conſtituée dans les premieres dignités de l'Egliſe, s'eſt contenté par vn eſprit genereux & plein de pieté, de pardonner à ceux qui l'auoient ſi outrageuſement offenſé, pluſtoſt que de recourir à la ſeuerité de la juſtice, de laquelle les Autheurs de ce Libelle ſuppoſé, n'euſſent pû éuiter les peines plus rigoureuſes, ſi celuy que l'offence regardoit directement, euſt voulu ſe ſeruir de ſon authorité, & joindre ſes plaintes à celles qui auoient deſia éclaté.

Mais auſſi afin que les Gens du Roy audit Poictiers, puſſent par des voyes irreprochables juſtifier leur procedure, & faire cognoiſtre, qu'ils auoient ſatisfait à ce qui leur eſtoit preſcrit, ils laiſſerent au Greffe du Siege de Poictiers vn double de la Lettre, par eux eſcrite audit Seigneur Archeueſque de Sens, & en enuoyerent vne copie à Monſeigneur le Nonce, pour l'aduertir de tout ce qui ſe paſſoit en cette occaſion, qui regardoit les intereſts de ſa Saincteté.

Lettre des Gens du Roy à Monſeigneur l'Archeueſque de Sens.

Monſeigneur,

Quelques particuliers ayans fait impri-

mer en cette Ville de leur authorité priuée,
vn Cayer portant le titre de *Lettre Pastorale*,
comme émané de vous, que les Docteurs de
Theologie ont recognu contenir vne doctrine contraire à celle de la Bulle de nostre S.
Pere le Pape, Nous auons estimé ne pas deuoir souffrir qu'on abusast de vostre nom par
telles suppositions, & auons obtenu le jugement du deuxiéme de ce mois, duquel nous
vous enuoyons copie auec l'exemplaire de ce
Cayer imprimé, selon qu'il nous est enjoinct
par le mesme jugement; afin que s'il vous
plaist tirer raison de l'offense qui vous est
faite par telle supposition, vous nous en fassiez aduertir, & que nous puissions employer
tous nos soins, pour seconder en cela vos intentions en qualité de

Monseigneur,

Vos tres-humbles & tres-obeïssans Serui-
teurs les Gens du Roy au Presidial de
Poictiers,
I. FILLEAV, Aduocat du Roy.
M. IARNO, Procureur du Roy.

Au dessus de cette Lettre est escrit :

A Monseigneur
    Monseigneur l'Archeuesque de Sens
              A Sens.

On enuoye à fa Sainƈteté l'Ordonnance rendue contre cette pretendue Lettre Paftorale.

CHAPITRE XXVIII.

Omme ceux qui auoient fuppofé cette Lettre Paftorale, fous le nom de Monfeigneur l'Archeuefque de Sens, eftoient ennemis de la puiffance fouueraine du Chef de l'Eglife vniuerfelle: il n'eftoit pas raifonnable que cette entreprife fi temeraire, qui s'eftoit éleuée iufques contre la Thiare du Vicaire de Iefus-Chrift: fuft fouftraitte aux foudres & aux Anathemes. C'eft pourquoy le fieur Filleau, pour continuer les refpects qu'il doit au fainƈt Siege, & pour ne pas fouffrir qu'on attaquaft impunement cette fupreme authorité, creut eftre de fon deuoir, d'informer noftre fainƈt Pere le Pape, de ce qui s'eftoit paffé en cette Ville. A cét effet il enuoya à fa Sainƈteté vn exemplaire de l'Ordonnance rendue fur fa remonftrance, auec vn des Imprimés de cette pretendue Lettre Paftorale.

Mais d'autant que fa Sainƈteté, & le facré

Conclaue pourroient auec plus de facilité
prendre la lecture & l'intelligence de cette
Ordonnance, si elle estoit conceüe en termes
Latins, on en fit vne version Latine,& le tout
fut addressé au pieds de sa Saincteté par ledit
sieur Filleau, qui luy escriuit en ces termes.

Sanctissimo Domino nostro Innocentio, in Terris
Christi Vicario, & totius Ecclesiæ Pontifici
maximo.

Ioannes Filleau Regi Christianissimo à secretio-
ribus Consilys, eiusdemque apud Pictauienses
Propotopatronus, deuotum humilitatis & obe-
dientiæ famulatum.

Beatissime Pater,

Ignotus sacris Apostolicæ Sedis pedibus
aduoluor, si tamen aliquem liberorum, Ca-
tholicus pater ignorat. Audaciæ meæ ve-
niam dabit accedendi necessitas, quæ diu-
tius in hac Vrbe Pictauiensi Apostolici Principis tutelari præsidio gloriosa, & mox Romanæ purpuræ radijs illustranda; sub verô,
vel ementitô Præsulis Senonensis nomine,
Apostolica oracula conuelli non sinit, vel
Aprum ferocem, sub titulo pastoris sæuire
non permittit. Prodijt quippe ex adipe iniquitas, & data est in lucem solis damnanda
tenebris Epistola, quæ mentita orthodoxum
praesulem,

præfulem, tota Ianfeniana fæce fcatebat,
Pontificiam conftitutionem feculis fcriptam
deriforio ftilo mactabat, Regis Chriftianiffi-
mi pro impetrando Apoftolico oraculo in-
terceffionem imprudentiæ adfcribebat, damnatis erroribus, & Anathemate profcriptis,
gratiofam & auxiliarem manum folis admo-
uendam Sacris porrigebat. Vt priuatus, ex-
horrui tam famofum carmen, vt Patronus
Regius, & criminum vindex infurrexi in
Apoftolicæ dignitatis violatorem criminofum, Reum poftulaui vel affertorem criminis,
vel authorem, inquifitum eft in fœderatos
hoftes & Pontificis & Principis, vt Apofto-
lici diplomatis fides temerata refurgeret,
fciretque orbis vniuerfus numquam Ecclefiæ defuturam Galliam, nec amplius mon-
ftra nouiffe, nifi vt confodiat, fuoque in
gremio Pictauium Hilarij fouere difcipulos,
qui fanctiffimo Innocentio addicti, intrepi-
dè ad Ecclefiæ decus extrema omnia, & facere & pati non recufent: Quorum me nu-
mero adfcriptum Breuiculum iftud forenfe
latio Sermone redditum, quô facilior illi
Romæ fit aditus, ad fanctitatis veftræ pedes
teftabitur. Datum Pictauij die 10. menfis
Decembris anno Chrifti 1653.

I. FILLEAV.

Q

Dans le mesme pacquet adressé à sa Sainteté estoit ladite Ordonnance du 2. Decembre 1653. conceüe en termes Latins, & en la forme qui suit.

Regis Christianissimi nomine & authoritate.

CVM retulerit ad nos Magister Ioannes Filleau Patronus Regius, agente cum eo, Magistro Marco Iarno Procuratore Regio, nonnullos priuatos homines suapte authoritate libellum quemdam nullius Typographi nomine ascriptum, quemadmodum & Regijs edictis & Senatus-consultis cautum est, passim per Vrbem spargere, cui titulus est, *Litteræ Pastorales Domini Archiepiscopi Senonensis.* Cum tamen nullum extet archetypum, vel apographum vllum ritè, & vt par est, ad illud exactum. Qui libellus cum de nostro mandato visus examinatusque fuerit à Domino Ludouico Le-Vasseur sacræ facultatis Theologiæ in hac Academia Doctore Regente, & Sanctæ Opportunæ Priore: & Domino Elia Maret eiusdem item sacræ facultatis Doctore Regente, & Sancti Sauini huius pariter Ciuitatis Rectore, ab ijsdem totius rei acta Chirographo suo firmata, ad nos perlata sunt 29. Nouemb. proxime superioris: In quibus in primis declaratur do-

ctrinam illo libello comprehenſam cum diplomate Sanctiſſ. D. N. Papæ, quo Ianſeniſtarum hæreſim proſcripſit, ex aduerſo pu-
gnare, & per ſpeciem indicendæ publicatio-
nis eiuſdem Diplomatis, ipſius caput & iu-
gulum peti, extollendaque Sancti Auguſtini doctrina, qui Ianſeniſtarum erroribus nuſ-
quam ſuffragatur, latam in eos à S. D. Sententiam oppugnari, ac proinde prædicti Doctores in ijſdem actis conſtanter aſſerunt
haud poſſe ſe adduci vt credant, huiuſmodi
Litteras Paſtorales ea forma conſcriptas ab
Illuſtriſſimo Archiepiſcopo Senonenſi pro-
fectas eſſe, atque omnino veroſimilius videri
eas à Ianſeniſtis vel confictas vel adulteratas,
quo tanti præſulis nomen & authoritatem
erroribus ſuis obtenderent. Quæ fraus nec
ipſos fefellit Regios cognitores, qui & ipſi
in eo perlegendo libello nonnulla obſerua-
runt, vt quod Gallicanus Epiſcopus meritiſ-
ſimus, idem ac ſpectatiſſimus ita loquens inducitur, ſuis vt verbis Pontificiam æque Re-
giamque conuellat authoritatem. Cum enim
cæteri ſuis ſe titulis inſcribere ſoleant, *Epiſcopos Dei & ſanctæ Sedis gratia:* hæc poſterio-
ra verba ibidem ſupprimuntur, quæ omiſſa
perindè vt ea quæ habentur Pagina 3. vbi ait
ſibi traditâ a Patruo Eccleſiæ ſuæ adminiſtratio-

nem, rursumque extrema Pagina 3. *Dignita-*
tem Archiepiscopalem ab eodem se immediatè ac-
cepisse, alicui facilè persuadeant, eum nullo
nexu obligatum aut Regi aut Pontifici, quorum tamen illi nominationem debet, huic
collationem. Pagina 4. asserere fingitur,
Propositiones quinque à Semipelagianis callidè
concinnatas fuisse, contra apertam & expres-
sam Pontificis testificationem asserentis, eas
à Iansenij libro depromptas fuisse. Eadem
Pagina indigetat, *Iansenium sanctæ memoriæ*,
quamuis Pontifex eius opiniones hæresis
damnauerit, & ad calcem Diplomatis clarè
significarit, sibi in animo non esse approbare
cætera eiusdem Iansenij dogmata tametsi eo
Diplomate non diserte damnata. Eadem Pagina hæresis & malæ fidei nomine insinu-
lat, *Authores quinque Propositionum, vt qui*
eas vagis infinitisque verbis expresserint. In quo
& illustrissimis Galliæ Antistitibus injuriam
facit, à quibus eæ ad Pontificem missæ, quo
motam super ijs controuersiam omnem diri-
meret, nec-non & Christianissimi Regis Ma-
jestati, qui eorum apud Pontificem postula-
tioni quam maxime fauit, vt decretoriam vl-
timamque sententiam ferret. Addit & Pagina 4. *S. D. N. aduersus Propositiones in vni-*
uersum tantum pronunciasse, nec propriè attigisse.

doctrinam eam quæ ipſo præſente propugnata fue-
rat, eas nempe verbis ambiguis & confuſis expriſ-
ſas relinquendo. In quo Pontificium Diploma
falſi coarguit, quod declarat eas deſumptas
ex libro Ianſenij, proindeque eodem ſenſu
atque intellectu, quo ibidem habentur damnari : Et ſane quando quidem ſuis litteris
Pontifex conteſtatus eſt ſe rogatu Epiſcoporum Gallicanorum id negotij ſuſcepiſſe, vo-
luiſſeque malis quæ iam doctrina illa attule-
rat præſentem facere medicinam, aut quæ ex
ea meritò timerentur, in futurum occurrere.
Huiuſmodi propoſitiones eo ſenſu accipi debent, quo dicuntur ab ijs, qui periculoſæ Ian-
ſenianorum factionis in Eccleſia ſignum ſu-
ſtulerunt. Sub finem Paginæ 4. & initio 5.
inducitur Epiſcopus ille probans nullum eſſe
Diploma Pontificium ; *Quod cum de fide &*
gratia ageretur, dicat, *haud obſeruatam fuiſſe*
communem conſuetudinem atque antiquam Ec-
cleſia traditionem, propriéque ad Epiſcopos perti-
nere ac de eſſentia muneris Epiſcopalis eſſe, vt con-
uocato Concilio primi de re tota cognoſcant, quip-
pe cum Eccleſia Gallicana Patres Iudices nati
controuerſiarum fidei, quod quidem ſpectat ad
primam earum diſceptationem à Spiritu Sancto
conſtituti ſint. Itaque cum Pontifex in hoc
definiendo negotio ab eo more, *ab Eccleſia*

traditione & Spiritus Sancti institutione (à qua
nulla datur exemptio) *discesserit*, *nullo vide-
licet super his Episcoporum*, *quibus prima huiuf-
modi controuersiarum cognitio competit habito
ante Concilio,* perindè est ac si diceret erraffe
summum Pontificem, Diploma eius nullum,
irritum caffumque effe, ac Spiritus sancti in-
stitutioni penitus aduerfari. Sic & Pontificis, qui ab Episcopis quid sentiret perspicuè
decidere rogatus fuerat, conculcatur authoritas, & mendacij nota infamatur rescriptum
Regium 4. Iulij datum, quo neque libertati
Ecclefiæ Gallicanæ nec Regni Iuribus Pontificio Diplomate quidquam derogari dicitur. Extremò pagina 5. additur, *Ecclefiam
Gallicanam atque adeo Romanam caruiffe ea gloria quam inde ad eas redundare oportebat*, *& in
earum rerum actu Episcopalem dignitatem pro-
tritam fuiffe.* Quibus verbis summus Pontifex incusatur, atque adeo etiam sugillatur,
qui de ijs Propofitionibus ante statuerit,
quam in Synodo ab Episcopis vocatæ effent
in difceptationem. Sic & in Christianissi-
mum Regem, illustrissimosque Præsules gra-
uis culpa confertur, qui ad summum Pontificem litteras dederint, vt rem totam eo quo
factum est modo expediret, tanquam in eorum omnium malorum authores, & Episco-

palis dignitatis euersores, quod summus Pontifex vt habet diserte libellus, *Superiorum Pon-*
tificum exemplis minimè institerit vt decreta à
Gallicanis Præsulibus in Consilio sancita confir-
maret. Quæ verba nullo fundamento nituntur in sanctionibus vel sacrorum Canonum,
vel Conciliorum, vbi nusquam constitutum
est, vt Episcoporum Concilium Pontificum
decreta necessario antecedere debeat: nam
priores Pontifices qui hoc libello laudantur
longe aliam rationem sequuti sunt, nulloque
antegresso Episcoporum conuentu Iansenia-
nos errores in Bajo proscripserunt, haud alia
prorsus à sanctissimi Pontificis Innocentij,
qui eos anathemate perculit, ratione inita.
Pagina 6. idem Antistes nihilo minorem fidem adhibet falso cuidam rumori à Iansenistis disseminato de Sermone quodam quem
à Pontifice habitum mentiuntur, quàm ipsi
Diplomati imò & maiorem. Ibidem quippe
dicitur, *Per hæc mentem Pontificis exploratam*
perspectamque fieri, indidemque sequi eiusdem
Pontificis verborum habendam potißimum esse
rationem. Hæc porro fama vt vera foret nunquam tamen apud nos momenti obtinere
posset quantum sibi vendicat Diploma Apo-
stolicum, cum ad nos iuridicè minimè per-
uenerit. Et tamen cum à vero alienissima sit,

omnem Diplomatis vim in ea consistere vo-
lunt, eoque nomine maiorem in eo rumore
inesse authoritatem. Ibidem nihil non moliuntur, quo Diplomatis illius fructum omnem impediant, dum pronunciant : *Illud*
gratiam per se efficacem minime attigisse, quæ
voces ambiguæ sunt & fallaces, propterea
quod gratia omnis efficax, per se efficax est,
quod cum nemini dubium esse queat, de in-
dustria ab ea commemoranda abstinuit Pontifex: sed eorum inuolucro verborum gratiam
Iansenisticam tegere nituntur, quam ex illorum mente per se solam efficacem esse necesse est, idque ita vt liberum arbitrium eidem nunquam resistere queat, vel certè nunquam reipsa resistat. Ad hæc multis passim
locis toto illo libello profitentur, vt pag. 3.
non aliam normam quam sanctum Augustinum in ijs quæ ad gratiam spectant à Pontificibus & Concilijs adhibendam esse, idque
multos Pontifices pro comperto ac certo ha-
buisse. Sane vero vt multi Pontifices eximij
Doctoris sententijs vsi sint, non continuo
Pontificiorum oraculorum eum esse regulam necesse est, quod hæc oracula nulli falsi-
tatis periculo subiaceant: Nullius verò Doctoris quantumuis singularis atque eruditi
authoritas sit extra omnem erroris aleam,

Cùm itaque Procurator Regius à nobis po-
stularit, vt ad executionem Edicti Regij mense Iulio huius anni dati prospiciatur ijs in-
commodis, quæ libellus iste vel iam attulit,
vel allaturus est, Nos proinde viso Libelli
exemplo, cui titulus *Litteræ paftorales Domini
Archiepifcopi Senonenfis*. Vifis item actis examinis inftituti à dictis Dominis Le-Vaffeur
& Maret, Doctoribus Theologis 29. No-
uembris datis, (quæ quidem in tabulas publicas referri, ibidemque afferuari volumus ad
huiufce noftræ fanctionis autographum alli-
gata, noftroque & Procuratoris Regij Chirographo notâque confignata) edicimus vt
iuxta poftulata dicti Procuratoris Regij diligenter inquiratur in eos qui ediderint, confla-
rint, fuppofuerint aut diftraxerint eumdem
Libellum, vel in hac Vrbe vel alio loco Iurif-
dictionis noftræ : ideoque permittimus dicto
Procuratori Regio, vt obtineat & promul-
gandas curet commonitiones iuxta formulas
Iuris, quo fancita legibus feueritas pœnarum
eis irrogetur. Inhibemus ac vetamus indicta
centum librarum mulcta Xenodochio vrbano dependenda, nequis vel difseminare in-
pofterum, vel retinere apud fe audeat vlla
dicti Libelli exempla. Infuper decernimus,
vt fi quæ quifquam habuerit ea intra octi-

duum, ad summum, ad nostrum tabularium
deferat, vt supprimi possint. Volumus vt Procurator Regius de hac nostra sanctione dictum Dominum Archiepiscopum Senonen-
sem certiorem faciat, vt eos qui eius nomine
abusi dictum Libellum supposuerunt, si ita
videbitur, actione persequatur. Quod quidem Edictum nostrum, quamuis interceden-
te pronocatione qualibet, ea tamen nihil pro-
hibente executioni dabitur, per publicum
Præconem promulgabitur, Typis mandabi-
tur, & ad publica Vrbis loca affigetur, ne quis
rei ignorationem obtendere possit. Datum
in Curia ordinaria causarum capitalium Sedis Pictauiensis. Pictauij per Nos Ioannem
Irland, Regi à Consilijs, capitalium litium
Quæsitorem in Prouincia ac Sede Pictonica
2. Decembris anno 1653.

*Sic subsignatum I. IRLAND, capitalium
litium Quæsitor.*

M. IARNO, Procurator Regius.

Il seroit superflu d'adjouster en ce lieu l'approbation que sa Saincteté a donné à cette
Ordonnance, puis qu'elle en a rendu des
témoignages publics à Rome en presence
des plus-éminentes personnes de sa Cour,

auec des termes si aduantageux au Siege
Presidial de Poictiers, & à celuy qui auoit informé sa Saincteté de cette procedure juridique, qu'il est éuident que le Sainct Esprit
a commencé & paracheué cet ouurage, &
qu'il y a lieu d'esperer que cette supposée
Lettre Pastorale ne sera pas mieux receuë à
Rome, qu'elle l'a esté en France. Ie produi-
rois icy des pieces authentiques & juridiques, qui ont paru depuis, si ie n'estois en-
fermé dans vne Relation du Iansenisme, qui
n'a pour matiere, que ce qui s'est passe sur ce
sujet dans cette Ville, & dans la Prouince
de Poictou.

---

*Quel a esté le sentiment de leurs Majestés
& des principaux Ministres d'Estat,
touchant cette Ordonnance renduë contre la pretenduë Lettre Pastorale.*

CHAPITRE XXIX.

CEtte Ordonnance du 2. Decembre
1653. renduë contre cette pretenduë
Lettre Pastorale, fut publiée a son de trompe, imprimée, & affichée par tous les Carrefours de la ville de Poictiers le 6. du mois de

Decembre par Porcheron l'vn des Huiffiers
du Siege Prefidial , & par le Commis du
Trompete & Huche public, qui en deliure-
rent leurs Procés verbaux. Mais comme ce
Libelle eſtoit injurieux , non ſeulement à
l'authorité de noſtre ſainct Pere le Pape ,
mais auſſi à celle du Roy , ſelon les remarques qui en ont eſté faites, & ſpecifiées dans
ladite Ordonnannce , il eſtoit raiſonnable
que leurs Majeſtés en fuſſent aduerties , enſemble ſon Eminence , & les principaux Miniſtres d'Eſtat. Le ſieur Filleau, qui auoit
pris le ſoin & la conduitte de cét ouurage,
eſcriuit diuerſes Lettres à Paris , qui accom-
pagnerent & ladite Ordonnance , & les
exemplaires imprimés de cette pretendue
Lettre Paſtoralle.

Cette Ordonnance ayant eſté entre les
mains des plus conſiderables perſonnes de
l'Eſtat , fut incontinant rendue publique
dans Paris. Et d'autant que la curioſité des
perſonnes bien intentionnées pour le Pape
& pour le Roy, ne pouuoient eſtre ſatisfaites
par vn ſi petit nombre d'exemplaires, qui en
auoient eſté enuoyés à Paris , on la fit imprimer dans cette grande Ville; & par ce moyen
elle put contenter la curioſité des veritables
Orthodoxes , & apporter de la confuſion aux
Ianſeniſtes.

Mais, à quoy ne s'attache point l'Heresie? quels subterfuges ne recherche-elle pas? à quoy n'a elle point recours, pour obscurcir si elle pouuoit les verités toutes éuidentes? de quels pretextes mensongers ne s'efforce-elle point, de couurir ses erreurs? si on en doute, qu'on considere ce qui se passa dans Paris, apres cette publication de l'Ordonnance. Les Iansenistes voyans, qu'elle estoit generalement approuuée, & que dans la substance elle ne pouuoit estre debatuë, ils s'aduiserent de faire dire dans toutes les compagnies, que c'estoit vne ruse des Ministres de la R.P.R. de Charanton, qui auoient supposé cette Ordonnance, comme venant de Poictiers, où elle n'auoit iamais paru, & que c'estoit vne piece fausse, & calomnieusement supposée, pour decrediter ceux qui vouloient soustenir & defendre le party de la verité.

Les Iansenistes s'efforcerent de donner cours à ces bruits dans la ville de Paris, quoy que ceux qui sçauoient l'intelligence secrete, qui est entre les Sectateurs de Iansenius & les Religionnaires pretendus reformés, ne pussent en estre persuadés.

Mais comme en vne question de fait il est facile faute de preuues bien éuidentes, de faire

telle impreſſion qu'on voudroit, la trompe-
rie eût plus long temps continué, s'il ne ſe
fut trouué des perſonnes bien-intentionnées
qui en donnerent aduis au ſieur Filleau, & le
prierent d'enuoyer à Paris quelque nombre
conſiderable d'exemplaires de cette Ordonnance, auec le nom de l'imprimeur qui y
auoit trauaillé dans Poictiers. On y ſatisfit
auſſi-toſt, & les eſprits furent enfin deſabuſés.

Cependant les Puiſſances, qui auoient receu cette Ordonnance, accompagnée des
Lettres dudit ſieur Filleau, voulurent faire
paroiſtre leur approbation à l'aduantage de
la verité, & témoigner la ſatisfaction que la
France reçeuoit de voir l'authorité de l'Egliſe ſi courageuſement ſouſtenuë par des Officiers du Roy dans la Prouince, où il ſemble
que l'hereſie a touſiours cherché ſes aduantages & ſa retraitte, mais où elle a auſſi trouué
des courages qui ne ſçauent flechir, que ſous
le joug des verités orthodoxes, & qui ſont
aſſés illuminés pour ne pas eſtre ſurpris par
la vaine apparence d'vn menſonge indu-
ſtrieuſement déguiſé.

La Reyne, qui dans la naiſſance de ce
monſtre infernal (i'entends le Ianſeniſme)
a eſté cette femme forte & prudente du texte
ſacré, qui a interpoſé ſon authorité pour l'é-

touffer , & par vn zele infatigable donné
l'exemple à toute la France de faire le fem-
blable, voulut auoir la lecture de cette Ordonnance dans fon Cabinet. Elle fut fi
aggreable à fa Majefté, qu'elle en rendit des
témoignages publics aux Gens du Roy de
ce Siege, qui l'auoient obtenuë fur leurs remonftrances, & fit l'honneur tant audit fieur
Filleau Aduocat du Roy, qu'audit fieur Iarno Procureur du Roy, de leur efcrire fepare-
ment les Lettres qui fuiuent.

Lettre efcritte par la Reyne au fieur Filleau
Aduocat du Roy.

Monfieur Filleau,   I'ay appris auec
joye de quelle façon vous vous eftes porté,
& tous les Officiers du Prefidial de Poictiers,
contre la Lettre Paftorale, que l'Archeuefque de Sens auoit enuoyée : & ie fuis bien
aife de vous donner à cognoiftre par ces
lignes, combien ce témoignage de voftre affection m'a efté aggreable, & comme ie vous
en fçay bon gré, afin de vous conuier, quand
il fe prefentera des affaires de cette nature,
à y apporter le mefme foin , & la mefme diligence que vous auez fait en celle-cy : vous
affeurant que ie feray cognoiftre au Roy,
Monfieur mon Fils la qualité de ce feruice,

& de tous ceux que vous aurez occaſion de
luy rendre, & que j'auray à plaiſir de vous
donner en toutes rencontres des marques de
ma bonne volonté. Cependant ie prie Dieu,
Monſieur Filleau, qu'il vous ait en ſa ſaincte
garde. Eſcrit à Paris le 21. Decembre 1653.
Signé,   ANNE.
     Et plus bas,   SERVIENT.

Autre Lettre de la Reyne eſcrite au ſieur Iarno
Procureur du Roy.

Monſieur Iarno,   L'affection auec
laquelle vous vous eſtes porté contre la Lettre Paſtoralle de l'Archeueſque de Sens, m'a
eſté ſi agreable, que ie n'ay pas voulu differer dauantage à vous en témoigner mon ſentiment, & vous dire que ie feray cognoiſtre
au Roy Monſieur mon Fils la qualité du ſeruice que vous luy auez rendu en cette occaſion. Vous pouuez auſſi aſſeurer les Officiers
du Preſidial de Poictiers que i'ay eu beaucoup de ſatisfaction de la maniere auec laquelle i'ay appris qn'ils ont agy, & que ie
feray bien aiſe d'auoir lieu de leur faire receuoir des effets de ma bonne volonté. En
voſtre particulier vous deuez croire, comme
ie ſuis tres-bien informée que vous y auez
fait voſtre deuoir, ie m'en ſouuiendray auſſi
                             tres-bien

tres-bien dans les occasions qui regarderont
vos aduantages. Cependant ie prie Dieu
qu'il vous ait, Monsieur Iarno, en sa saincte
garde. Escrit à Paris le 21. Decembre, 1653.
Signé, ANNE.
Et plus bas, SERVIENT.

La mesme Ordonnance ayant esté receuë
par Monseigneur l'Archeuesque d'Athenes
Nonce de sa Saincteté en France, suiuant
l'addresse que le sieur Filleau luy en auoit
faite, il voulut aussi luy en témoigner la satisfaction qu'il en auoit receuë, & luy écriuit la
Lettre suiuante.

A Monsieur
Monsieur Filleau premier Aduocat du Roy au
Siege Presidial de Poictiers.

Monsieur,
Vostre grande & glorieuse action pour
l'occasion de la Lettre irreuerente, à la Declaration faite par nostre sainct Pere des cinq
Propositions en matiere de Foy, non seulement est digne de loüange en cette Cour, &
en toute la France, mais encores de celle, que
ie suis certain que vous aurez de sa Saincteté,
à laquelle i'ay enuoyé vne pleine Relation,
auec ledit Imprimé, que i'ay reçeu auec vos

R

trois Lettres, données à Poictiers le premier &c. Ne vous ayant donné réponse auparauant, pour l'auoir fait consulter par des
hommes de probité, qui ont approuué vostre
grand zele. Ie vous donneray aduis de la réponse de nostre sainct Pere. Vous asseurant
qu'en toutes occasions ie vous seruiray en
cette Cour, comme aussi en celle de Rome,
auec toute affection & promptitude, vous
priant de croire, comme veritablement ie suis

Monsieur,   Vostre tres-affectionné seruiteur

NICOLAS, Archeues-
que d'Athenes.

A Paris ce 23. Decembre 1653.

Ie ne veux pas obmettre en cet endroit le
témoignage que Monseigneur le Tellier Secretaire d'Estat en a rendu aussi audit sieur
Filleau de la part du Roy, par celle qu'il luy
escriuit, tant sur le sujet de cette Ordonnance, que d'autres affaires qui regardoient le
seruice de sa Majesté.

Monsieur,   I'ay
reçeu toutes les Lettres que vous auez pris la
peine de m'escrire, pour informer le Roy de
ce qui s'est passé à Poictiers, tant sur la publi-

cation de la Lettre Pastorale de Monsieur
L'Archeuesque de Sens, touchant la Constitution du Pape du mois de May dernier, que
sur &c.

I'ay du tout rendu conte à sa Majesté, à me-
sure que les aduis m'en ont esté donnés, laquelle a beaucoup estimé le zelé que vous té-
moignez en toutes rencontres, pour le bien
& le repos du public, & elle remet à vostre
prudence &c.

Ie suis

Monsieur,

Vostre bien-humble & affection-
né seruiteur

LE TELLIER.

A Paris le 21. Ianuier 1654.

La mesme Ordonnance ayant esté presen-
tée à son Eminence à Paris par Monsieur
l'Abbé On-de-Dei, qui luy en fit lecture, elle
reçeut son approbation, auec des termes aduantageux pour tous les officiers qui auoient
contribué à la perfection de cét ouurage.
Voicy ce que ledit sieur Abbé On-de-Dei en
a fait sçauoir audit sieur Filleau par la Lettre
qu'il luy a escrite de Paris.

Monsieur,

I'ay fait voir à Monseigneur le Cardinal

R 2

de voſtre part le jugement rendu par le Preſidial de Poictiers, contre le Libelle qui inte-
reſſoit l'authorité du ſainct Siege, & celle du
Roy. Son Eminence a eu grande ſatisfaction de voir, que cette Compagnie embraſ-
ſe les occaſions, de témoigner ſon zele au
ſeruice de ſa Saincteté, & que vous ayez eu
ſoin de luy en faire part. Et en mon particulier, eſtimant voſtre amitié, je ſouhaiterois
vous pouuoir témoigner que ie ſuis

Monſieur,

Voſtre tres-humble Seruiteur &
tres-obeïſſant,

l'Abbé ON-DE-DEI.

De Paris ce 20. Decembre 1653.

Ie pourrois icy tranſcrire pluſieurs autres
Lettres qui ont eſté eſcrites au ſieur Filleau
ſur ce ſujet, par des perſonnes de qualité releuée, tant de France que d'Italie. Mais d'autant que ceux qui luy ont fait l'honneur de
luy rendre les témoignages de leur approbation, ont auſſi employé quelques termes à
l'aduantage de ſa perſonne, ſa modeſtie ſe
trouueroit intereſſée dans la publication
qui en ſeroit faite, il ſe contente d'en garder
les originaux, pour y conſiderer l'Idée qui
luy eſt tracée, de ce qu'il deuroit eſtre, &
dont il ſe recognoiſt infiniment éloigné.

Procedures faites à Poictiers contre ceux
qui auoient distribué la pretenduë
Lettre Pastorale.

CHAPITRE. XXX.

C Est peu de faire des Ordonnances, si on
ne trauaille soigneusement à les faire
executer, *Parum est ius esse in Ciuitate, nisi sint*
qui iura regere possint, disoit le Iurisconsulte
en la Loy *2. D. de orig. iur. 1.* C'eust esté aussi
peu faire pour les interests de nostre sainct
Pere le Pape, & du Roy, si on se fut contenté
d'obtenir cette Ordonnance publiée contre
le Libelle portant le titre de *Lettre Pastoralle*,
sans trauailler à la perquisition des Autheurs
qui l'auoient si hardiment fait imprimer, &
en suite distribuer en cette Ville.

C'est ce qui obligea le sieur Irland Lieutenant General Criminel, assisté du sieur Filleau Aduocat du Roy, de se transporter en
execution de ladite Ordonnance, dans la
maison & Imprimerie d'Amassard, dans laquelle ayant fait faire perquisition des pieces
qui depuis peu y auoient esté imprimées, ledit Amassard, sur la representation qui luy

R

fut faite de l'vn des exemplaires de ce Libelle
imprimé, & qui portoit la marque des Ca-
racteres de son Imprimerie, fut surpris d'a-
bord, & varia en ses réponses. Mais enfin il
confessa qu'il auoit imprimé la Piece, & que
la copie luy en auoit esté mise entre les mains
par vn jeune Escolier, fils de Poicteuin Maistre Apoticaire en cette Ville. Et interrogé
où estoient les autres Cayers imprimés, declara qu'il auoit donné le tout audit Poicteuin, à la reserue de deux exemplaires, qu'il
representa audit sieur Lieutenant Criminel,
& qui furent mis au Greffe.

    Cette recognoissance de l'Imprimeur,
donna sujet audit sieur Filleau de requerir
que ledit Poicteuin comparust en personne,
pardeuant ledit sieur Lieutenant Criminel :
ce qui fut ordonné, & en suitte, le sieur Procureur du Roy ayant fourny de faits, pour
faire ouïr ledit Poicteuin, on proceda à son
interrogatoire, qui fit recognoistre combien
vn esprit imbu des sentimens de cette peruerse doctrine est artificieux, & capable de
déguisement, puis que ce jeune homme,
qui ne seruoit que d'Emissaire aux Iansenistes, qui l'auoient employé, & instruit de ce
qu'il deuoit répondre deuant ledit sieur Lieutenant Criminel, a voulu persuader par ses

réponses, que la piece n'estoit point supposée, & qu'elle partoit de la main de Monseigneur l'Archeuesque de Sens, ayant representé vn autre Cayer pretendu imprimé
à Sens, qui portoit les Armes dudit Seigneur. Cette Piece a donné sujet de differer
la poursuite & le jugement definitif, contre
ce distributeur de la Lettre Pastorale, iusques à ce que par d'autres voyes on ayt esté
asseuré, si ce qu'il a allegué est faux ou veritable. Car la peine doit estre plus grande, si,
auec la publication d'vne doctrine contraire
à celle de la Bulle (ainsi que les Docteurs de
Theologie l'ont declaré) on y auoit adjousté la supposition du nom & de l'authorité d'vn Prelat ; puis que par les loix ciuiles,
celluy-là est coupable de faux, qui publie
quelque escrit sous le nom d'autruy, qui em-
ploye faussement ses Armes pour faire croire
que la Piece procede de luy, & qui donne
cours à quelque Ordonnance supposée, selon la doctrine de *Nos Iurisconsultes en la Loy*
9. 13. 23. 25. & 30. D. ad L. Cornel. de falsis.

I'ay donc voulu transcrire en cet endroit
les Interrogatoires qui ont esté faits à ce jeune homme, auec ses réponses, ou plustost celles que les interessés auec luy auoient auparauant concertées & reduit en ordre, par les-

R 4

quelles il infifte toufiours à faire croire qu'il
n'y a aucune fuppofition, & que c'eft l'ouurage du Prelat dont elle porte le nom ; quoy
que iufques à prefent on n'a pas fçeu qu'il ayt
aduoüé cette Piece, & ce jeune homme n'a
pû reprefenter aucun exemplaire figné de
luy, ny aucune Lettre qui le pût faire pre-
fumer.

Procez verbal du Sr Lieutenant gener. Criminel.

Aujourd'huy douziefme Decembre mil
fix cens cinquantente-trois, a comparu
pardeuant Nous Iean Irland Confeiller du
Roy, Lieutenant general Criminel en la
Senefchauffée de Poictou à Poictiers, Iean
Poicteuin, Maiftre és Arts en l'Vniuerfité de
Poictiers; Lequel fatisfaifant à noftre Ordonnance, & à la fignification qui luy a efté donnée pour eftre ouy fur les faits qu'entendoit
fournir le Procureur du Roy contre luy, Nous
a requis vouloir prendre & receuoir fon audition fur iceux ; Surquoy auons octroyé
acte de la comparution dudit Poicteuin, &
apres que noftre Greffier nous a reprefenté
lefdits faits auons procedé à fon audition
comme il s'enfuit.

Iean Poicteuin Maiftre és Arts en l'Vniuerfité de Poictiers, y demeurant, aagé de
vingt-ans, ou enuiron.

Apres ferment par luy fait de dire verité,
Enquis fur les faits fournis par le Procureur
du Roy contre ledit Poicteuin,

S'il a chargé le nommé Amaffard d'Imprimer vn Cayer intitulé, Lettre Paftorale de
Monfeigneur l'Archeuefque de Sens.

Dit qu'il peut fe deffendre de répondre
aux demandes du Procureur du Roy, lequel
n'a aucune authorité de luy fournir de faits
en ce rencontre, puis que la Declaration du
Roy fur laquelle le Procureur du Roy fe fon-
de, ne luy donne pouuoir que de prefter main
forte aux Euefques en cas qu'ils le requierent,
de forte qu'il ne peut fingerer de luy mefme
dans l'affaire dont il s'agift, mais que pour
obeïr à la Iuftice, & fans prejudice de ce qu'il
vient de dire, il répond à l'article cy-deffus,
qu'il eft vray qu'il a chargé ledit Amaffard
d'Imprimer ledit Cayer.

Pourquoy il luy a fait Imprimer ladite Lettre, dit que ç'a efté afin d'en conferuer pour
luy & en donner à fes amis fans aucun deffein
de l'expofer en vente, ny de la rendre publique.

Par quelle authorité & permiffion il a fait
imprimer ledit Cayer, n'eftant qu'vn homme priué.

Dit que s'il eût voulu la publier & l'expo-

ſer en vente, il auroit eu beſoin d'authorité,
mais que la voulant ſeulement faire imprimer
pour ſon vſage, il n'a pas creu auoir beſoin
d'aucune authorité ny permiſſion non plus
que ceux qui font tous les iours des Factums
& Pieces pareilles à celle-cy, luy ayant eſté
particuliere à ſon égard & dans ſon vſage,
ce qu'il a d'autant plus fait que s'eſtant adreſ-
ſé audit Amaſſard, il n'a fait aucune difficulté
de le faire, en quoy ledit Poicteuin s'eſt rapporté à luy, comme à vne perſonne qui doit
ſçauoir ſon meſtier.

Enquis qui luy a donné l'original de ladite Lettre, de qui elle eſt ſignée, & qui luy a
mis és mains ledit Original.

Dit qu'vn de ſes amis de Paris luy a enuoyé vne copie autentique de cette Lettre
Paſtoralle, auec les Armes de Monſieur l'Archeueſque de Sens, imprimé par ſon commandement à Sens chez Louïs Pruſnes, ſignée Louïs Henry de Gondrin Archeueſque
de Sens: & plus bas, par Monſeigneur M. A.
Daignan. Laquelle copie il a miſe à noſtre
Greffe, ſignée & paraphée de luy & de noſtre Greffier, *ne varietur.*

Enquis qui eſt celuy qui luy a enuoyé ladite Lettre.

A dit qu'il n'eſt point obligé de le nom-

mer, & qu'il suffit que la Piece soit autentique.

Enquis pourquoy contenant vne doctrine
contraire à la Bulle de nostre sainct Pere le
Pape, il a distribué ladite Lettre, sans en demander licence à ceux de qui elle dépendoit.

Dit qu'il n'a pas deu estimer qu'vne Lettre Pastoralle d'vn Archeuesque, composée
pour la publication de la Bulle, & dans laquelle Monsieur de Sens approuue ladite
Bulle, & l'enuoye par tout son Diocese, pour
l'y faire receuoir, fut contraire à cette mesme
Bulle, que pour conseruer & faire voir à ses
amis vne piece, il a creu qu'il luy suffiroit
qu'elle procedât d'vn Archeuesque, qu'elle
fut publiée & imprimée par son authorité, &
qu'elle ne fut condamnée par personne qui
eût droict d'en juger.

Enquis où est l'Original sur lequel a esté
imprimé ladite Lettre, qu'il ayt presentement à nous la representer pour estre mise à
nostre Greffe.

Dit qu'il ne sçait point d'autre Original
que celuy qu'il a mis au Greffe, signé de luy
comme il a dit cy-dessus, de la verité duquel
il se tient asseuré.

Enquis s'il a quelque Lettre de Monsieur
L'Archeuesque de Sens, pour faire faire la

diſtribution de ladite Lettre, où elle eſt, & le
pouuoir qu'il a dudit Seigneur Archeueſque.

Dit qu'il n'a ny Lettre ny pouuoir dudit
Seigneur Archeueſque, & qu'il n'en pretend
pas appeller diſtribution le ſoing qu'il a eu de
monſtrer ladite Piece à ſes amis, & leur en
faire part.

Enquis qui ſont ceux auſquels il a diſtribué & donné des exemplaires de ladite Lettre, & combien il en a diſtribué, & à quelle
intention il a fait ladite diſtribution.

Dit qu'il en a donné au ſieur Meſnier Pein-
tre, & à Monſieur Rigaud Preſtre, & autres
de ſes amis, dont il ne ſçait le nombre, & que
ſon intention n'a eſté autre en cela que d'é-
claircir ſes amis de pluſieurs points importans
à la verité, qui ſont contenus en ladite Lettre.

Enquis s'il fait profeſſion du Ianſeniſme
dépuis la condamnation qu'en a fait noſtre
ſainct Pere le Pape par ſa Bulle.

Dit qu'il rendra raiſon de ſa Religion & de
ſa Foy à ſes Paſteurs & à ceux qui ont droict
de l'interroger, mais que cette interrogation
paſſe les bornes du pouuoir du Procureur du
Roy.

S'il n'a pas aſſiſté à des Aſſemblées qui ont
eſté faites en cette Ville pour eſtablir ledit
Ianſeniſme.

Dit' que cét interrogatoire luy eſt faict ſans ſujet, ſans propos & ſans authorité, & qu'il en pretend cauſe d'ignorance.

Enquis qui ſont ceux chez leſquels ont eſté faites leſdites aſſemblées, & qui ſont ceux qui y ont aſſiſté.

A dit qu'il a répondu au preſent article par la réponſe faite au precedent.

Enquis pourquoy en la douſieſme page, ligne vingt trois, il a faict mettre le mot de *mauuaiſes*, & en quelques autres, il a fait coller le mot de *fameuſes*, parlant des Conferences faites deuant le Pape Clement VIII.

Dit que bien loing d'auoir faict mettre le mot de *mauuaiſes*, qui s'eſt gliſſé dans ſon impreſſion par la faute de l'Imprimeur : Il l'a faict oſter ou corriger par de petits billets collez, dans leſquels il a faict Imprimer le mot de *fameuſes*, qui eſt celuy de l'Original ; Que s'il ſe trouue quelque exemplaires differents en ce point, ç'a eſté contre ſon intention, puis qu'il a corrigé tous ceux qu'il a peu, & qu'en effect il n'auoit garde d'appeller *mauuaiſes*, contre l'expreſſion de ſa copie autentique, des conferences ſi celebres qui ont ſeruy à eſclaircir la matiere de la Grace, dans leſquelles S. Auguſtin preſidoit en la perſonne, & par l'authorité des deux grands Papes Clement VIII. & Paul V. comme celuy dont la Doctrine estoit la reigle sur laquelle ils vouloient former leurs decisions selon leurs propres termes, dans lesquelles les deffenseurs de S. Augustin, ont tousiours esté victorieux de leurs aduersaires & la doctrine de ce grand Homme de celle qui la combattoit.

Enquis lequel des deux mots de *mauuaises*, ou de *fameuses*, est dans l'exemplaire qu'il a baillé à l'Imprimeur.

A dit que c'est celuy de *fameuses*.

Enquis s'y c'est luy qui a payé l'Imprimeur ou si ç'a esté son pere, & combien il luy a donné pour ladite impression.

Dit que ç'à esté luy mesme qui a payé l'imprimeur; lequel s'est contenté de ce qu'il luy a donné.

Enquis s'il ne sçait pas que par la Bulle de nostre Sainct Pere le Pape, il est deffendu d'auoir d'autres sentimens des propositions y condamnées, que ceux qui sont portés par ladite Bulle, & pourquoy il a donné cours à vne Doctrine, que les Docteurs de Theologie ont declaré estre contraire a celle de la Bulle de nostre Sainct Pere le Pape.

Dit que pour ce qui regarde le sentiment qu'il a touchant la Bulle de nostre Sainct Pe-

re le Pape, il n'a beſoin de nous le declarer, ny
le Procureur du Roy, droiĉt de le luy demander ; Que pour ce qui regarde l'accuſation
qu'on luy fait, d'auoir donné cours à vne
Doĉtrine contraire à cette Bulle, il le deſnie:
& que pour ce qui regarde l'authorité des
Doĉteurs en Theologie qu'on luy allegue,
il la recuſe, non ſeulement parce qu'ils ne
ſont pas Iuges competens & capables d'obliger les fidelles de ce Diocèze, en ce qui regarde la Bulle, mais encore parce qu'il leur appartient bien moins de ſe rendre les Iuges de
la Lettre Paſtorale d'vn Archeueſque, dont
la ſuffiance, la pieté, & le merite l'exempte
de toutes les atteintes des accuſations qu'on
luy peut faire, & l'authorité le releue au
deſſus des entrepriſes des Doĉteurs particuliers ; puiſqu'en qualité d'Archeueſque
il deuroit les juger, au lieu d'eſtre jugez par
eux ; Qui eſt tout ce qu'il a voulu dire, leĉtu-
re a luy faite y a perſiſté & a ſigné, & conſti-
tué ſon procureur Maiſtre Gaſpar Riguet.

Signé, POICTEVIN.
Et I. IRLAND Lieutenant Criminel.
FAVVEAV Greffier.

Les Doyens Chanoines & Chapitre de
l'Eglise de Poictiers reçoiuent vn Bref
de sa Sainčleté, qu'ils ordonnent estre
publié pour arrester les faux bruits
qu'on faisoit courir.

CHAPITRE XXXI.

LA suitte de ce qui s'est passé en cette
Ville, m'oblige de raporter en ce lieu le
Bref qui fut enuoyé par nostre sainct Pere le
Pape Innocent X. au Chapitre de l'Eglise
de Poictiers le Siege Episcopal vacant, en
consequence de la publication qu'ils auoient
fait faire de la Constitution Apostolique,
contre les cinq Propositions des Ianfenistes
condamnées d'herefie, & de l'aduis qu'ils en
auoient baillé à sa Sainčteté.

Messieurs du Chapitre estant bien in-
formés des faux bruits que les Ianfenistes
faisoient courir en cette Ville au prejudice
de la Bulle & contre la verité, ils jugerent
necessaire de faire imprimer ce Bref,
auec vne version Françoise pour ceux qui
n'entendoient pas la Langue Latine, &
par l'Ordonnance qu'ils firent imprimer au
bas

bas dudit Bref, ils témoignerent que leur intention eſtoit de maintenir la verité contre les attaques qu'elle reçeuoit continuellement.

INNOCENTIVS PAPA X.

Dllecti Filij ſalutem & Apoſtolicam benedictionem. Reuelauit Deus oculos noſtros vt conſideraremus mirabilia de Lege ſua, atque ex Eccleſiæ Catholicæ ſententia quinque Propoſitiones hactenus controuerſas damnantes, fidelium mentibus proderemus delatam nobis Domini virtutem, quæ eſt in ſalutem omni credenti. Rei euentum perjucundum vobis futurum, id quidem arguebat, quod lucem juſtis ortam, lætitia planè rectis corde conſequatur. Placuit tamen ex litteris etiam veſtris percipere, quæ poſt debitam Apoſtolicæ conſtitutionis execucutionem de veſtra in ſanctam hanc Sedem veneratione, atque in Nos cultu obſequentiſſimè ſignificaſtis : ea vero & memori & propenſo in vos animo retinebimus : quibus Apoſtolicam interim benedictionem elargimur. Datum Romæ, apud Sanctam Mariam Majorem, ſub Annulo piſcatoris, die 9. Octob. 1653. Pontificatus noſtri anno 10.

Signatum, *DECIVS AZZOLINVS.*
Superſcriptio hæc eſt,
Dilectis Filijs Decano & Capitulo Eccleſiæ Pictauienſis.

S

INNOCENT PAPE X.

MEs bien-aymés Fils, Salut & benediction Apostolique. Dieu Nous a
ouuert les yeux, afin que Nous considéras-
sions les choses merueilleuses qui regardent
sa Loy; & afin que selon le sentiment de l'E-
glise Catholique condamnants les cinq Propositions qui auoient esté en dispute iusqu'à
present, Nous découuririssions aux Esprits
des Fideles la vertu du Seigneur, qui Nous
est donnée, & qui est à salut à tout homme
croyant. On pouuoit bien juger que la lumiere qui se leue sur les Iustes, estant infalli-
blement suiuie de la joye des personnes qui
ont le cœur droit, l'issue de cette affaire vous
deuoit estre extremement agreable; Nous
auons neantmoins esté bien aises de voir cela
mesme dans vos Lettres, par lesquelles apres
auoir fait ce que portoit la Constitution Apostolique, vous tesmoignez auec soûmission
la veneration que vous auez pour ce sainct
Siege Apostolique, & le respect que vous
Nous portez, Nous conseruerons la memoire de ces choses auec vne particuliere bienueillance enuers vous; à qui cependant
Nous donnons la Benediction Apostolique.
Donné à Rome, à Saincte Marie Majeur,

fous l'Anneau du Pefcheur, le 9. Octobre
1653. l'an dixiefme de noftre Pontificat.

Signé, DECIVS AZZOLINVS.

La fufcription eft ainfi,

À nos bien-aymés Fils, le Doyen & Chapitre de l'Eglife de Poictiers.

Novs les Doyen, Chanoines & Chapitre de l'Eglife de Poictiers, le Siege Epifcopal vacant : Ayant reçeu le Bref de noftre fanct Pere le Pape, dont il a pleu à fa Sainctéré Nous honorer, répondant à la Lettre que Nous luy auions efcrite, pour luy témoigner le refpect auec lequel Nous auions reçeu la Conftitution Apoftolique, par laquelle les cinq Propofitions, qui auoient efté en difpute, font condamnées ; & le foin que Nous auions eu de la faire publier, auons bien voulu vous en faire part : afin que par la nouuelle confirmation de cette Cenfure, vous redoubliez voftre zele, pour vous oppofer à l'erreur, & pour maintenir la verité contre les attaques qu'elle reçoit continuellement dans les faux bruits qu'on fait courir parmy le peuple.

Signé, THOREAV, Doyen de l'Eglife de Poictiers.

Par Commandement de mefdits Sieurs,

MICHELET Secretaire.

ET FROMAGET Scribe.

S 2

L'Vniuersité de Poictiers reçoit la Bulle de noſtre ſainct Pere le Pape, par les Ordres de Monſeigneur l'Archeueſque d'Athenes Nonce de ſa Saincteté.

CHAPITRE XXXII.

LEs Ianſeniſtes, par les faux bruits qu'ils faiſoient courir contre la Bulle de ſa Saincteté, ſe porterent à ce point d'inſolence & de temerité, de vouloir faire douter de la verité de la Conſtitution Apoſtolique, imitant leurs Autheurs qui ne voulant obeïr à la Bulle de Pie V. & d'Vrbain VIII. publierent par tout que les exemplaires qu'on en repreſentoit, eſtoient falſifiés. Or comme les Vniuerſités ſont en quelque façon les depoſitaires des veritables doctrines, & qu'elles ont intereſt qu'on ne laiſſe pas en doute les reſolutions indubitables, & qui ſont hors de toute conteſtation; Celle de Poictiers, qui auoit touſiours reſiſté à la naiſſance & au progrés des erreurs du Ianſeniſme, ne voulut pas demeurer oiſiue en cette importante action, & ſouhaita de garder ce precieux threſor dans ſes Archiues.

Cela l'obligea de s'addresser à Monseigneur
le Tellier Secretaire d'Estat, le suppliant de
luy procurer l'enuoy de la Bulle de nostre
sainct Pere le Pape, en consequence de la
Declaration du Roy, qui l'auoit suiuie ; ainsi
qu'autresfois la Bulle d'Vrbain VIII. auoit
esté enuoyée à la Sorbonne, auec les Lettres
du Roy, pour y estre registrée. A quoy ledit
Seigneur s'employa fauorablement, & fit
l'honneur à l'Vniuersité de Poictiers de luy
rendre des témoignages de sa bonne volonté, par sa Lettre dont voicy la teneur,

A Messieurs les Recteur, Doyens, Docteurs &
Supposts de l'Vniuersité de Poictiers.

Messieurs,   I'ay
reçeu la Lettre que vous auez pris la peine de
m'escrire le 12. du courant : & bien que ce
que vous me demandez ne soit point de la
dépendance de ma Charge, ie n'ay toutes-
fois laissé de m'informer, si l'on faisoit quelque diligence, pour enuoyer dans les Dioceses la Bulle de nostre sainct Pere le Pape,
qui decide les points qui estoient en contro-
uerse sur le sujet de la Grace, & i'ay sçeu que
Messieurs les Agens generaux du Clergé y
trauailloient, & qu'ils se proposoient de vous
l'addresser ; si bien que vous ne tarderez plus

S 3

guere à la reçeuoir. Ie voudrois qu'il s'offrit
quelque bonne occasion de vous seruir, pour
vous témoigner combien ie suis,

Messieurs,

Vostre bien-humble & tres-
affectionné seruiteur,

LE TELLIER.

A Paris ce 30. d'Aoust 1653.

En consequence de cette Lettre, l'Vniuersité de Poictiers esperoit de iour à autre
reçeuoir de la part de Messieurs les Agens
generaux du Clergé la Bulle de nostre sainct
Pere le Pape ; Mais le temps s'estant écoulé
iusques au mois de Decembre, sans en auoir
sçeu aucunes nouueles, il fut resolu de s'addresser à Monseigneur le Nonce, auquel ladite Vniuersité escriuit la Lettre suiuante.

A Monseigneur,
Monseigneur l'Illustrissime Archeuesque d'Athe-
nes, Nonce de nostre sainct Pere le Pape,
A Paris.

Monseigneur,

Les sinistres interpretations que les Iansenistes donnent en cette Ville à la Bulle de
nostre sainct Pere le Pape, & les diuers Libelles, qu'ils font imprimer, pour en diminuer l'authorité, nous ont obligé, cy de-

uant de prier par nos Lettres Monſeigneur
Le Tellier Secretaire d'Eſtat, de moyenner
aupres du Roy l'Enuoy de la Bulle à noſtre
Vniuerſité, ce qu'il nous auroit fait eſperer
par ſa réponſe, qui nous aſſeura que Meſſieurs
les Agens generaux du Clergé auoient ordre
de ſatisfaire à cét enuoy ; dont neantmoins
nous auons eſté fruſtrés iuſques à preſent,
quoy que l'vn des Docteurs de cette Vniuerſité, luy en ayt fait de noſtre part de nouuelles inſtances. De ſorte que nous auons recours à voſtre Illuſtriſſime Seigneurie, & la
ſupplions tres-humblement de nous moyenner ce bon-heur, afin que nous conſeruions
à jamais, dans nos Archiues publiques ce
riche threſor, & que dans les reſolutions que
toutes les facultés ont priſes de la faire exactement obſeruer, nous puiſſions par les
voyes juridiques agir contre ceux qui ſeront
ſi temeraires que d'y contreuenir, en y employant l'authorité, que les predeceſſeurs de
noſtre ſainct Pere le Pape, & les Roys Tres-
Chreſtiens nous ont confié dés le premier
établiſſement de noſtre Vniuerſité, pour la
defence des Oracles Apoſtoliques. C'eſt ce
que nous eſperons de voſtre Illuſtriſſime
Seigneurie, à laquelle, apres auoir donné les
aſſeurances de nos reſpects, & obeiſſances

aux Decrets infallibles du sainct Siege, &
souhaitté à nostre sainct Pere le Pape les années de S. Pierre, pour gouuerner heureuse-
ment l'Eglise de Dieu, Nous nous dirons à
iamais de vostre Illustrissime Seigneurie
  Monseigneur,

A Poictiers en l'Assemblée generale de nostre Vniuersité, le 23.
Decembre 1653.

Les tres-humbles & tres-
obeïssans seruiteurs les Recteur, Doyens, Docteurs &
Suppôts de l'Vniuersité de
Poictiers:

Maret, Recteur de l'Vniuersité, Docteur Regent en Theologie
  & Curé de S. Sauin.
Fumé, Ex-Recteur.
Le Vasseur Docteur Regent en Theologie, Curé & Prieur de
  saincte Opportune.
François Irat de la Compagnie de Iesus, Docteur Regent en
  Theologie.
Charles Des Iumeaux, de la Compagnie de Iesus, Docteur Re-
  gent en Theologie.
I. Filleau, Docteur Regent és Droicts.
Carré, Docteur Regent en la Faculté de Medecine.
De Hauteterre Docteur Regent és Droicts.
Iean le Roy, Professeur Royal des Institutes.
Iacques Goutoulas Docteur és Arts.
Humeau, Substitut du Procureur General.

Par commandement de Mesdits Sieurs,
Ioussant, Scribe General.

En suitte de cette Lettre, Monseigneur le
Nonce fit l'honneur à l'Vniuersité de luy enuoyer la Bulle de nostre sainct Pere le Pape,
sceelée des Armes dudit Seigneur Nonce,
& auec ces mots au bas d'icelle, *Concordat
cum suo Originali. Datum Parisijs die decimâ*

Ianuary anno 1654. Nicolaus Archiepiſcopus Athenarum Nuntius Apoſtolicus.

Et plus bas eſt le Seing du Secretaire dudit Seigneur. Il accompagna la Bulle d'vne Lettre qu'il eſcriuit à l'Vniuerſité, en ces termes:

Magnificis atque ampliſſimis D. D. Rectori, Decanis, Doctoribus, & reliquis Vniuerſitatis Pictauienſis Officialibus.

Illuſtriſſimi Domini,

Vix exprimere poſſum, quantâ animi mei lætitia accepi dominationum veſtrarum Epiſtolam, in qua ſenſum veſtrum circa ſummi Pontificis Bullam, & obſequium veſtrum erga ſuam Sanctitatem ſignificatis. Id quod à me petitis, libentibus animis præſtabo; & quod reliquum eſt, ſuæ Sanctitati, & ſignificaui, & ſignificabo Vniuerſitatis veſtræ nobiliſſimæ ergà illam animi propenſionem, & nullam ipſe occaſionem prætermittam, quâ conſtare vobis poterit, quod ipſe ſim

Illuſtriſſimarum Dominationum veſtrarum
ſeruus addictiſſimus
NICOLAVS Archiepiſcopus Athenarum.

Le Pacquet ayant eſté addreſſé par Monſeigneur le Nonce au ſieur Filleau, il en donna auſſi-toſt aduis à Monſieur le Recteur, afin

qu'il affemblaft le Corps de l'Vniuerſité: ce
qui fut fait le 17. du mois de Ianuier 1654.
On prit en cette Affemblée les reſolutions
contenuës aux Actes inſerés au Chapitre
ſuiuant.

---

*Actes & Deliberations de l'Vniuerſité de
Poictiers, ſur la reception & obſeruation
de la Bulle de noſtre ſainct Pere le Pape.*

CHAPITRE XXXIII.

*Acta & Decreta almæ Vniuerſitatis Pictauien-
ſis ſuper receptione & obſeruatione Bullæ ſanctiſſimi D. Domini noſtri Innocentij Papæ X.
contra quinque Propoſitiones Hæreticas Ianſeniſtarum.*

ANNO Domini milleſimo ſexcenteſimo quinquageſimo quarto, die verò decima ſeptima
menſis Ianuarij, habitum fuit Collegium generale
D. D. Decanorum Doctorum omnium facultatum,
Theologiæ ſcilicet, vtriuſque Iuris, Medicinæ &
Artium, indictum à Magnifico Domino Elia Maret, Doctore Theologo, Parrocho ſancti Sauini, &
almæ hujuſce Pictauienſis Academiæ Rectore, in
ædibus Fratrum Prædicatorum, loco ad hoc ſolito
& ſolemni, vocatis priùs per Bidellos oſtiatim omnibus Patribus Academicis, Dominoque Ioanne Ri-

goumier, Procuratore generali Academiæ. In quo
cùm omnes confediſſent, Dominus Ioannes Filleau
vtriuſque Iuris in hac Academia Doctor actu Regens, idemque Eques torquatus, Comes confiſtoria-
nus, & in Senatu Pictauienſi Regis Chriſtianiſſimi
Protopatronus, expoſuit ſuo rogatu à Domino Magnifico Rectore calata fuiſſe comitia Academica, vt
acceptas ab Illuſtriſſimo ac Reuerendiſſimo Domino Archiepiſcopo Athenatum, Nuntio Apoſtolico,
litteras cœtui Academico porrigeret perlegendas,
ita inſcriptas: *Magnificis atque ampliſſimis D. D. Recto-*
ri, Decanis, Doctoribus & reliquis Vniuerſitatis Picta-
uienſis Officialibus, Pictauy. Quas ideo publicè exhibuit, & exhibitas à Scriba generali Academiæ re-
ſignari toti Academiæ gratum fuit & jucundum,
quibus apertis & perlectis vſque ad imam ceram, in
qua ſubſcriptum extabat, *Nicolaus Archiepiſcopus*
Athenarum, Nuntius Apoſtolicus, ſub datum Pariſijs
die decima Ianuary anno 1654. Innotuit Academiæ
fœlices illuxiſſe dies, ſuorumque votorum iam eſſe
compotem, vtpote quæ tamdiu expectatam ſanctiſſimi Domini noſtri Innocentij Papæ X. Bullam &
conſtitutionem, quinque Ianſeniſtarum Propoſitiones antahemate damnantem, ordine juridico ab eodem Illuſtriſſimo ac Reuerendiſſimo Domino Nuntio tranſmiſſam, vnà cum ejuſdem Litteris ſuſcepiſſet.
Quam ſacram Bullam ſub datum, *Romæ apud ſanctam*
Mariam Majorem anno Incarnationis Dominicæ 1653.
pridie Kal. Iuny, Pontificatus ſanctiſſimi D. noſtri Papæ
anno nono, in cujus calce extat appoſitum ſigillum
ejuſdem Illuſtriſſimi & Reuerendiſſimi Domini
Nuntij, adjectis his verbis: *Concordat cum ſuo ori-*
ginali. Datum Pariſijs die decima Ianuary anno 1654.

cum hac fubfcriptione, *Nicolaus Archiepifcopus Athe-*
narum, Nuntius Apoftolicus : & infrà, *De mandato Il-*
luſtriſſimi ac Reuerendiſſimi Domini mei Nunty. Hinc
Orlandus pro Secretario, publiè recitauit Magiſter Petrus Iouſſant Scriba generalis Academiæ. Quibus
peractis, Dom. Ioannes Rigoumier, Academiæ
Procurator generalis, eleganti & erudita oratione,
fanctiſſimi Domini noſtri Innocentij Papæ fanctiſſi-
mam & è cœlo delapfam conſtitutionem, eiuſque
indefeſſam animi & corporis in tam prouecta ætate
conſtantiam, totque fuper audiendis diſcutiendiſque
dubijs rationibus fuſceptos labores, præfenſque ac
nunquam deficiens Sancti Spiritus auxilium, ad in-
fallibiliter decidendas quæ fuper fide mouentur
quæſtiones, demiratus laudauit : deinde facrum illud oraculum, quo obſtructum eſt os Ianfeniſtarum
loquentium iniqua, publicis ac folemnibus Academiæ votis fufcipiendum, actiſque publicis consignan-
dum poſtulauit. Quo audito ſtatim Magnificus Dominus Rector verba fecit, & quid fuper tanti momenti negotio ſtatuendum foret, Doctores omnium
facultatum conſuluit, fingulorumque fententiam ro-
gauit ; Cùm maximè ad fummum Pontificem perti-
neatratione plenitudinis poteſtatis, qua cæteris omnibus in Eccleſia vt Chriſti Vicarius, & OEcumeni-
cus præfulget, caufas majores, & in materia fidei
emergentes controuerſias, fine præuio Epiſcoporum
Concilio, & irrequifitâ nec expectatâ illorum fen-
tentiâ, ſtatim & primariò è Cathedra Petri decidere, facroque oraculo diſſoluere. Qui quidem omnes
Academiæ Doctores, audito fuper hoc & requirente,
dicto Domino Rigoumier Procuratore generali, dictis fingulatim fententijs, vnanimi conſenfu & ne-

mine diſcrepante, æternâ lege, & nunquam niſi ab
impijs & profanis refigendâ decreuerunt, vt quiſ-
que Albo Academico inſcriptus, ac primùm Dominus Magnificus Rector, Dominus Cancellarius, Decani, Doctores & Officiales hujuſce Academiæ,
ſolemni jurejurando & corporali, tactis Sacro-San-
ctis Euangelijs, fidem ſuam in æternum ſanctiſſimi
Domini noſtri Innocentij Papæ conſtitutioni, quâ
debellata eſt iniquitas ſuperborum, & proſcripti
Ianſeniſtarum errores adſtringant, palamque adhibito etiam Chirographo, profiteantur, quinque illas
Propoſitiones quæ libro cui Titulus, *Auguſtinus Cor-*
nely Ianſeny Epiſcopi Iprenſis, continentur, & quas
Ianſeniſtæ, præſertim in Gallia eodem ſenſu atque
intellectu vt ibidem habentur, impiè diſſeminarunt,
vt hæreticas à ſummo Pontifice declaratas, deteſtari,
adeoque vt tales à Sede Apoſtolica damnatas, damnare & reprobare, nec ſe de prædictis quinque Propoſitionibus aliter vnquam ſenſuros, docturos, vel
prædicaturos, quam in ſanctiſſimi Domini noſtri
Papæ conſtitutione continetur. Item paſſuros nunquam vt inpoſterum quiſquam Academico Collegio
adſcribatur, vel in Rectorem, Doctorem, ac etiam
Baccalaureum Theologiæ, vel Officialem Vniuerſitatis admittatur, quin priùs idem jusjurandum, tactis Sacro Sanctis Euangelijs, in Academico cœtu
ſecundùm formam juramenti ad id conceptis verbis
præſcriptam (quam inter tabulas arcanas Academiæ à Scriba generali aſſeruari placuit) præſtiterit.
Quæ omnia vt ſolemniter peragantur, palamque fiat
Academiam Pictauienſem totam eſſe Apoſtolicæ
Sedi deuotam, Decretum pariter fuit, vt omnes facultatum omnium Decani, Doctores & Officiales

(sub pœna perjurij ac etiam denegandi imposterum
& quamdiu visum fuerit confessus & suffragij) con-
ueniant die Martis vigesimâ septimâ hujusce mensis
Ianuarij, ad horam octauam, loco solito habendis
comitijs Academicis, vt tum induti Doctoralibus
Infulis, purpuraque splendidi, quales procedere solent in rituali Doctorum inauguratione, Ecclesiam
Fratrum Prædicatorum accedant, ibique decantan-
do hymno, quo Sancti Spiritus non fallax, nec sola
per se efficax gratia aduocari solet, intersint, ac postea præeuntibus Bidellis, Magnificum Dominum
Rectorem solemni pompâ ad Templum Beatissimæ
Virginis Deiparæ comitentur, gratias cum illo acturi
de debellata Ianseniana Heresi, quas prostrati corde
& corpore interim fundent, dum Chorus psallen-
tium decantabit Antiphonam *Gaude Maria Virgo*,
quâ cunctas Hæreses ab illa debellatas Ecclesia pro-
fitetur. Quibus solutis ab Academia votis, omnes ad
Ecclesiam Reuerendorum Patrum Augustinianorum,
vnâ cum Domino Rectore procedent, vbi Missa de
Sancto Spiritu celebrabitur, & post offertorium con-
cio super debitis sanctissimi Domini nostri Papæ
constitutioni humilibus obsequijs habebitur, eo loci
quo Academia habitura est testes suæ sponsionis,
veros & germanos Diui Augustini Discipulos, Cen-
soresque eorum qui fucato & ementito nomine, tan-
to Doctori falso imponentes, Hæresim suam vel ve-
lare vel vallare adulterino Augustinianæ Doctrinæ
defensorum nomine tam inaniter quàm superbè ten-
tarunt: Tum demum peractis Sacris, susisque pro
summo Pontifice, & Rege Christianissimo quales
habentur in Missali precibus, Dom. Magnificus Rector, DD. Cancellarius, Decani, Doctores & Offi-

ciales Acedemiæ, suo ordine septa Sanctuarij ingressi, & Altare Dei virtutum ambientes, præsente eo
Iudice, cui data est omnis potestas in cœlo & in terra, qui vult omnes homines Saluos fieri, nullique
gratiam sufficientem denegat, ac pro omnibus passus
est, jurabunt in verba Bullæ Apostolicæ priùs publi-
câ Scribæ generalis voce recitatæ, ex formulâ ad id
præscriptâ, & tunc ab eodem Scriba generali porri-
gendâ, adhibito singulorum Chirographo, hoc modo: *Ego N. Doctor scilicet vel Officialis, &c. juraui &*
propria manu subscripsi. Reuersi postmodum omnes
ad Diui Dominici Templum, lætantes in Domino &
exultantes, Ambrosianum simul & Augustinianum
Hymnum ad operis coronationem decantabunt.
Hæc verò solemnia vt eant ad posteros, æternaque
sit gestorum memoria, actis Academicis secundùm
seriem rei habitæ mandari, & in perpetuum asseruari
decreuit Academia, postquam tamen omnia ad Archetypum ritè fuerint exacta, vt ad summum Pontificem Innocentium (quem vt summum ita nunquam
intermoriturum vota Academica postularent) atque
etiam ad Illustrissimum & Reuerendissimum Dominum Archiepiscopum Athenarum, Nuntium Apo-
stolicum, vnà cum Litteris Academiæ æterni obse-
quij tesseris transmittantur. Quæ agenda, eidem Domino Ioanni Filleau, vtriusque Iuris Doctori actu
regenti, viro Academico & Regio, Academia (be-
neficiorum nunquam immemor futura) commisit.
Actum & decretum loco, die, mense & anno prædictis.

    Sic signatum in Originali,

Maret, Rector.
I. Garnier, Cancellarius.

D. Guillotteau, facultatis Theologiæ Decanus.

Aug. Carcat, Doctor Theologus, Augustinianus.

F. I. Faix, Doctor Theologus.

Franciscus Irat, Profeſſor Theologiæ.

Carolus Des-jumeaux, Profeſſor Theologiæ.

F. P. Thibaudeau, Doctor Theologiæ.

S. Guerry, Doctor Theologus.

Bertonneau, Doctor Theologus, ordinis Minorum.

I. Le Roy, Decanus Facultatis vtriuſque Iuris.

I. Filleau, Anteceſſor.   Dehauteſere, Anteceſſor.

P. Gilibert, Anteceſſor.   F. Carré, Doctor Medicus.

F. Vmeau, Doctor Medicus.   P. Bardon, Doctor Medicus.

L. Fontenette, Doctor Medicus.

R. Cothereau, Doctor Medicus.

L. Niuard, Doctor Medicus.

C. Fauueau, Doctor Medicus.

Ioannes le Roy, Profeſſor Regius Inſtitutionum, & Iuris vtriuſque Doctor.

G. Piry, Decanus Artium.

Iacobus Goutoulas, Doctor Artium.

Rigoumier, Procurator generalis Academiæ.

I. Vmeau, Procognitor.   I. Thomas, Quæſtor Vniuerſitatis.

P. Magaud, Iudex ſubdelegatus cauſarum Apoſtolicarum.

Deſainct-Belin, magnus Pœnitentiarius Academiæ.

Charraud, Promotor Curiæ Apoſtolicæ.

Et Iouſſant, Scriba generalis.

Mandatum D. Magnifici Rectoris.

EX mandato Domini Magnifici Rectoris hujuſce almæ Pictauienſis Academiæ, inthimatur omnibus Decanis, Doctoribus omnium facultatum, & Officialibus, ſub pœna periurij, & denegandi inpoſterum conſeſſus & ſuffragij in cœtibus Academicis, vt ſiſtant ſe loco ſolito habendis comitijs Academiæ, horâ octauâ diei Martis 27. hujuſce menſis Ianuarij, induti ſuis infulis Doctoralibus, & quales procedere ſolent in ſolemni Doctorum inauguratione, vt inde juxta Decretum Academiæ diei deſimæ timæ septimæ præteritæ Bullam sanctissimi Domini nostri Papæ Innocentij X. suscipiant, & quæ eodem Decreto præscribuntur impleant. Datum die 22. mensis Ianuarij Anno Domini 1654.

E. MARET Rector.

Acta diei 27. mensis Ianuarij anno 1654.

VT primùm fortunato sidere illuxit dies Martis vigesima septima mensis Ianuarij Anni Domini millesimi sexcentesimi quinquagesimi quarti. Dominus Magnificus Rector, Domini Cancellarius, Decani, & Doctores omnium facultatum actu Regentes, Theologiæ scilicet, vtriusque Iuris, Medicinæ & Artium, nec non Dom. Ioannes Rigoumier Procurator generalis, vnà cum D. Ioanne Vmeau causarum Patrono & Substituto ejusdem Dom Procuratoris generalis, omnesque Officiales Academiæ conuenere ad horam octauam in ædes Fratrum Prædicatorum, quæ præscripta fuerant decreto solemni Academiæ diei decimæ septimæ ejusdem mensis & anni impleturi. Qui quidem induti insulis Doctoralibus, purpuraque splendidi, eo ritu quo procedere solent in solemni Doctorum inauguratione, ante omnia ingressi sunt Ecclesiam diui Dominici, ad implorandum Sancti Spiritus auxilium, decantato Hymno *Veni Creator Spiritus*, inde solemni pompa præeuntibus omnibus Bidellis, longâ sequente Ciuium Pictauiensium ac Studiosorum caterua, accessere ædem sacram Beatissimæ Virginis Deiparæ, quam vt Hæreseum Debellatricem, Choro decantante Antiphonam *Gaude Maria Virgo, cunctas hæreses sola interemisti in vniuerso mundo*, pijssimè salutarunt. Quibus peractis eodem quô prius or-

T

dine ad diui Augustini Templum processere, in cujus atrio excepti fuere à Reuerendo Patre Desbois Augustiniani Conuentus Priore aqua lustrali; cùmque vlterius forent progressi, non sine importuno labore, (quippe tantus erat populorum concursus, vt vix locus adeuntibus superesset) consedere omnes, ac deinde ijsdem ad Altare prostratis, facta est Missa de Spiritu sancto : post cuius offertorium Reuerendus Pater Carcat, in eadem Academia Doctor Theologus, & Augustiniani Ordinis Exprouincialis, concionem habuit super debita obedientia constitutioni sanctissimi Domini nostri Innocentij Papæ, & eruditis & euidentibus rationibus ab ipso diuo Augustino petitis, palam probauit, quinque Propositiones Ianseniftarum, à summo Pontifice damnatas, semper alienas fuisse à diui Augustini doctrina, nec ideo Iansenistas alium sibi vindicare posse Augustinum, præter ementitum illum & adulterinum Cornelij Iansenij Augustinum, longè alium à tam celebri & laudato Hypponensis Ecclesiæ Antistite. His auditis, & sacris ritè peractis, preces publicas pro summi Pontificis Innocentij, & Ludouici XIV. Regis Christianissimi salute fudit Academia. Tum recitata est publicè à Magistro Petro Ioussant Scriba generali Constitutio sanctissimi Domini nostri Innocentij Papæ, quinque Hæreticas Ianseniftarum Propositiones damnantis, (quam quidem Constitutionem Illustrissimus Dominus Athenatum Archiepiscopus & Nuntius Apostolicus chirographo & sigillo suo munitam ad eandem Academiam nuperis diebus transmiserat.) Postmodum altaris sanctuarium ingressus est Dom. Magnificus Rector, & adorato sacrosancto Sacramento, nomine

totius Academiæ formulam jurisjurandi, conceptis
verbis præscriptam perlegit, seque jurare in verba
Constitutionis Apostolicæ in æternum seruandæ
professus est, ac demum jusjurandum ita præstitum
coram Deo, Angelis, & hominibus, adhibito chirographo firmauit. Accessere postea Domini Cancellarius, Decani, Doctores omnium facultatum, Procurator generalis Academiæ, Substitutus eiusdem
Procuratoris, omnesque Officiales Academici, qui
singuli flexis genibus, tactisque sacrosanctis Euangelijs, in manibus Dom. Rectoris intra cancellos
majoris Altaris, jurauerunt separatim in eadem verba eiusdem Constitutionis, ex formula præscripta
adhibitoque chirographo subscripsere. His peractis
Dom. Magnificus Rector comitante Academica corona reuersus est ad sacras Ædes Fratrum Prædicatorum : huicque nobili Triumpho, solemnibusque
Academicis, finem dedit Hymnus Ambrosio-Au-
gustinianus, quo peracto, multos annos summo Pontifici Innocentio eodem voto omnes deprecati, suis
se tectis receperunt. Cuius rei gestæ Nos Rector
Academiæ Pictauiensis, audito Magistro Ioanne
Rigoumer Procuratore generali actum istud decer-
ni, & cum cœteris superioribus, Typis mandari
jussimus, vt citius omnia ad sanctissimum Pontificem
nostrum Innocentium, nec-non Illustrissimum Dominum Athenarum Archiepiscopum, Nuntium Apo-
stolicum, vnà cum Litteris Academicis, à Domino
Ioanne Filleau vtriusque Iuris Doctore, secundùm
iam eidem annuenti ab Academia demandatum
opus, transmitti possint.

Datum in Conuentu Fratrum Prædicatorum,
eadem die vigesima septima mensis Ianuarij, Anno

Domini millesimo sexcentesimo quinquagesimo
quarto.

E. MARET Rector Academiæ, & Theologiæ Doctor actu regens.

RIGOVMIER Procurator generalis Acad. Pictau.
IOVSSANT Scriba generalis.

Iusjurandum Academicum, præstitum in
Ecclesia B. Augustini.

NOs Rector, Cancellarius, Decani, Doctores
omnium facultatum, actu Regentes & Officiales almæ Pictauiensis Academiæ, hac die Martis
27. mensis Ianuarij, anno Domini millesimo sexcentesimo quinquagesimo quarto, in Ecclesia RR. Patrum Augustinianorum legitimè congregati, in vim
& executionem Decreti Academici, diei decimæ
septimæ eiusdem anni prædicti, Bullam & Constitutionem sanctissimi Domini nostri Innocentij Papæ X. sub *Datum Romæ apud Sanctam Mariam Majo-*
rem, anno Incarnationis Dominicæ millesimo sexcentesimo
quinquagesimo tertio, pridiè Kal. Iuny, Pontificatus eius-
dem sanctiß. Dom. nostri Papa anno nono, ad nos ab
Illustrissimo & Reuerendissimo Domino Athenarum Archiepiscopo, & Nuntio Apostolico tranf-
missam, suoque sigillo & proprio, ac Secretarij Chirographo munitam, cum humilitate & debita obedientia suscepimus & suscipimus obseruandam, &
quinque Propositiones quæ libro, cui titulus, *Augu-*
stinus Cornely Ianseny Episcopi Iprensis, continentur, &
quas Iansenistæ in Gallia eodem sensu atque intellectu, vt ibidem habentur, impiè disseminarunt, vt
hæreticas à summo Pontifice declaratas detestamur,

atque adeo vt tales damnatas à Sede Apostolica
damnamus & reprobamus, iuramusque publicè intra
sanctuarij concellos, ad pedes sacro sancti Sacra-
menti Altaris, nos nihil vnquam de prædictis quinque conclusionibus seu Propositionibus aliter sensu-
ros, docturos, vel prædicaturos quam in eadem constitutione sanctissimi Domini nostri Papæ Innocentij decimi continetur, nec etiam passuros vt inposte-
rum quisquam Academico Collegio adscribatur, vel
in Rectorem, Doctorem cuiuscumque facultatis,
Bachalaureum Theologiæ, aut Officialem eiusdem
Academiæ admittatur, quin prius idem jusjurandum secundùm formulam ad hoc præscriptam, quæ
à Scriba generali asseruatur, publicè & coram Patribus Academicis in manibus Magnifici Domini Rectoris præstiterit. Sic nos Deus adjuuet, & hæc sancta Dei Euangelia quæ tangimus. In cujus rei gestæ
fidem & promissæ, subscripsimus, die, mense, anno,
& loco prædictis,

Sic signatum in Originali.

Ego Rector Academiæ Pictauiensis, in sacra facultate Theologiæ Doctor, actu Regens, & sancti Sauini Rector, juraui &
subscripsi E. Maret.
Ego Iacobus Garnier insignis Ecclesiæ beati Hilarij Pictauien-
sis Thesaurarius, prima & principalis dignitas, Cancellarius
Vniuersitatis, Auditor Burdegalensis, I. Garnier.
Ego sacræ facultatis Theologiæ Decanus, ac Ecclesiæ Pictauiensis Theologus, juraui & subscripsi D. Guillotteau.
Ego Fr. A. juraui & subsignaui me obseruaturum ad sensum
sanctissimi Domini Innocentij in Bulla præscriptum, Aug.
Carcat Exprouincialis Augustinianorum, Doctor Theo-
logus.
Ego F. I. Le Faix Doctor Theologus juraui & subscripsi.
Franciscus Irat Soc. Iesu, Doctor Regens Theologiæ, juraui &
subscripsi.

Carolus Defiumeaux Soc. Iefu, Doctor Theologiæ & Profeffor juraui & fubfcripfi.

Ego F. P. Thibaudeau Doctor Theologiæ, Prædicator, juraui & fubfcripfi.

S. Guerry Doctor Theologus, juraui & fubfcripfi.

Bertonneau Doctor Theologus Ordinis Minorum,

Ego I. le Roy Decanus facultatis vtriufque Iuris, actu Regens, juraui & fubfcripfi.

Ego I. Filleau, vtriufque Iuris Doctor, actu regens, Eques Torquatus, Confiftorianus Comes, & Regius Protopatronus, juraui & fubfcripfi.

Ego Iuris vtriufque Doctor, actu regens, juraui & fubfcripfi, De Hautefere.

Ego Iuris vtriufque Doctor actu regens, juraui & fubfcripfi, P. Gilibert.

Ego Medicinæ Doctor actu regens, juraui & fubfcripfi, Carré.

F. Vmeau Doctor Medicus, fubfcripfi.

Ego Medicinæ Doctor actu regens, juraui & fubfcripfi, P. Bardon.

Ego Medicinæ Doctor actu regens, juraui & fubfcripfi, L. Fontenette.

Ego Medicinæ Doctor actu regens, juraui & fubfcripfi, R. Cothereau.

Ego Medicinæ Doctor actu regens, juraui & fubfcripfi, L. Niuard.

Ego Medicinæ Doctor actu regens, juraui & fubfcripfi, C. Fauueau.

Ego Iuris vtriufque Doctor, & Inftitutionum Iuris ciuilis Regius Profeffor, juraui & fubfcripfi, I. le Roy.

Ego Decanus facultatis Artium, juraui & fubfcripfi, G. Piry.

Ego Doctor Artium actu regens, juraui & fubfcripfi, Nicolai.

Ego Doctor facultatis Artium, juraui & fubfcripfi, I. Goutoulas.

Ego Procurator generalis Academiæ, juraui & fubfcripfi, Rigoumier.

Ego Procognitor ejufdem Academiæ, juraui & fubfcripfi, I. Vmeau.

I. Thomas Quæftor generalis, juraui & fubfcripfi.

Ego Iudex fubdelegatus Caufarum Apoftolicarum Academiæ, juraui & fubfcripfi, P. Magaud.

Ego Ioannes Desainct-belin magnus Pœnitentiarius, iuraui &
  subscripsi.
Rigoumier Procurator causarum.
Champion Norarius.
Et ego Scriba generalis Vniuersitatis iuraui & subscripsi,
  Ioussant.

L'Ordre des Ceremonies obseruées par l'V-
niuersité de Poictiers le 27. Ianuier 1654.
en execution du Decret du 17. du mesme
Mois.

CHAPITRE XXXIV.

LA Bulle de nostre sainct Pere le Pape
du mois de May dernier, renduë contre
les cinq Propositions des Iansenistes, ayant
esté enuoyée par Monseigneur le Nonce à
l'Vniuersité de Poictiers, le Recteur de ladite
Vniuersité fit assembler les Doyen & Docteurs des quatre facultés, auec tous les Officiers le 17. du mois de Ianuier 1654. en presence desquels la Lettre dudit Seigneur Nonce ayant esté ouuerte, & la Bulle de nostre sainct Pere le Pape leuë en ladite Assemblée, il fut arresté qu'on enregistreroit ladite
Bulle dans les Archiues de l'Vniuersité, ensemble la Lettre dudit Seigneur Nonce, &
que tous les Doyens, Docteurs & Officiers

feroient vn Serment solemnel pour l'obferuation d'icelle, & les ceremonies de ce Serment remifes au Mardy 27. du mefme Mois.

Ledit iour 27. du mois de Ianuier, fur les
huict heures du matin, le Recteur, Chancel-
lier, Doyens & Docteurs des facultés de
Tgeologie, des Droicts, Canon & Ciuil, de
la Medecine, & des Arts, le Procureur general & Officiers de ladite Vniuerfité fe rendirent au lieu ordinaire de leurs Affemblées,
qu'ils tiennent dans le Cloiftre des Peres
Iacobins, où tous les Docteurs fe reueftirent
de leurs Robes d'efcarlatte, & de leurs fouru-
res d'hermines, comme ils ont accouftumé
de paroiftre és iours de leurs grandes fo-
lemnités.

Ils allerent en cét ordre dans l'Eglife de
S. Dominique, où le *Veni Creator* fut chanté
folemnellement, & apres auoir inuoqué l'affiftance du S. Efprit, ils fortirent de cette
Eglife, & eftans precedés de tous les Be-
deaux des Facultés & des Nations, ils mar-
cherent par les ruës de la Ville iufques dans
l'Eglife Collegiale de noftre Dame la grande, en laquelle apres auoir pris leurs feances
dans le Cheur, les Muficiens chanterent
l'Antienne, par laquelle l'Eglife publie, que
la Tres-faincte Vierge a deftruit toutes les

Heresies, conceuë en ces termes, *Gaude Maria Virgo, cunctas Hæreses sola interemisti in vniuerso mundo.*

Le concert de la Musique estant finy, le Recteur, Docteurs & Officiers de ladite Vniuersité se transporterent dans l'Eglise des Peres Augustins, à la porte de laquelle ils furent reçeus par le Reuerend Pere des Bois, Prieur, & les Religieux auec la Croix & l'eau beniste, & de là furent conduits deuant le Maistre Autel, où les Sieges leurs auoient esté preparés. La presse & le concours du peuple y fut si grand, qu'à peine purent ils aller iusques dans leurs places.

Le Recteur, Chancelier, Doyens, Docteurs & Officiers, estans placés, on chanta à haute voix vne Messe du sainct Esprit; apres l'Offertoire le R. P. Carcat, Religieux Augustin, Docteur en Theologie de ladite Vniuersité, & cy-deuant Prouincial des Peres Augustins, monta en Chaire, & apres auoir fait entendre le sujet de cette Assemblée solennelle, parcourut tous les points de la Bulle de nostre sainct Pere le Pape, & fit voir sur chacune des Propositions qui y sont condamnées, que S. Augustin ne les auoit iamais enseignées, & que c'estoit faire tort à ce grand Docteur, de luy imposer cette ca-

lomnie : Pour le iuſtifier, il rapporta pluſieurs
paſſages de S. Auguſtin, qui ſont tres-for-
mels, contre ce que ceux qui ſe qualifient les
Defenſeurs de ſa doctrine, ont oppoſé. Il
prouua auſſi clairement, comme il appartenoit à noſtre ſainct Pere le Pape, ſans attendre d'autres precedentes Aſſemblées des Prelats dans leurs Dioceſes, de decider telles
matieres de Foy en premiere inſtance, &
qu'il ne reſtoit aux veritables enfans de l'E-
gliſe autre choſe à faire, qu'à obeïr à la Conſtitution Apoſtolique.

Le Sermon finy, on pourſuiuit la Meſſe,
apres laquelle on fit des prieres publiques
pour noſtre ſainct Pere le Pape, & pour le
Roy ; & en ſuitte le Scribe general de l'Vniuerſité leut à haute voix la Bulle de noſtre
ſainct Pere le Pape, en preſence de toute l'Aſ-
ſemblée, apres quoy le Recteur entra dans
l'enclos du Maiſtre Autel fermé de baluſtres,
où ayant adoré le Tres-ſainct Sacrement, il
leut à haute voix l'acte redigé par eſcrit du
ſerment ſolemnel que l'Vniuerſité auoit dreſſé dés le 17. dudit mois de Ianuier, par lequel ledit Recteur, Chancelier, Doyens, Docteurs & Officiers de ladite Vniuerſité, de-
clarerent reçeuoir ladite Bulle de noſtre S.
Pere le Pape, & jurerent de l'obſeruer inuiola-

blemēt, recognoiſſans qu'il auoit condamné
les cinq Propoſitions, telles qu'elles eſtoient
contenuës dans le Liure qui porte pour titre
Auguſtinus Cornelÿ Ianſeny, & telle que les Ianſeniſtes les auoient publiées & ſouſtenuës en
France, & promirent en outre de ne point
ſouffrir qu'aucun Recteur, Docteur, Bachelier ou Officier ſoit reçeu cy-apres en ladite
Vniuerſité, qu'il n'ayt auparauant preſté le
meſme Serment.

Cét acte de Serment ayant eſté leu par
le Recteur, il mit la main ſur les ſaincts Euangiles, & jura publiquement l'obſeruation de
ladite Bulle, & du contenu audit Acte, & en
ſuite ſigna: ce qu'ayant fait, il s'aſſit dans
vne Chaire, qui auoit eſté preparée au dedans deſdits baluſtres, pour auoir Dieu preſent ſur l'Autel à témoin, & ayant entre ſes
mains les ſaincts Euangiles, le ſieur Garnier
Chancelier de ladite Vniuerſité, & Threſo-
rier de l'Egliſe Royale de ſainct Hilaire le
Grand (lequel, quoy qu'aagé de quatre-
vingt quatre ans, auoit aſſiſté à toute la ceremonie, Dieu luy ayant donné des forces &
vn courage extraordinaire pour'vne ſi ſaincte
action) alla preſter le Serment entre les
mains dudit ſieur Recteur, en touchant les
ſaincts Euangiles & à genoux, & ſigna en

suite son acte de serment sur vne table qui
estoit proche couuerte d'vn tapis. Tous les
Doyens & Docteurs des Facultés, le Procureur general, & les autres Officiers de ladite
Vniuersité firent suiuant leurs rangs le semblable Serment, & en la mesme forme &
maniere.

Tous les Sermens estans paracheués, ledit
sieur Recteur accompagné desdits Doyens,
Docteurs & Officiers, retourna en l'Eglise
des Peres Iacobins, pour assister au *Te Deum*,
qui y fut chanté : & à la sortie de l'Eglise,
on se rendit dans le lieu de l'Assemblée de
l'Vniuersité, où on fit lecture des Lettres qui
auoient esté dressées par le sieur Filleau, suiuant la charge qui luy en auoit esté donnée
par l'Vniuersité, l'vne addressée à nostre
sainct Pere le Pape, & l'autre à Monseigneur
le Nonce, lesquelles furent aggrées & au
mesme temps signées de ceux de ladite Vniuersité, & ensuite enuoyées à Rome & à Paris, auec les Actes de tout ce qui s'estoit passé,
accompagnés d'vne genereuse resolution de
ne souffrir aucune doctrine contraire à la
Bulle de nostre sainct Pere le Pape, & ne
pas laisser prendre dans Poictiers aux Iansenistes les mesmes aduantages que les Caluinistes ont cy-deuant vsurpés, & que les Histo-

riens ont fait paroiftre fi funeftes à toute la France, & particulierement à la Prouince de Poiƈtou, qui a feruy de Theatre à leur rage & leur fureur.

Sommaire du Sermon fait par le Pere Car-
cat, Auguftin & Doƈteur Regent en
Theologie, dans l'Eglife des Peres Au-
guftins en prefence de l'Vniuerfité de Poi-
ƈtiers.

CHAPITRE XXXV.

LEs Aƈtes de l'Vniuerfité inferés aux Chap. precedens, font voir clairement la raifon pour laquelle on auoit choifi l'Eglife des Peres Auguftins pour y faire les ceremonies du Serment de l'obferuation de la Bulle de noftre S. Pere le Pape. C'eftoit pour faire cognoiftre au public que ceux qui par vœu & Profeffion Religieufe font les veritables Difciples de S. Auguftin, & qui fuiuent la pureté de fa doƈtrine, comme celle de fa reigle, n'adherent point aux erreurs & fauffes maximes de ceux qui temerairement ont vfurpé cette qualité, quoy qu'ils ne foient que des Corrupteurs de la doƈtrine de cét admirable Sainƈt.

On voulut fortifier cette verité par le choix que fit l'Vniuersité de la personne du R. P. Carcat Augustin, Docteur Regent en Theologie, & cy-deuant Prouincial des Peres Augustins, pour prescher en cette occasion, & & pour declarer à tout le monde que c'est à tort & contre la verité que les Iansenistes, ont voulu se fortifier de l'authorité de ce grand Docteur, dont ce Pere fit voir que les sentimens sont contraires à ceux de Iansenius, & particulierement aux cinq Propositions, qu'il a temerairement auancées, & qui ont esté condamnées par le Pape. Il prit pour theme de son discours le passage de S. Paul de la seconde Epistre aux Thessaloniens, au Chapitre premier, *Gratias agere debemus Deo semper quia supercrescit fides vestra.* Et justifia dans sa premiere partie, que l'Eglise estoit regie par le S. Esprit, comme le corps est regy par l'Ame, & que l'infallibilité luy estoit communiquée par l'assistance du mesme S. Esprit, selon la doctrine de S. Augustin *Sermone 166. de aduentu Spiritus Sancti.*

Ayant estably ce fondement par diuers passages, il entra dans la preuue de l'autre partie, qui consistoit à faire voir que S. Augustin estoit faussement allegué pour la defence des cinq Propositions condamnées,

puis qu'il eſtoit tout éuident par les ouurages
deſquels on le recognoiſſoit autheur, qu'il
auoit ſouſtenu la doctrine contraire.

Et quant à la premiere Propoſition qui
porte qu'il y a quelques Commandemens
de Dieu, qui ſont impoſſibles aux hommes
iuſtes, &c. il oppoſa le paſſage de S. Auguſtin au liure *De natura & gratia* chap. 93.
qui eſt formellement contraire à cette doctrine erronée, *Deus* (dit-il) *impoſsibilia non
jubet, ſed jubendo monet, & facere quod poſsis,
& petere quod non poſsis, & adjuuat vt poſsis.* Il
allegua cet autre paſſage du meſme S. Auguſtin, *Sermone 19. de temp. Execramur eorum
malitiam, qui dicunt impoſsibile aliquid à Deo eſſe
Præceptum.*

A la ſeconde Propoſition des Ianſeniſtes,
*Interiori gratiæ in ſtatu naturæ lapſæ nunquam
reſiſtitur,* il oppoſa le paſſage de S. Auguſtin,
*Tractatu 6s. in Ioannem, Quare Iudæi non po-
terant credere, ſi à me quæritis, cito reſpondebo,
quia nolebant.* Et au liu. 12. de la Cité de Dieu
chap. 6. il rend la raiſon pourquoy de deux
l'vn reſiſte à la Grace, & l'autre non, *quia
(inquit) vnus reÿcit, & reſiſtit gratiæ, alter non.*

Pour la troiſiéme Propoſition, *Ad merendum
vel demerendum, &c.* ayant monſtré qu'elle
eſtoit dans le Liure de Ianſenius *tom. 3. lib. 2.*

cap. 25. & tirée de Caluin liu. 2. de son
Instit. chap. 2. il opposa le passage de S. Augustin, *lib. de natura & gratia cap. 65. Quis*
non agnoscat, quis non toto suscipiat corde, in
recte faciendo nullum esse vinculum necessitatis.
Comme aussi *contra Faustum Manichæum l.22.*
cap. 78. *siue iniquitas, siue justitia inv oluntate*
non esset, si in nostra non esset potestate, porro si in
nostra potestate non esset, nullum præmium, nulla
pæna justa asset, quod nemo sapit, nisi qui desipit.

A la quatriéme Proposition, *semipelagiani*
admittebant, &c. il opposa l'authorité de S.
Augustin au liure *de gratia & libero arbitrio,*
où il rapporte plus de 24. Arguments ou
preuues pour justifier qu'il y a liberté pleine
& entiere en l'homme pour se porter au bien
ou au mal.

A la cinquiéme Proposition que nostre S.
Pere le Pape a declaré *blasphemam, contume-*
liosam, Diuinæ pietati derogantem & hereticam,
il opposa le passage de S. Augustin au liu. 6.
contra Iulianum, où il dit, *Impingo, inculco,*
infarcio recusanti, Christus mortuus est pro omni-
bus, nemo negat, nemo dubitat, qui se non neget
aut dubitet esse Christianum. Ce qu'il a dit
expliquant ces mots de S. Paul en la seconde
aux Corinthiens chap. 5. *Christus pro omni-*
bus mortuus est, & dans le Sermon 114. *de*
tempore,

tempore, il publie hautement, *Vna morte vni-*
uerſum mundum, ſicut omnium Conditor, ita
omnium Reparator abſoluit.

Ie laiſſe les autres paſſages qui furent allegués par ce Pere, pour combattre les cinq
Propoſitions, dautant qu'ils ſont rapportés en termes exprés dans le Liure que le
meſme Pere a fait imprimer en cette Ville,
& qui a pour titre, *Recueil des ſeules authoritez*
de S. Auguſtin, contre la nouuelle Theologie de
ce temps.

L'Vniuerſité de Poictiers enuoye à noſtre
ſainct Pere le Pape, & à Monſeigneur
le Nonce, les Actes de ce qui s'eſtoit paſſé
en ſuitte de la reception de la Bulle.

CHAPITRE XXXVI.

LÉs Actes de l'Vniuerſité cy deſſus inſerés, eſtans les marques veritables de
l'obeïſſance qu'elle auoit renduë au S. Siege,
deuoient paroiſtre aux pieds de ſa Saincteté
pour l'aſſeurer auec quel zele & ſoumiſſion
toutes les Facultés auoient juré d'obſeruer
& faire obſeruer par leurs ſucceſſeurs ſa Bulle
& Conſtitution, contre les cinq Propoſi-
V

tions. C'est pourquoy il fut arresté qu'on
escriroit à sa Sainteté, & à Monseigneur le
Nonce, & la charge en ayant esté laissée au
sieur Filleau, on dressa les deux Lettres suiuantes, l'vne pour Rome & l'autre pour Paris.

*Lettre escrite par l'Vniuersité à nostre sainct Pere
le Pape Innocent X.*

Sanctissimo Domino nostro Innocentio Pa-
pæ X. in Terris Christi Vicario.

*Rector, Cancellarius, Decani, Doctores actu Re-
gentes, Procurator Generalis, & Officiales almæ Vniuersitatis Pictauiensis :
Sincera & debita humilitatis obsequium.*

Beatissime Pater,

Non potuit cohibere lachrimas Academia
nostra, dùm inter emortuos Caluinistici erroris cineres, flammas adolescere videret
Ianseniani incendij, Euangelicam segetem
in Gallia depopulantes: sed tandem sensimus
auxiliarem manum Sanctitatis vestræ, quæ
proximam auertit ruinam, suoque oraculo
scintillantem Hæresim compescuit, grassan-
tesque in excidium Ecclesiæ flammas penitus extinxit. Ignis namque è cathedra Petri
exilijt, & inflammauit in circuitu inimicos,
illuxerunt fulgura Apostolici Cœli, & com-

mota eft Terra Ianfeniftarum. Agebatur
enim de fumma rei Catholicæ, cui tuendæ
impar erat præter Pontificiam fumma pote-
ftas : Conclamatum videbatur de libero hominis arbitrio, nifi fubueniffet fanctiffimus
Innocentius, cuius non parere arbitrio vt
criminofum, ita nec liberum, Captiua duce-
batur à Ianfeniftis Gratia, adulterinum interim Victricis ac Triumphantis titulum infœ-
liciter ementita, nec locus erat poftliminio,
nifi gratia Apoftolicæ Sedis (cui nefandum
eft refiftere) gratiam ipfam libertati afferuif-
fet, fecundumque illam vindicias dixiffet :
Fufus pro omnibus negabatur Chrifti fan-
guis, fed ab illis quos pœna fanguinis dignos
vt blafphemos, Chrifti Vicarius anathemate
damnauit. Hoc totum quo tota Reipublicæ
Chriftianæ tranquillitas continetur, Sanctitati veftræ debetur, quæ fecit vt Sancta poft-
modum & Chriftianiffima, profcriptis Ianfenianæ Sectæ commentis & fabulis, euafa-
fura fit Gallia. Debet Orbis Chriftianus
Apoftolico oraculo quod fit gratiofus, libe-
reque Gratiam fufcipiat, nec fufficientem vt
denegatam defideret. Debent Sanctitati veftræ quod non fint otiofi Chrifti famuli, fed
collaborante Gratia operas non illiberales ad
merita rei geftæ adhibeant : Cùmque ad me-

rendum vel demerendum libera à neceſſitaté
& à coactione voluntas accedat, fecit Sanctitas veſtra vt dum aduerſarij Apoſtolico oraculo coguntur in bonum , nos qui impares
fuimus ad tantum merendum beneficium, in-
voluntarij futuri ſimus ad demerendum. Suſ-
cepimus ergo miſericordiam Sanctitatis veſtræ, ad nos ab Illuſtriſſimo Sanctiſſimæ Sedis Apoſtolicæ Nuntio tranſmiſſam , in medio Templi Dei virtutum, quia virtutis diuinæ opus proſcripſiſſe mendaces: Fuit hoc mi-
ſericordiæ oraculum, æquè ac juſtitiæ, quod
perituros ad ſalutem reuocat, fugitiuos ma-
terno Ecclesiæ gremio excipit, & Paſſionis
Dominicæ merita denegantes, ad Crucis ſa-
lutiferæ percipiendos fructus euocat. Qua
autem reuerentia, quo feruore, quibus humil-
limis obſequijs, qua triumphali pompa Apoſtolicam Conſtitutionem Academia noſtra
ſuſceperit, teſtabuntur Acta Monumentaque
publica Romam tranſmiſſa, quibus vt Sanctitas veſtra Apoſtolica benedictione annuat,
ſunt preces omnium & vota ſingulorum. Datum Pictauij pridie Kal. Februar. Anno Chriſti 1654.

sic ſignatum,

L. Maret Rector Academiæ, & Theologiæ Doctor actu Regens.
Garnier Theſaurarius , prima & principalis dignitas Eccleſiæ

Sancti Hilarij, Cancellarius Vniuerfitatis, Auditor Burdega-
lenfis.

D. Guilloteau Facultatis Theologiæ Decanus nec-non Ecclesiæ Pictauienfis Canonicus Theologus.

Auguft. Carcat Doctor Theologus actu Regens, Augustinianus
Expronuncialis.

F. I. Faix Dominicanus, Doctor in fana Theologia actu Regens.

F. P. Thibaudeau Doctor Theologiæ Fratrum Prædicatorum
Ordinis.

Francifcus Irat Societatis Iefu, Doctor & Profeffor Theologus.

Carolus Defumeaux Societatis Iefu, Theologiæ Doctor &
Profeffor.

Guerry Doctor Theologus.

I. le Roy Decanus Facultatis vtriufque Iuris.

L. Filleau vtriufque Iuris Doctor actu Regens, Eques Torquatus, Comes Confiftorianus, & Regius Protopatronus.

De Hautelerre Anteceffor.

P. Gilibert Iuris vtriufque Doctor actu Regens.

Carré Doctor Medicus.

P. Bardon Doctor Medicus.

R. Cothereau Doctor Medicus.

L. Niuard Doctor Medicus.

C. Fauueau Doctor Medicus.

Le Roy vtriufque Iuris Doctor, & Inftitutionum Ciuilium
Regius Profeffor.

G. Piry Artium Decanus.

P. Iacobus Goutoulas Facultatis Artium Doctor.

Rigoumier Procurator generalis.

I. Vmeau eiufdem Academiæ Procognitor.

I. Thomas Quæftor generalis Vniuerfitatis.

P. Magaud Iudex fubdelegatus Caufarum Apoftolicarum.

De mandato prædictorum Dominorum,

Iouffant Scriba generalis.

Cette Lettre fut enuoyée à Monfeigneur
le Nonce à Paris par l'Vniuerfité, auec tres-
humble priere de la vouloir faire prefenter à

V 3

Rome à sa Saincteté, & à cét effet l'Vniuersité luy escriuit la Lettre suiuante.

Lettre escrite par l'Vniuersité à Monseigneur
le Nonce.

Illustrissimo ac Reuerendissimo D. Domino
Athenarum Archiepiscopo, & in
Gallia Nuntio Apostolico.

Rector, Cancellarius, Decani, Doctores actu Re-
gentes, Procurator Generalis, & Officiales Al-
mæ Vniuersitatis Pictauiensis:
  Salutem in eo qui vult omnes homines sal-
uos fieri, humillimam.

Illustrissime Præsul,
  Quales de debellata Iansenistarum Hæresi
egerit triumphos Academia nostra, & quam
solemniter spectantibus omnium Ordinum
Proceribus, celebrique Ciuium Pictauiensium stipante corona jurauerit in verba Constitutionis sanctissimi Domini nostri Innocentij Papæ, testabuntur hæc acta publica,
quæ ad Illustrissimam Dominationem vestram transmittenda curauimus. Iacebit æternum proscripta à finibus nostris fabula illa
Iansenistica, quæ diu gipsato vultu lusit in
Gallia, sed cuius complicatum hodie sipa-
rium scenicum tot laruas & mendacia de-

texit, vt nullos amplius sit habitura sequaces.
Fecit in nos singularis Dominationis vestræ
beneuolentia, vt nouo Apostolici Oraculi
lumine illustrata Academia Pictauiensis, cœ-
lesti hodie coruscatione splendescat, suóque
in sinu habeat non minimam partem Ponti-
ficij Iuris, quo inposterùm proscripti erroris
surculos enascentes juridicè conuellat. Rogamus interim Dominationem vestram, vt
ad pedes Apostolicæ Sedis Literas nostras,
Actáque Academica Romam transmitti iu-
beat, quibus sanctissimo Pontifici innotesce-
re possit, nihil toti Academiæ fuisse anti-
quius, quàm se Apostolicam profiteri. Cùm
autem accepti ab Illustrissima Dominatione
vestra beneficij celsitudo recompensandi vices superet, verbis erit potius peragenda
munificentia quàm factis, æternáque votorum nostrorum sponsione consignanda. Datum Pictauij pridie Kal, Februarij, Anno
Christi 1654.

  E. MARET Rector Academiæ & Theologiæ Doctor actu Regens.

*J'obmets toutes les autres signatures, qui sont
des mesmes personnes qui ont sousscrit cy-dessus à
la Lettre addressée à sa Saincteté.*

  Ces deux Lettres ayant esté enuoyées à

Monseigneur le Nonce à Paris, il témoigna
qu'il auoit vne grande satisfaction du procedé de l'Vniuersité de Poictiers, & eut la
bonté d'addresser à Rome le pacquet qu'elle
luy auoit enuoyé, afin qu'il fut presenté à sa
Saincteté, accompagné des Lettres dudit
Seigneur Nonce ; comme il se voit par la
Lettre suiuante.

*Lettre de Monseigneur le Nonce, escrite à
l'Vniuersité de Poictiers.*

Illustrissimis atque amplissimis D. Dominis
    Rectori, Decanis, Doctoribus, & reliquis
    Vniuersitatis Pictauiensis Officialibus.

Illustrissimi D. Domini,
    Libentissimè misi ad summum Pontificem
Epistolam, & Relationem impressam Dominationum vestrarum, in qua apparent lauda-
tissimæ Ordinationes præstantissimæ Vniuersitatis Pictauiensis, pro obseruantia Declara-
tionis quinque Propositionum à Sanctitate
sua factæ. Dabit Deus vestris Dominationi-
bus præmium in Cœlo iuxta ingentem lau-
dem quâ gaudent in terris, & omnem aliam
felicitatem vobis peramanter precor. Datum
Parisijs die 14. Februarij 1654.
    D. D. V. V. Illustrissimarum
                            Seruus addictissimus,
                NICOLAVS Archiepiscopus Athenarum.

Monseigneur le Nonce ne se contenta pas de faire paroistre sa bonne volonté à l'Vniuersité en general, il en voulut aussi donner des témoignages particuliers au sieur Filleau, par la Lettre qu'il luy escriuit en ces termes :

A Monsieur
Monsieur Filleau premier Aduocat du Roy,
A Poictiers.

Monsieur,

Ie vous remercie de tout mon cœur des Lettres du 28. Ianuier & du 4. Feurier, qu'il a pleu à vostre bonté de m'enuoyer, auec la Relation de tout ce que vous auez fait en l'Vniuersité de Poictiers pour le seruice du sainct Siege, vous asseurant que ie n'ay pas manqué d'en informer continuellement nostre sainct Pere le Pape, afin que vostre merite soit recognu par sa Sainčteté, & par tous les hommes de bien, n'ayant autre desir que vous seruir en chose de plus grande consideration. I'ay reçeu vne Lettre pour sa Saincteté, & l'autre pour moy, qu'il a pleu à Messieurs de l'Vniuersité de Poictiers de me faire tenir, dignes de grande loüange, estant asseuré qu'en cette rencontre vous auez fait tout vostre possible , vous priant de m'employer auec toute liberté & confiance, par

ce que vous trouuerrez touſiours preſt pour
vous ſeruir celuy qui pretend d'eſtre,

Monſieur,

Voſtre tres-affectionné ſeruiteur

NICOLAS Archeueſque d'Athenes,

A Paris, ce 14. Feurier 1654.

Sa Saincteté enuoye vn Bref à l'Vni-
uerſité de Poictiers.

CHAPITRE XXXVII.

LES ſoumiſſions & obeiſſances renduës
par l'Vniuerſité de Poictiers à la Bulle
de noſtre tres-ſainct Pere le Pape, & le ſerment ſolemnel qui fut fait par tous les Docteurs & Officiers qui compoſent cette Compagnie, ont eſté ſi agreables à ſa Saincteté,
qu'elle a daigné luy rendre des témoignages
de ſa bienueillance, par vn Bref dont elle a
voulu recognoiſtre ſon zele & ſa fidelité inuiolable.

Ce Bref fut addreſſé au ſieur Filleau par
Monſeigneur le Nonce, afin qu'il le preſen-
taſt à l'Vniuerſité, & fut accompagné d'vne
Lettre dudit Seigneur, laquelle ledit ſieur
Filleau ayant reçeuë, il en aduertit le Recteur

: de l'Vniuersité, qui deliura en suitte son mandement pour assembler tout le Corps; ce
qui fut fait le premier iour de May de la presente année 1654. ce fut à ce iour qu'en presence des Chancelier, Doyens, Docteurs &
Officiers de l'Vniuersité le Bref de nostre S.
Pere le Pape fut ouuert, & leu dans l'Assemblée. Durant qu'on le lisoit, le Recteur &
les Docteurs, suiuant l'ancienne coustume,
que l'Vniuersité a tousiours obseruée pour
receuoir les Brefs Apostoliques, se leuerent
de leurs places, & ayant la teste nuë, rendirent l'hommage qu'ils deuoient à cette subli-
me puissance.

L'inscription du Bref scellé du sceau du Pes-
cheur, estoit en ces termes,

Dilectis Filijs, Rectori, Cancellario, Decanis Fa-
cultatum Vniuersitatis Studij ge-
neralis Pictauiensis.

Au dedans estoit escrit,

INNOCENTIVS P. P. X.

Dilecti Filij salutem & Apostolicam benedictionem. A Domino prodijt, qui nos
virgam vigilantem constituit super gentes &
Regna, quod de quinque controuersis Propositionibus tulimus nuper Ecclesiæ Catho-

licæ judicium ; ideoque veſtræ etiam pieta-
tis ac Religionis præcipuè futuruin arbitra-
bamur , vt Domino illuminanti abſcondita
tenebrarum , vltròquidem atque vnanimi
obedientia obſequeremini. Hanc ſpem exi-
miè impleuere, quæ iampridem certius ex
veſtræ probitatis experimento. , poſtremò
quidem diſertius ex Literis quas ad nos de-
diſtis accepimus. Ea verò cùm nobis rei
Chriſtianæ publica incrementa omni ſtudio
meditantibus, plurimùm quoque in id ſpon-
deant ex iſtius Academiæ zelo ac ſapientia ,
cupimus paternam quâ vos complectimur
charitatem , diuinæ quoque beneficentiæ
muneribus cumulari, vt veritatis via firmita-
tis veſtræ conſtantia æquiſſimè ſtrata, trepi-
dantium veſtigia facilior excipiat ad mon-
tem Domini ; vobiſque Apoſtolicam Benedictionem ex animo largimur, Datum Romæ apud Sanctam Mariam Maiorem, ſub annulo Piſcatoris, die 21. Martij M. DC. LIV.
Pontificatus noſtri anno decimo.

     D E C I V S Cardinalis Azzolinus.

    La Lettre de Monſeigneur le Nonce eſcri-
te au ſieur Filleau , & qui accompagnoit ce
Bref, eſtoit conçeuë en ces termes.

A Monsieur
Monsieur Filleau premier Aduocat du Roy,
A Poictiers.

Monsieur,

Afin que l'Vniuersité de Poictiers con-
noisse mieux combien nostre sainct Pere le
Pape a trouué agreable ce que vous auez
fait, & ce qu'a aussi fait la Faculté mesme de
Poictiers, pour l'execution de la Declaration qu'a fait sa Saincteté des cinq Propositions de Iansenius, ie vous enuoye vn Bref de
nostre sainct Pere pour ladite Vniuersité, &
i'ay trouué à propos que vous le presentiez,
& pour ce qui est de ce que vous m'escriuez
dans vostre Lettre du 21. de Mars, vous aurez presentement response auec cette Lettre
que ie vous escris, demeurant tousiours,

Monsieur,

Vostre tres-affectionné seruiteur,

NICOLAS Archeuesque d'Athenes.

A Paris ce 23. Auril 1654.

*Ce qui s'est passé en l'Vniuersité de Poi-
ctiers, apres la reception du Bref de
nostre sainct Pere le Pape.*

CHAPITRE XXXVIII.

APres la lecture du Bref de nostre sainct
Pere le Pape, l'Vniuersité de Poictiers
deuëment assemblée, delibera de ce qu'il y
auoit à faire, & fut conclu & arresté, qu'on
feroit de tres-humbles actions de grace à nostre sainct Pere le Pape, de l'honneur qu'il
luy auoit fait, luy donnant ce particulier témoignage de la paternelle affection, & des
asseurances publiques de la satisfaction que
sa Saincteté auoit reçeuë de la forme qu'on
auoit tenuë pour rendre l'obseruation de sa
Constitution inuiolable à iamais: & que pour
cét effet on escriroit à nostre sainct Pere le
Pape vne Lettre pleine de respects & de re-
merciments, & que durant le reste de cette
année, tous les Dimanches, la Messe solennelle à Diacre & Sousdiacre, seroit dite en
presence de l'Vniuersité pour nostre sainct
Pere le Pape, auec l'Oraison, *Deus omnium
Fidelium Pastor.*

Et d'autant que Dieu dans ces derniers temps, par l'ordre d'vne prouidence toute particuliere, a voulu découurir la vie cachée de ſainct Ioſeph & de ſaincte Anne, par vne longue ſuite de miracles, & que l'vn ayant eſté l'Eſpoux ſacré & virginal de la ſaincte Vierge, qui eſtoit remplie de graces, ſuiuant le témoignage de l'Ambaſſadeur Celeſte qui la ſalua, & que l'autre a eſté la Mere bien-heureuſe de cette ſaincte Fille, on peut croire pieuſement que dans ce ſiecle, où les Ianſéniſtes ont voulu eſtablir de fauſſes Propoſitions touchant la Grace, ces deux admirables Saincts ſe ſont intereſſés extraordinairement à eſtablir par l'authorité du ſainct Siege la verité de la cooperation à la Grace, ſans laquelle leurs incomparables merites ne ſeroient pas ce qu'ils ſont : & qu'ils ont agy puiſſamment auprés de la diuine Majeſté, pour étouffer cette Hereſie naiſſante, qui alloit arracher la couronne pretieuſe de deſſus le Chef ſacré de la ſaincte Vierge. En effet elle luy veuſt oſter, par la neceſſité de cette Grace victorieuſe efficace ſeule par elle meſme, & à laquelle on ne peut reſiſter, les merites de toutes ſes actions, & particulierement de celle, par laquelle, donnant vn libre conſentement à l'ouurage de

l'Incarnation du Verbe eternel (qu'elle pouuoit ne donner pas , si elle eût voulu ne pas
consentir aux Propositions de l'Ange) elle
auoit esté faite Mere de Dieu, & merité cét
inconceuable accroissement de graces ; l'Vniuersité de Poictiers estima estre obligée
d'en témoigner ses ressentimens , & pour
contribuer de sa part quelque chose à la
gloire accidentelle de sainct Ioseph & de
saincte Anne, il fut resolu que sa Saincteté seroit tres-humblement suppliée de vouloir ordonner, que cy-apres les noms de ce
grand Sainct , & de cette Illustre Ayeule
du Fils de Dieu , seroient inserés dans les
grandes Litanies de l'Eglise, pour estre in-
uoqués auec les autres Saincts. Ce qu'elle
espere d'autant plus asseurement que le
Pape Vrbain VIII. son Predecesseur recognoissant les aduantages que ces deux
lumieres du Paradis meritent, auoit ordonné par vne Constitution Apostolique la ce-
lebration de leurs Festes.

Aussi l'Vniuersité recognoissant, que le
dernier moment de nostre vie decide l'affaire de nostre eternité, & que l'arbre doit demeurer du costé où il sera tombé , pour se
faciliter aupres de Dieu ce dernier passage,
& y trouuer vn fauorable accés aupres de ce
Iuge

Iuge redoutable des viuans & des morts, qui doit mettre toutes les actions des hommes à la balance, & juger meſme (comme il parle dans le Texte ſacré) les Iuſtices dans ſon temps. Il fut arreſté que ſa Sainteté ſeroit ſuppliée de vouloir accorder l'Indulgence pleniere à l'article de la mort, aux Recteur, Chancelier, Doyen, Docteurs & Officiers de l'Vniuerſité qui ſont à preſent en charge, & qui ont rendu leurs reſpects & obeïſſances au ſainct Siege dans toutes les occaſions, & particulierement dans cette derniere contre les Ianſeniſtes; deſquelles deliberations a eſté fait le Decret du premier May, que l'Vniuerſité donna charge au ſieur Filleau Docteur Regent és Droicts, de rediger par eſcrit, enſemble la Lettre pour noſtre ſainct Pere le Pape, au nom de ladite Vniuerſité, dont voicy les copies:

Decretum Almæ Vniuerſitatis Pictauienſis.

HAC die prima menſis Maij, Anno Domini milleſimo ſexcenteſimo quinquageſimo quarto, hora ſecunda pomeridiana habitum fuit Collegium generale Dominorum Cancellarij, Decanorum & Do-

ctorum omnium facultatum in Ædibus Fratrum Prædicatorum, indictum à Domino
Magnifico Rectore, in quo Dominus Ioannes Filleau, Iuris vtriusque Doctor actu regens, exhibuit Cœtui Academico Literas
Apostolicas sanctissimi Domini nostri Innocentij Papæ X. ita inscriptas, *Dilectis Filijs*
Rectori, Cancellario & Decanis facultatum Vni-
uersitatis studij generalis Pictauiensis, quas ab
Illustrissimo Domino Athenarum Archiepiscopo & Nuntio Apostolico transmissas
acceperat. Cùmque easdem aperiri & per-
legi iussisset Dom. Rector, statim assurrexere
omnes Patres Academici, & nudo capite
sacra Oracula Apostolici rescripti, sub *datum*
Romæ apud sanctam Mariam Majorem, sub an-
nulo Piscatoris die 21. Martij M. DC. LIV.
Cum hac subscriptione, *Decius Cardinalis*
Azzolinus, religiosis auribus ac solemni ritu
excepere. Ijsdem verò perlectis, audito &
postulante Dom. Ioanne Rigoumiet Procuratore generali Academiæ decretum fuit:
Immortales sanctissimo Pontifici peragen-
das ab Academia gratias, nec-non Literas
Apostolicas, tanquam non intermoriturum
illibatæ fidei pignus quod posteris esse possit
exemplo, actis publicis Academiæ con-
signandas: & quia peragendæ Gratiæ futu-

ræ sunt accepto beneficio impares, has re-
pensandi vices elegit Academia, vt toto hujusce anni curriculo, singulis diebus Domi-
nicis Missa solemnis cum Diacono & Subdia-
cono, pro salute sanctissimi Domini nostri
Innocentij, & vt illi multos annos Deus ad
regimen Ecclesiæ adijciat (adhibita Oratione *Deus omnium Fidelium Pastor & Rector*) ad-
stante Academicâ Coronâ, in Ecclesia Fratrum Prædicatorum pulsis organis decante-
tur. Insuper decretum fuit postulationem ad
pedes sanctissimi Domini nostri Innocentij,
nomine Academiæ faciendam; vt cum hisce
nouissimis temporibus diui Iosephi, Christi
Saluatoris Nutritij, & diuæ Annæ Christi
etiam Auiæ vitam absconditam tot tantisque
miraculis illustrare, & duo fortunata illa side-
ra, in æstuantis sæculi Oceano nauiganti-
bus illucescere Deus voluerit, placeat san-
ctissimæ Sedi jubere Apostolica sanctione,
maioribus Ecclesiæ Litanijs Sanctorum, quæ
hactenus desiderata fuere augustissima illa
diui Iosephi, & diuæ Annæ nomina inseri.
Tum demum rogandum summum Pontificem, vt Rectori, Cancellario, Decanis, Doctoribus omnium facultatum, Procuratori
generali, omnibusque Academiæ Pictauiensis Officialibus nunc existentibus, qui in hac

Prouincia aduerſus Ianſeniſtas ſuſtinuere
pondus & æſtum diei, plenariam Indulgentiam per modum Iubilæi in articulo mortis
Apoſtolica authoritate largiri dignetur.
Actum die, loco & horâ prædictis.

Sic ſignatum.

E. Maret Rector Academiæ & in ſacra Theologiæ Facultate
   Doctor actu Regens, nec-non Parochus S. Sauini.
Garnier Theſaurarius, prima & principalis dignitas beatiſſimi
   Hilarij, Cancellarius Academiæ, Auditor Generalis Bur-
   degalenſis.
Fr. Auguſtinus Carcat Doctor Theologus, Auguſtinianus
   Exprouincialis
Iulianus Dardin Doctor Theologus.
Franciſcus Irat Soc. Ieſu, Doctor & Profeſſor Theologiæ,
Carolus Des-jumeaux Soc. Ieſu, Doctor Theologiæ & Profeſſ.
I. Faix Doctor Theologus ordinis Prædicatorum.
Stephanus Guerry Doctor Theologus,
F. P. Thibaudeau Doctor Theologiæ, Prædicator,
I. Filleau, vtriuſque Iuris Doctor, actu regens.
Caré Doctor Medicus.
De Hauteſerre Anteceſſor.
P. Bardon Doctor Medicus.
R. Cothereau Medicus Doctor.
Niuard Doctor Medicus.
Goutoulas Doctor Artium.
Rigoumier Procurator Generalis.
I. Vmeau D. Procurat. Generalis Subſtitutus.
I. Thomas Quæſtor Generalis.
P. Magaud judex ſubdelegatus cauſarum Apoſtolicarum.

De mandato Academiæ,

Iouſſant Scriba generalis.

La Lettre escrite par l'Vniuersité de Poictiers à nostre sainct Pere le Pape Innocent X.

Sanctißimo Domino nostro Innocentio Pontifici Maximo & Oecumenico.

Rector, Cancellarius, Decanus, Doctores omnium Facultatum, Procurator generalis, cœterique Officiales Academiæ Pictauiensis:

Humillimum cum debita obedientia famulatum.

Beatissime Pater,

Nempe satis non erat ad publicam memoriam in luce orbis constituisse Apostolicæ Sedis Oraculum, quo Anathemate perculsa Iansenistarum Hæresis jaceret postmodum in situ & puluere, nisi publico beneficio nouum & singulare Sanctitas vestra adiecisset, dum Academiam nostram Pontificio rescripto munificentissimè cumulauit : Cui quidem referre maius nihil possumus quàm gratias, & pro salute Sanctitatis vestræ ad multos annos Decreto Academico (quod Romam mittimus) vota nuncupata. Sed vt illis facilior ad Cœlum pateat accessus, nouosque summo Pontifici Sponsores conciliet Academia no-

X 3

ſtra, hoc vnum ad cumulum muneris nullam
paſſuri repulſam, omnes pijſſime depreca-
mur; vt, cùm Deus hiſce nouiſſimis temporibus beatum Ioſephum Chriſti nutritium,
& beatam Annam Saluatoris Auiam, nouâ
miraculorum ſerie illuſtrare voluerit, placeat
Sanctitati veſtræ iubere, vt maioribus Eccleſiæ Litanijs, beati Ioſephi & beatæ Annæ au-
guſtiſſima nomina inſcribantur, eademque
publicæ inuocationis ſocietate gaudeant, qui
perfruuntur æternâ, quod vix optatum ab
alijs, impetrandum tamen à Sanctitate ve-
ſtrâ confidit Academia: Speratque non de-
negandam Rectori, Cancellario, Decanis,
Doctoribus, Procuratori generali, cæteriſ-
que Officialibus nunc exiſtentibus, plenariam in articulo mortis, quam ſuppliciter ex-
poſtulamus Indulgentiam. Cuius beneficij
vna erit obliuio Academiæ noſtræ occaſus.

   Datum Pictauij Kal. Maij Anno Domini M. DC. LIV.

ſic ſignatum,

E. Maret Rector Academiæ, & Doctor in ſacra Theologiæ Fa-
   cultate actu Regens, nec non Patochus ſancti Sauini.
Garnier Theſaurarius, prima & principalis dignitas beatiſſi-
   mi Hilarij, Cancellarius Vniuerſitatis, Auditor generalis
   Burdegalenſis.
Frater Auguſtinus Carcat Doctor Theologus, Auguſtinianus
   Exprouincialis.
Iulianus Dardin Doctor Theologus.

F. I. Faix Doctor Theologus Ordinis Prædicatorum.
Francifcus Irat Societatis Iefu, Doctor & Profeffor Theologus.
Carolus Defiumeaux Societatis Iefu, Doctor & Profeffor
   Theologiæ.
F. P. Thibaudeau Doctor Theologiæ Regens Predicator.
Stephanus Guerry Doctor Theologus.
I. Filleau vtriufque Iuris Doctor actu Regens, Eques Torqua-
   rus, Comes Confiftorianus, & Regius Protopatrouus.
Carré Doctor Medicus.
De Hautefette Anteceffor.
P. Bardon Doctor Medicus.
L. Niuard Doctor Medicus.
I. Goutoulas Doctor Facultatis Artium.
Rigoumier Procurator generalis.
I. Vmeau Procuratoris generalis Subftitutus.
I. Thomas Quæftor generalis.
P. Magaud Iudex fubdelegatus Caufarum Apoftolicarum.

De mandato Academiæ.

Iouffant Scriba generalis.

Cette Lettre auec le Decret de l'Vniuerfité dudit iour 1. May, a efté enuoyée par ledit fieur Filleau à Monfeigneur le Nonce,
pour la faire prefenter à Rome à fa Saincteté,
felon les bontés ordinaires qu'il a eu cy-deuant pour la mefme Vniuerfité, & ledit fieur
Filleau, felon la charge particuliere qu'il en a
euë, a fupplié Monfeigneur le Nonce de vouloir appuyer en la Cour de Rome les deux
demandes qui font contenuës en cette Lettre
addreffée à noftre fainct Pere le Pape.

X 4

Nouuelle preuue de la Cabale des Ianse-
nistes, tirée des Lettres de Iansenius,
escrites à l'Abbé de S. Cyran, qui ont
paru dans Poictiers.

CHAPITRE XXXIX.

L'Imprimeur tiroit les dernieres feüilles de cette Relation, lors qu'il parut vn Liure dans Poictiers intitulé, *La naissance du Iansenisme découuerte*, imprimé à Louuain chez la Vefue Iacques Granius la presente année 1654. composé d'vn Receüil de lettres que Iansenius auoit escrit à l'Abbé de sainct Cyran. Le sieur de Preuillie en auoit les Originaux, qui estoient venus entre ses mains par la mort de l'vn des Commissaires, qui auoit eu ordre du Roy defunct, de faire plusieurs perquisittons dans les papiers du defunct Abbé de sainct Cyran, au mesme temps qu'il fut conduit prisonnier au bois de Vincennes. Ledit sieur de Preuillie les a mis en depost dans le College de Clermont des Reuerends Peres Iesuites de Paris, & en a donné des copies imprimées au public, pour découurir la Cabale & le dessein formé de longue main contre l'Eglise & la Religion, ce sont les termes dont vse ce Gentilhomme en son Epistre à Monseigneur le Chancelier.

Or par les reflexions que i'ay faites & tirées de ces Lettres, ie me suis d'autant plus trouué confirmé dans la verité de ce que cét Ecclesiastique, dont i'ay parlé au 2. chap. de la presente Relation, personne de qualité releuée en l'Eglise m'auoit declarée: & si nous aurons toutes les Lettres des autres personnes qui se trouuerent en l'Assemblée mentionnée audit 2. chap. la preuue par escrit seroit toute éuidente.

Voicy ce que i'ay recüeilly desdites Lettres, qui sert à la confirmation du secret que cét Ecclesiastique me décoũurit. Par toutes les Lettres escrites par ledit Iansenius audit S. Cyran, il paroist qu'ils vsoient ensemble de noms secrets & supposés, pour ne pas décoũurir leurs intentions au public, qui ne deuoient pas estre cachées sous ce mystere de noms, si elles eussent esté pour le bien de l'Eglise & de l'Estat.

C'est ainsi qu'il qualifie du nom de *Pilmot* le sujet du liu. qu'il composoit pour lors & qui a paru depuis sous le nom de *Augustinus Ianseny*, qu'il appelle la *spirituelle affaire* en la lettre 20. & quelquefois du nom de *Madame de Cumar*, comme il se voit en la Lettre 17. & autres suiuantes.

Quand il parle de soy, il se nomme tantost *Sulpice*, tantost *Quinquabre*, tantost *Boëce*, tantost *Cudara*. Il donne le nom de *Durillon, Solion, Celias, Rongear*, à l'Abbé de S. Cyran. Il appelle *Chimer* ceux qui n'estoient pas Sectaires de sa doctrine, & qui la contre-disoient. *Philippas* & *Solfty* signifient *Conrius* Cordelier, & depuis Archeuesque d'Hybernie. Parlant de la Sorbonne, il luy donne le nom de *Blemar*, celuy de *Panfar* à l'Vniuersité de Louuain; Aux Iesuites celuy de *Gorphorostes, Pacuuius* & *Porus*. Pour signifier nostre S. Pere le Pape, il se sert du mot de *Tramontain*, comme dans la Lettre 21. & de celuy de *Pardo*, comme en la Lettre 33. de *Gerardus* en la Lettre 36. & en la Lettre 40. Il nomme S. Augustin *Leonius, Seraphi, Garmos, Aelius*.

De ces remarques, & de la Lettre 22. qui est du 27. Ianuier 1622. par laquelle *Iansenius* mande à S. Cyran qu'il luy enuoye le Chiffre qu'il auoit perdu, resulte la preuue de la Cabale du Iansenisme, pour l'establissement de laquelle on a eu recours a des voyes que la seule politique de ce monde a approu-

uées. Ce n'eſt pas ainſi que le Fils de Dieu
a fondé l'Euangile : *Ego palam* (dit-il) *locutus
fum*; & le Texte ſacré parlant de luy, ſe ſert
de ces termes, *Et erat quotidie docens in Templo*,
c'eſt a dire publiquement & ouuertement.

Les Apoſtres reçeûrent leurs depéches &
leurs ordres de Ieſus, de preſcher ouuertement à tout le monde, *Euntes in vniuerſum
mundum, prædicate Euangelium omni creaturæ*.
Ces mots *omni creaturæ*, ont eſté expliqués,
non ſeulement en ce ſens, qu'ils deuoient
preſcher l'Euangile à toute la Terre, mais
auſſi en donner l'explication & intelligence
à tous les hommes, en telle ſorte qu'ils puſſent comprendre la ſublimité de cette haute
doctrine.

Il eſt vray que cette prudence Ianſeniſti-
que ſeroit reçeuable parmy des Politiques,
& des Generaux d'Armées, qui traittent des
affaires des Roys & des Eſtats : mais en fait
de Religion elle eſt reprouuée par les ſainctes
Lettres, puis que *Sacramentum Regis abſcon-
dere bonum eſt, opera autem Dei reuelare hono-
rificum*.

De cette premiere remarque ſuit vne autre, qui conſiſte à faire voir que ces Ca-
baliſtes n'ayant pas deſſein d'eſtablir de veritables principes de Religion, mais de

destruire ceux que la Foy auoit introduits
dans le monde, & d'attaquer l'Eglise &
l'Euangile, ils ont voulu cacher leurs conseils jusques à ce qu'ils eussent attiré vn nombre considerable de personnes à leur party.
Cela se voit en la Lettre 16. où Iansenius
escrit en ces termes: *Ie n'ose dire à personne du*
monde ce que ie pense selon les principes de sainct
Augustin, d'vne grande partie des opinions de ce
temps, & particulierement de celles de la Grace &
de la Predestination, de peur qu'on ne me face le
tour à Rome, qu'on a fait à d'autres, deuant que
toute chose soit meure & à son temps.

Voilà le dessein des Deistes assez declaré,
comme il fut remarqué par cet Ecclesiastique, qui auoit assisté à l'Assemblée dont a esté
parlé au chap. 2. Car le sentiment de Iansenius & des autres estoit que Dieu baille la
Grace à qui il luy plaist, qu'il predestine qui
il luy plaist, qu'il sauue & damne qui il luy
plaist, & ainsi que tous les Sacremens sont
inutils. Mais le feu expiatoire de Rome les
empeschoit de publier si-tost leurs erreurs,
& les retenoit dans le silence.

Il declare aussi sur la fin de la Lettre 23.
qu'il approuue le dessein de *solion* (il appelloit ainsi S. Cyran) qui estoit d'aduis que
cette affaire ne pouuoit estre establie que

par le moyen de plusieurs personnes qu'on
pourroit y engager, puis qu'elle ne pouuoit
estre aggrée dans l'Italie, *Tandem aliquando*
desperata via transalpina, confessus est, Solion esse
virum prudentem eo quòd credere incipiat nego-
tium istud finiri non posse, nisi conspiratione mul-
torum. Ces derniers mots justifient entierement la Cabale, & non vn dessein de Reli-
giõ, *conspiratione multorum.* Par la Lettre 20. il
promet à S. Cyran de suiure son conseil, & de
ne point diuulguer le dessein qu'il auoit de
Pilmot (c'est à dire du liure qu'il a fait dépuis imprimer) *Ie suiuray vostre aduis exacte-*
ment en ce qui est de l'affaire de Pilmot, c'est à
dire le spirituel de l'Affaire, en ne disant rien de
ce papier à Monsieur l'Illustrissime, & suis aisé
que le preniez à cœur, & que vous n'en faciez
point des approches qu'en general, car l'affaire
est encores fort crüe de deça.

Ne voilà pas des procedures de Cabalistes
en fait de Religion ? Cela se voit encores
plus clairement en la Lettre 21. où il escrit à
l'Abbé de S. Cyran en ces termes: *Quant*
aux autres affaires, ie suis aisé que vous commen-
ciez à ménager si bien les personnes qualifiées
pour l'affaire spirituelle; car ie voy bien qu'il est
necessaire, comme aussi vne tres-grande prudence,
à mener le bateau.

Par la Lettre 32. il approuue que S. Cyran
ne découure si-tost le dessein de son ouurage, qu'il appelle tousiours *Pilmot, à Semir, il
trouue bon que Cælius* (c'est S. Cyran) *ne die
rien de l'affaire de Pilmot* (c'est le liure que
composoit Iansenius) *à Semir, car il n'est pas
temps encores, quoy que les affaires sont aucunement aduancées, plus que ie n'eusse osé me promet-
tre; car Sulpice* (c'est Iansenius) *dit qu'il luy
semble d'y voir vn peu plus d'éclaircissement.*

Dans la cinquiesme Lettre il approuue, ce
que S. Cyran luy conseilloit, de tenir le tout
secret, *En cette matiere mesme ie sens estre veritable ce que vous auez dit souuent, qu'il ne faut
prophaner les bons discours, mais dire ce que dit
le Prouerbe : Secretum meum mihi, Secretum
meum mihi.*

Quant à l'Assemblée de Bourg-fontaine,
en laquelle Iansenius se trouua auec S. Cyran
& autres, on en tire quelques preuues de ces
Lettres. Il paroist que diuerses fois Iansenius
& S. Cyran ont conferé ensemble & se sont
assemblés; que Iansenius est venu à Paris, &
qu'il a traitté du dessein commun auec sainct
Cyran & autres; & que de long temps on
auoit projetté cette Assemblée.

La Lettre 13. le declare assez, elle est du
14. Octobre 1620. *Ie suis resolu de nouueau*

de paſſer cét Hyuer à parler à vous par la plume,
pour ſuppleër au deffaut de noſtre entre-veüe, qui
ſe trame il y a quelques années.

La Lettre du 5. Mars 1621. qui eſt la 16.
fait voir qu'ils ne s'eſtoient aſſemblés, mais
celle du 4. Nouembre 1621. juſtifie qu'ils
s'eſtoient entre-veus, & parle du déplaiſir
que cauſa leur ſeparation en ces termes: *Vos
larmes que noſtre ſeparation, vous a fait fondre,
ont-eu tant de pouuoir ſur mon humeur froide.*
Et la meſme Lettre fait voir qu'ils eûrent encores apres vne autre entre-veüë. Et par la
Lettre du 19. Nouembre 1621. il mande à
S. Cyran, qu'il ſe porte bien apres vne lan-
gueur de teſte & de toux, qu'il auoit eu du
voyage qu'il fit auec S. Cyran. Deſorte que
ſi S. Cyran eſtoit allé à Louuain, entre le
mois de Mars & Nouemble 1621. il y a éuidence que Ianſenius ſe rendit auſſi à Paris
quelque temps apres; car il adjouſte dans la
meſme Lettre du 4. Nouembre, *ie deſirerois
ſçauoir en quel quartier vous auez pris voſtre reſi-
dence, pour y pouuoir addreſſer mes Lettres; Cependant ie ſuiuray l'ancienne voye de Monſieur
de Beaux-hoſtes, tant que vous n'en ordonnerez
autrement: Ce qui ne doit pas empeſcher neantmoins de me faire ſçauoir voſtre logis, afin que ie
ſçache où deſcendre.* Ce qu'il reitere encore

en ſa Lettre du 11. Feurier 1622. ſous le nom
de *Boëtius* & *Durillon* : *Nec verò* (eſcrit-il) *deſ-*
pondit animum Boëtius cum Durillon adhuc cor-
pore eſſe iungendum , tùm quòd animaduertat,
negotij grauitatem non leuem intercurrentium
difficultatum collationem poſtulare, magiſque fa-
miliarem , quàm quæ Litteris fieri queat. Ces
lignes juſtifient qu'ils s'eſtoient deſia aſſem-
bles, & deuoient encotes ſe r'aſſembler ; c'eſt
ce qu'on receuille de ces mots, *adhuc corpore*
eſſe iungendum.

Mais ce qui iuſtifie ſans contredit l'Aſſem-
blée faite à Bourg-fontaine, dont a eſté parlé
au chap. 2. de la preſente Relation, & qui fait
voir les reſolutions qui y auoient eſté priſes,
& les engagemens reciproques, non ſeulement de Ianſenius & de S. Cyran, mais auſſi
d'autres perſonnes, ainſi qu'vn Eccleſiaſtique de condition l'a découuert audit ſieur
Filleau, c'eſt la Lettre du 26. Feurier 1622.
en laquelle Ianſenius diſſuade S. Cyran de
s'engager à la conduite de quelques Filles
Religieuſes, d'autant que cette conduitte ſeroit incompatible auec la grande affaire, &
il adjouſte, *Vous y eſtes engagé, & ne ſçauriez*
reculer ſans offenſer ceux à qui voſtre promeſſe
vous oblige. C'eſt pourquoy ie vous prie de ne
nous abandonner point en vne affaire dont vous
auez

nuez veu les heureux commencemens, & à laquelle la Foy vous a engagé. C'est sans doute
cet engagement qui fut fait dans l'assemblée
de Bourg-fontaine.

Par la Lettre du 24. Feurier 1623. on peut
conjecturer que quelqu'vn du party s'estoit
retiré, & l'auoit abandonné, & que pour
cette raison, Iansenius voulut faire vne nouuelle Assemblée; voicy comme il escrit, *Cette
entre-veue me semble estre necessaire pour ce changement de dessein, car à cela il faudra rapporter
toutes choses. Ie tiens fort veritable,* Omnes quæ
sua sunt quærunt, *& qu'il y a peu de gens qui se
comporteront en telle affaire auec la resolution
qu'il faudroit.*

Ie ne doute point que ce changement,
dont il est parlé en cette Lettre, ne regarde
cet Ecclesiastique qui se retira de leur Cabale, & abandonna leur party, ainsi qu'il est
declaré au chap. 2. de cette Relation. Ce
n'est pas seulement ma conjecture, mais aussi
celle du sieur de Preüillie, qui a fait imprimer
les Lettres de Iansenius. Car à la fin de cette Lettre, qui est la 47. en ordre, voulant expliquer ces paroles, où il trouue d'autant plus
de difficulté qu'il n'auoit rien sçeu de la conference de Bourg-fontaine, il escrit les lignes
suiuantes. *Ie ne puis deuiner quel fut le change-*

ment du deſſein, concerté entre Ianſenius & l'Abbé de S. Cyran ; mais puis qu'à cela il falloit rapporter tout le reſte, il faut que la choſe ait eſté fort
conſiderable, qu'il y ait eu changement dans quelques vns de leur party, qui probablement auoient
fait ſcrupule de s'engager en vne ſi mauuaiſe affaire.

Ianſenius en ſa Lettre du 4. Mars 1623.
parle encore de ce changement de deſſein
en ces termes, *Le changement de deſſein merite
bien que nous conferions, afin de ſçauoir à quel
but il faut viſer.* Ce qui obligea Ianſenius au
voyage de Peronne, pour conferer derechef
auec ledit S. Cyran, comme il ſe voit par la
Lettre 49. ſur la fin, *Ce ſera donc le 29. du preſent mois d'Auril que ie me trouueray vers le ſoir
à Peronne, pour entrer vers le mois de May en
France.* Ce fut encor vray ſemblablement
alors que Ianſenius & S. Cyran confererent
enſemble, comme il paroiſt par la Lettre 51.

Quant à la Propoſition faite à Bourg-fontaine, d'eſcrire contre le Myſtere de l'Incarnation, quoy que ce fut vn ſecret qu'ils tenoient caché entr'eux, & qu'ils n'oſaſſent
faire cognoiſtre les mauuais ſentimens qu'ils
auoient de ce ſalutaire Myſtere, neantmoins
par la lecture des Lettres de Ianſenius, il s'en
découure quelque choſe, particulierement

dans la 21. qui eft dattée du 3. Iuin 1622. Car
Ianfenius ayant efté prié par S. Cyran de
donner approbation au liure de Monfieur de
Berule, qu'il auoit compofé des grandeurs
de Iefus, il enuoya cette approbation, fans
qu'il eût veu le Liure: mais auffi il aduertit
S. Cyran de prendre garde qu'il n'y eût rien
qui touchaft *Pilmot* ainfi appelloit il l'ouurage qu'il a fait dépuis imprimer) & que la
matiere de l'Incarnation y eftoit fort proche:
voicy des termes qui font grandement confi-
derables, & qui malgré l'obfcurité qu'il a affectée, découurent affez la penfée & la creance que S. Cyran & luy auoient du Myftere de
l'Incarnation, & qui juftifient le rapport de
cet Ecclésiaftique, dont il eft parlé au chap. 2.
cy deffus. *Vous auez icy jointe l'approbation de*
Monfieur de Berule felon que vous la demandez,
ie ne fçauois pas auparauant fon vray nom, ny fa
qualité, le refte auoit efté oublié. Il feroit bon de
prendre bien garde, comme vous auez fait fans
faute, s'il n'y a rien qui touche Pilmot en ce Li-
ure, car le monde qui n'eft pas ftilé en ce fujet, fe
méprend pluftoft qu'on ne fçauroit croire. La ma-
tiere de l'Incarnation y eft fort proche, & la tou-
che en force endroits, eftant en quelques parts
affez brouillée & gaftée par Chimer.

Quelle pouuoit eftre la penfée de Ianfe-

nius, donnant son approbation pour vn liure,
qui traittoit des grandeurs de Iesus, d'auertir
S. Cyran de prendre garde, qu'il n'y eust
rien qui touchast son *Pilmot*, c'est à dire son
ouurage, sinon qu'il craignoit de voir ce
Mystere estably par le liure, qui ne pouuoit
traitter des grandeurs de Iesus, sans aussi parler de l'Incarnation du mesme Iesus ; & que
son dessein secret estoit de combattre vn iour
ouuertement l'Incarnation du Verbe, lors
qu'il auroit establi les principes qui deuoient
seruir de premisses à sa doctrine cachée, ainsi
qu'il a esté plus amplement declaré au chap.
2. de cette Relation.

Censure faite à Rome des Liures composés
en faueur de la doctrine de Iansenius, de-
uant & après la publication de la Bulle
de nostre sainct Pere le Pape.

CHAPITRE XLI.

IE ne pouuois faire plus aduantageuse-
ment la closture de cette Relation, que
par la Censure de Rome du 23. du mois
d'Auril dernier, par laquelle le liure de Iansenius, intitulé *Augustinus Ianseny*, auec ceux

qui ont paru depuis, & auant, la Bulle
de noftre fainct Pere le Pape, ou qui pa-
roiftront à l'aduenir en faueur de cette
mauuaife doctrine, ont efté cenfurés & pro-
hibés.

Et d'autant que dans cette Relation i'ay
rapporté ce qui auoit efté fait en cette Ville
contre la Lettre Paftorale imputée à Monfeigneur l'Archeuefque de Sens, & contre
l'Ordonnance portant le nom de Monfeigneur l'Euefque de Cominges, du 9. Octobre
1653. enfemble contre la Diftinction des
cinq Propofitions, &c. Le Lecteur receura
de la fatisfaction, voyant que noftre fainct
Pere le Pape, a cenfuré ces mefmes Libelles,
& partant que le iugement des Docteurs de
Theologie de cette Vniuerfité, qui ont declaré la doctrine de cette Lettre Paftorale
contraire à celle de la Bulle, eft legitime, &
recognu tel par le S. Siege Apoftolique.

Feria V. die 23. Aprilis 1654.

In Congregatione generali sancta Romana, & Vniuersalis Inquisitionis, habita in Palatio Apostolico Montis Quirinalis coram S S. D.N.D. INNOCENTIO, diuina prouidentia Papa X. ac Eminentiss. & Reuerendiss. DD. S. Romana Ecclesia Cardinalibus, in vniuersa Republica Christiana contra Hereticam prauitatem Inquisitoribus generalibus à sancta Sede Apostolica specialiter deputatis.

SAnctissimus D. N. Innocentius Papa X. post condemnatam sua Constitutione edita prid. Kal. Iunij anni Incarnat. Dom. 1653. in quinque Propositionibus Augustini Cornelij Iansenij Episcopi Iprensis doctrinam; Ne occasione doctrinæ prædictæ in mentes Christi fidelium aliquod dubium, vel error irrepat, eundem Augustinum Cornelij Iansenij &c. iterato, vna cum alijs infrascriptis Libris prohibet, & damnat, eosque pro damnatis & prohibitis haberi voluit, sub poenis & censuris in Indice Librorum prohibitorum contentis, alijsque arbitrio Sanctitatis suæ infligendis.

Nemo igitur cuiuscumque gradus, & conditionis existat, etiam speciali, seu specialissima nota dignus, libros infrascriptos, aut

aliquem ex illis apud se retinere, legere im-
primere, vel imprimi curare audeat: sed statim à prefentis decreti notitia quicumque il-
los habuerit, locorum Ordinarijs, seu Inqui-
fitoribus confignare teneatur, sub pœnis &
Cenfuris prædictis.

ELENCHVS LIBRORVM.

Cornelij Ianfenij Epifcopi Iprenfis Auguftinus, Louanij,
Parifijs. Rothomagi, fiue quocumque alio in loco, seu
idiomate impreffus.

Eiufdem Paralellus errorum Maffilienfium, & quorumdam
recentiorum.

Cornelij Ianfenij &c. Laudatio funeralis dicta à F. Ioanne à
Lapide. Louanij, Typis Bernardini Marij.

Humilis & fupplex Querimonia Iacobi zegers aduersus libellum R. P. S. T. Regiæ Capellæ Bruxellis Concionat. &
Thefes P.P. Societ. Apud Iacobum Zegers, 1. 2. 3. seu alterius editionis.

Auguftini Hipponenfis, & Auguftini Iprenfis, de Deo omnes
faluare volente, Homologia &c. Louanij, apud Iacobum
Zegers.

Epiftola Liberti Fromundi, & Henrici Caleni. Louanij 16.
Iunij 1641 &c. quæ incipit, Thefes veftras.

Somnium Hipponenfe, fiue de Controuerfijs &c. Relatore
Philetimo S. Th. Baccalaureo formato. Parifijs, anno 1641.

Liberti Fromundi S. T. Doctoris, Breuis Anatomia Hominis.
Louanij, apud Iacobum Zegers, anno 1641.

Conuentus Africanus, fiue Difceptatio Iudicialis apud Tribu-
nal Præfulis Auguftini &c. Enarratore Artemidoro Oneiro-
critico. *A Roüen, chez Nicolas de la Montagne,* anno 1641.

Memorial au Roy, quod incipit *Iean Lanfenius Champine, &c.*
& finit: contra illa duo Decreta Summorum Pontificum.

Atteftatio Notarialis, quæ incipit, Ego infrafcriptus, & finit,
Petrus Mentart Notarius.

Aprobatio fub nomine nonnullorum Theologorum ex varijs

Religionibus tam Ordinum Monachalium, quàm Mendi-
cantium; nec non Archiepiscopi Philippensis, aliorumve
Theologorum Clericorum sæcularium doctrinæ Cornelij
Iansenij inde libro Augustinus contentæ, quæ incipit: Quid
sentiendum sit de doctrina in opere Reuerendissimi D. Cornelij Iansenij Episcopi Iprensis felicis mem. nuncupat. Augustinus, & finit, Et me publico, & Apostolico, & dictæ Vni-
uersit. Notario & Scriba iurato. Quod attestor Petrus Men-
taert Notarius.

Chrysippus de libero arbitrio. Louanij 1641.

Memorialia per Deputatos Academiæ Louaniensis, exhibita
Romæ Summis Pontificibus Vrbano VIII. & Innocentio X. pro doctrina Beati Augustini manutenenda &c. anno 1644.

Nouus Prosper contra nouum Collatorem. Louanij 1647.

Collatio Antuerpiens. ad Petrum Aurelium. Louanij, 1647.

Vincentij Lenis Theriaca, aduersus Petauium, & Ricardum, de
Libero arbitrio. Lutetiæ Parisiorum, 1648.

Eiusdem Epistola Prodroma. Louanij 1649.

Apologie de Monsieur Iansenius, Euesque d'Ipre, & de la doctrine
de sainct Augustin, expliquée dans son Liure intitulé Augustinus &c. 1644.

Seconde Apologie pour Monsieur Iansenius Euesque d'Ipre, &
pour la doctrine de sainct Augustin, expliquée dans son Liure
intitulé Augustinus &c. 1645.

Examen Libelli cui titulus est, Propositiones excerptæ ex Augustino Reuerendiss. D. Cornelij Iansenij Episcopi Iprensis,
quæ in specimen exhibentur Suæ Sanctitati. Louanij, 1646.

Response à vn Escrit, qui a pour titre, Aduis donné en Amy à vn
certain Ecclesiastique de Louuain, au suiet de la Bulle du Pape
Vrbain VIII. qui condamne le Liure portant le titre, Augustinus Cornelij Iansenij.

Planctus Augustinianæ Veritatis in Belgio patientis. Louanij, 1649.

Ioannis Martinez de Ripalda è Societate nominis IESV Vulpes
capta, per Theologos S. Facultatis Academiæ Louaniensis,
anno 1649.

Considerations sur la Lettre composée par M. l'Euesque de Vabres,
pour estre enuoyée au Pape en son nom, & de quelques autres
Prelats &c. 1651.

De la *Grace victorieuse de* IESVS-CHRIST, *ou, Molina, &*
fes Difciples conuaincus de l'erreur des Pelagiens, & des Semi-
pelagiens. A Paris, 1651.

Vtrum fit damnandus Ianfenij Auguftinus. Incipit, Nullo
jure. Finit, Non poteft damnari Ianfenius, nifi ridente Pe-
lagio, plorante Auguftino. Humilis Romanus, &c.

Rationes ob quas Illuftriffimus & Reuerendiffimus D. Archiepifcopus Mechlinienfis à promulgatione Bullæ, quâ pro-
fcribitur liber, cui titulus, Cornelij Ianfenij Epifcopi Iprenfis Auguftinus, 1649. quocumque idiomate impreffus.

Raifons pour lefquelles on a trouué conuenir de publier au Diocefe
de Gand auec la folemnité accouftumée certaine Bulle contre le
liure du defunct Euefque d'Ipre Ianfenius, reprefentées par
Monfeigneur le Reuerendiffime Euefque de Gand 1649.

Defenfio Belgarum contra Euocationes Caufarum, & Pere-
grina Iudicia, 1. 2. feu alterius editionis.

Ius Belgarum circa Bullarum Pontificiarum receptiones, 1. 2.
feu alterius editionis.

Catechifmus de Gratia, quocumque idiomate fit editus.

Synopfis veræ Catholicæque doctrinæ de Gratia, & annexis
Quæftionibus ad Catechifmum de Gratia, authore Samuele
Marefio. Groningæ, 1651.

Diftinction abregée des cinq Propofitions qui regardent la matiere
de la Grace, laquelle a efté prefentée en Latin à fa Sainctetè par
les Theologiens qui font à Rome pour la defenfe de la doctrine
de S. Auguftin, où l'on voit clairement en trois colomnes les di-
uers fens que ces Propofitions peuuent receuoir, & les fentimens
des Caluiniftes & des Lutheriens, des Pelagiens & des Molini-
ftes, de S. Auguftin & de fes Difciples. 1653. fiue libellus,
cui titulus:

Breuiffima quinque Propofitionum in varios fenfus diftinctio,
apertaque de ijs tum Caluiniftarum, tum Lutheranorum,
tum Pelagianorum & Moliniftarum, tum faincti Auguftini,
eiufque Difcipulorum fententia, fiue typis, fiue fcripto extet.

Philofophia moralis Chriftiana, authore Ioanne Camerario
Presbytero. Andegaui, 1652.

Theologie familiere, ou Inftruction de ce que le Chreftien doit croi-
re & faire en cette vie, pour eftre fauué, authore Iean du Ver-
gier Abbé de S. Cyran, cuiufcumque editionis illa fit.

Lettre de Iean de Labadie à fes amis &c. A Montauban, 1651.

Priere pour demander à Dieu la grace d'vne veritable & parfaite conuersion.

Iusta Damnatio quinque Propositionum Iansenij, studium Marci Ferri. Venetijs, 1653.

Response à vn Sermon prononcé par le P. Brisacier Iesuite à Blois, le 29. Mars 1651.

Lucerna Augustiniana, qua breuiter & dilucidè declaratur Concordia, & Discordia, qua duo nuper ex D D. Doctores S. Th. Duacen. conueniunt, aut recedunt à cæteris hodie S. Adgustini Discipulis, sine nomine Auctoris, & loco Impressionis.

Emunctorium Lucernæ Augustinianæ, quo Fuligines à quibusdam aspersæ emunguntur.

Lettre Pastorale de Monsieur l'Archeuesque de Sens, pour la publication de la Constitution de nostre sainct Pere le Pape, donnée à Rome le 31. May dernier, &c. Imprimée par le commandement de mondit Seigneur.

Ordonnance de Monseigneur l'Euesque de Cominges sur la publication qu'il a faite dans le Synode Diocesain de Cominges, le 9. Octobre 1653. de la Constitution de nostre sainct Pere le Pape Innocent X. portant censure des cinq Propositions touchant la Grace & le Franc-arbitre.

Samuelis Maresij Apologia nouissima pro S. Augustino, Iansenio, & Iansenistis, contra Pontificem & Iesuitas. Groningæ, anno 1654.

Les Enlumineures du fameux Almanach des PP. Iesuites, intitulé, La Deroute & la Confusion des Iansenistes.

Memoire sur le dessein qu'ont les Iesuites de faire retomber la censure des cinq Propositions sur la veritable doctrine de sainct Augustin, sous le nom de Iansenius. Sine nomine Auctoris, loco impressionis.

Response au P. Annat Prouincial des Iesuites touchant les cinq Propositions attribuées à M. l'Euesque d'Ipre, diuisée en deux parties. Sine nomine Auctoris, & loco impressionis, 1654.

Item omnes & quicumque Libri, Libelli, Epistolæ tam impress. quàm manuscr. seu imposterum edend. & public. in quibus doctrina Augustini Cornelij Iansenij Episcopi

Iprenfis, in prædictis quinque Propofitionibus damnata approbatur, aut afferitur, quocumque Idiomate fcripti, fiue editi fint.

Cæterùm cùm tam Romæ, quàm alibi circumferantur quædam afferta Acta manufcr, & forfan typis excufa, Congregationum habitarum coram fel. record. Clemente VIII. ac Paulo V. fuper quæft. de Auxilijs diuinæ Gratiæ, tam fub nomine Francifci Pegnæ olim Rotæ Romanæ Decani, quàm Fr. Thomæ de Lemos Ordinis Prædicat. aliorúmque Prælatorum & Theologorum, qui vt afferitur prædictis interfuerunt Congregationibus. Nec non quoddam Autographum fiue exemplar cuiufdam affertæ Conftitutionis eiufdem Pauli V. fuper definitione prædictæ Quæftionis de Auxilijs, ac damnationis fententiæ, feu fententiarum Ludouici Molinæ Soc. Iefu : eadem Sanctitas Sua præfenti hoc Decreto declarat, ac decernit, prædictis affertis Actis, tam pro fententia FF. Ordinis S. Dominici, quàm Ludouici Molinæ, aliorúmque Societ. Iefu Religioforum & Autographo, fiue exemplari prædictæ affertæ Conftitutionis Pauli V. nullam omnino effe fidem adhibendam, neque ab alterutra parte, feu à quocumque alio allegari poffe vel debere, fed fuper Quæftione prædicta obfer-

nanda esse decreta Pauli V. & Vrbani VIII.
suorum prædecessorum.

Io. *Antonius Thomasius S. Romanæ, & vniuersalis*
Inquisitionis Not.

Anno à Natiuitate D. N. IESV CHRISTI millesimo sexcentesimo quinquagesimo quarto, Indictione septima, die vero vigesima septima Aprilis,
Pontificatus sanctissimi in Christo Patris, & D. N.
D. Innocentij, diuina prouidentia Papæ X. anno
eius decimo, supradictæ Litteræ Apostolicæ, siue Decretum affixum & publicatum fuit ad valuas Basilicæ S. Ioannis Lateranensis, & Principis Apostolorum de Vrbe, & Cancellariæ Apostolicæ, atque in
acie Campi Floræ, vt moris est: per me Hierony-
mum Macellam, eiusdem S. D. Papæ, & S. Romanæ
Inquisitionis Cursorem.

Iuxta Exemplar editum Romæ, ex Typographia Reue-
rendæ Cameræ Apostolicæ. M. DC. LIV.

TABLE

TABLE DES CHAPITRES
contenus en ce Liure.

Z

TABLE.

TABLE.

Z 2

TABLE.

TABLE.

Priuilege du Roy.

LOVIS PAR LA GRACE DE DIEV, ROY DE FRANCE ET DE NAVARRE: A nos Amez & Feaux Conseillers, les Gens tenant nos Cours de Parlemens, Maistres des Requestes ordinaires de nostre Hostel, Baillifs, Seneschaux, Preuosts, leurs Lieutenans, & tous autres nos Iusticiers & Officiers qu'il appartiendra: Salut. Nostre Amé & Feal Conseiller en nos Conseils, & nostre premier Aduocat au Siege Presidial de Poictiers, IEAN FILLEAV, Nous a fait remonstrer qu'il a faict & composé vn liure intitulé. *La Relation juridique de ce qui s'est passé à Poictiers, touchant la nouuelle doctrine des Iansenistes:* Lequel il desiroit faire imprimer & donner au public, Nous suppliant & requerant à cette occasion luy accorder nos Lettres necessaires. A CES CAVSES desirant contribuer aux louables intentions de l'Exposant, Nous luy auons permis & octroyé, permettons & octroyons par ces presentes, de faire imprimer par tel Imprimeur que bon luy semblera, Vendre & debiter ledit Liure par tout nostre Royaume, Pays, Terres & Seigneuries de nostre obeyssance, & ce pendant le temps de six ans, à compter du iour & datte des presentes: faisant expresses inhibitions & deffences à toutes personnes, Autre qu'à celuy à qui l'Exposant en baillera la permission de faire le semblable, soubs pretexte d'augmentation, correction, changement de tiltre, fausses marques ou autrement en quelque sorte & maniere que ce soit sur peine de confiscation des exemplaires, & de mil liures d'amande, moitié à Nous aplicable, & l'autre audit Exposant, à la charge toutes-fois d'en mettre deux exemplaires en nostre Bibliotheque, & vn en celle de nostre tres-cher feal Cheualier le sieur Molé Garde des Seaux de France: Voulons en outre qu'en mettant au commencement ou à la fin dudit Liure, vn Extraict des presentes, elles soient tenuës pour deuëment signifiées & venuës à la cognoissance de tous, sans souffrir ny permettre luy eſtre fait, mis ou donné aucun trouble ou empeſchement au contraire; CAR tel eſt noſtre plaiſir. DONNE' à Paris le quinzieſme iour de Iuin, l'an de grace mil ſix cens cinquante-quatre. Et de noſtre regne l'onzieſme.

Par le ROY en ſon Conſeil, LE COQ.

Ledit ſieur Filleau, a ceddé à Iulien Thoreau & Iean Fleuriau, Imprimeurs & Libraires, le preſent Priuilege, pour en joüir pleinement & paiſiblement pendant le temps contenu en iceluy. Faict à Poictiers ce 20. Iuin 1654.

Acheué d'Imprimer pour la premiere fois le 21. Iuin 1654.

Les Exemplaires portez par le Priuilege ont eſté fournis;

Gilleau.

Relation,
Juridique
du
Janfenisme
Avec des Notes
Manuscrites

www.ingramcontent.com/pod-product-compliance
Lightning Source LLC
Chambersburg PA
CBHW071625270326
41928CB00010B/1784